De:

_____

Para:

_____

Cada día en su presencia

365 DEVOCIONALES

CHARLES F. STANLEY

La misión de Editorial Vida es ser la compañía líder en satisfacer las necesidades de las personas con recursos cuyo contenido glorifique al Señor Jesucristo y promueva principios bíblicos.

CADA DÍA EN SU PRESENCIA
Edición en español publicada por
Editorial Vida – 2016
Nashville, Tennessee

©2016 por Editorial Vida
Este título también está disponible en formato electrónico.

Editora en Jefe: *Graciela Lelli*
Traducción: *Dr. Miguel A. Mesías*
Edición: *Madeline Díaz*
Adaptación del diseño al español: *Grupo Nivel Uno, Inc.*

A menos que se indique lo contrario, todas las citas bíblicas han sido tomadas de la Santa Biblia, Versión Reina-Valera 1960 © 1960 por Sociedades Bíblicas en América Latina, © renovado 1988 por Sociedades Bíblicas Unidas. Usada con permiso. Reina-Valera 1960® es una marca registrada de la American Bible Society y puede ser usada solamente bajo licencia.

Las citas bíblicas marcadas «DHH» son de La Biblia Dios Habla Hoy, Tercera edición © Sociedades Bíblicas Unidas, 1966, 1970, 1979, 1983, 1996. Usada con permiso.

Las citas bíblicas marcadas «LBLA» son de La Biblia de las Américas®, © 1986, 1995, 1997 por The Lockman Foundation. Usada con permiso.

Las citas bíblicas marcadas «PDT» son de la Palabra de Dios para Todos © 2005 por el Centro Mundial de Traducción de la Biblia.

Las citas bíblicas marcadas «NBLH» son de la Nueva Biblia Latinoamericana de Hoy® © 2005 por The Lockman Foundation, La Habra, California 90631, sociedad no comercial. Derechos reservados. http://www.NBLH.org. Texto derivado de La Biblia de las Américas © 1986, 1995, 1997 por The Lockman Foundation.

Las citas bíblicas marcadas «NTV» son de la Santa Biblia, Nueva Traducción Viviente, © Tyndale House Foundation, 2010. Usada con permiso.

Las citas bíblicas marcadas «NVI» son de la Santa Biblia, Nueva Versión Internacional® NVI®. Copyright © 1999, 2015 por Biblica, Inc.® Texto usado con permiso de Biblica, Inc.® Reservados todos los derechos en todo el mundo.

Las citas bíblicas marcadas «RVC» son de la Santa Biblia, Reina-Valera Contemporánea® © Sociedades Bíblicas Unidas, 2009, 2011. Usada con permiso.

Las citas bíblicas marcadas «AMP» son de la Amplified® Bible, Copyright © 1954, 1958, 1962, 1964, 1965, 1987 por The Lockman Foundation. Usada con permiso. Traducción expresa para este libro.

ISBN: 978-0-8297-6761-2

CATEGORÍA: Religión / Vida Cristiana / Devocional

IMPRESO EN ESTADOS UNIDOS DE AMÉRICA
PRINTED IN THE UNITED STATES OF AMERICA

23 24 25 26 27 LBC 18 17 16 15 14

ENERO

La semejanza del amor

Entonces dijo Dios: Hagamos al hombre a nuestra
imagen, conforme a nuestra semejanza ... Y creó Dios
al hombre a su imagen, a imagen de Dios lo creó.
Génesis 1.26–27, énfasis añadido

¿Alguna vez ha pensado en cuán profundamente Dios le ama? Usted pudiera pasar largo tiempo considerando eso y nunca penetrar en las profundidades de cuán intensamente Él se interesa por usted. Sin embargo, una cosa es segura: meditar en su amor transformará su vida.

Simplemente, piense en el hecho de que el Padre lo hizo *a su imagen*. Esa fue una decisión intencional, tan importante que se repite cuatro veces en el relato bíblico. Lo creó con un potencial inimaginable y una valía incuestionable; con la capacidad de tener una relación personal profunda e íntima con Él. De hecho, Dios quiere verter su vida en usted y obrar por medio de su persona de maneras asombrosas, eternas. El deseo de Dios es que cuando las personas lo vean a usted, le recuerden a Él (Mateo 5.16).

Así que, sin que importe cómo se sienta con respecto a sí mismo, abrace la verdad: Dios le ama, anhela colmarle de su bondad y llamarle suyo (Isaías 43.1).

Señor, gracias por amarme. Ayúdame a conocerte mejor y a
comprender lo que significa reflejar tu semejanza. Amén.

En su presencia... comprenda que
Él le formó con profundo amor.

PLENAMENTE CONOCIDO

Dios mío eres tú;
De madrugada te buscaré;
Mi alma tiene sed de ti...
Porque mejor es tu misericordia que la vida.
SALMO 63.1, 3

¿Alguna vez ha deseado que alguien le entienda, le aprecie, le respete y le quiera por lo que usted es? Esto se debe a que fue hecho para la *intimidad*: una relación personal íntima, profundamente satisfactoria, que le fortalezca, le edifique y le estimule hasta la médula.

Desdichadamente, el pecado puede evitar que disfrute de la comunión para la que fue creado. Puede que incluso esté buscando confort o significado en fuentes que no pueden saciar sus anhelos... tales como las posesiones, la prominencia o las adicciones.

El rey David, autor del Salmo 63, comprendía esto. Él tenía todo lo que una persona pueda desear, pero concluyó que el único que genuinamente podía satisfacer su alma era Dios.

Esto también es cierto para usted. El Padre le creó a su imagen a fin de que pueda interactuar con Él de una manera profundamente significativa, que satisfaga sus anhelos más hondos. Y, a medida que Él se le revela, usted descubre el contentamiento sincero, la razón para su existencia, y la esperanza para su futuro.

Padre, gracias por entenderme y
amarme tal como soy. Amén.

— ✻ —

En su presencia... disfrute de
ser plenamente conocido.

DESCARGUE EL EQUIPAJE

«Si el Hijo los hace libres, ustedes serán realmente libres».
JUAN 8.36, NBLH

En una excursión por la cordillera Sierra Alta de California, vino algo de repente a mi mente: las bestias que llevaban nuestro equipo no tenían manera de deshacerse de la carga que llevaban sobre sus lomos. Sin poder alcanzar sus pesadas cargas, dependían de otros para que las aligeraran.

Lo mismo sucede con nosotros al llevar el peso de nuestra carga emocional. No podemos descargarla nosotros mismos; ni tampoco desaparece con el tiempo. Más bien, la verdadera libertad es posible solo por medio de Jesucristo. ¿Por qué? Porque nosotros no podemos alcanzar nuestras cargas y, a menudo, tampoco sabemos cuán profundas son. No obstante, Jesús sí lo sabe. Y Él conoce la manera perfecta de sanarnos por completo.

Nadie vive libre de problemas, tropiezos o dolor. Sin embargo, el Señor no solo le protegerá de un daño duradero, sino que puede usar las dificultades a fin de equiparle, prepararle y fortalecerle para la próxima etapa de su vida.

Por consiguiente, pídale a Jesús que le guíe y alivie de sus cargas. Él le hará libre para que llegue a ser todo lo que Dios quiere que sea.

Señor, yo no puedo alcanzar mis cargas emocionales,
pero tú sí puedes. Gracias por liberarme de
ellas y usarlas para sanarme. Amén.

❖

En su presencia... libérese
de sus cargas.

LA ACTITUD QUE VENCE

*«Estas cosas les he hablado para que en Mí tengan paz. En el
mundo tienen tribulación; pero confíen, Yo he vencido al mundo».*
JUAN 16.33, NBLH

¿Vive usted en el gozo y la victoria continuos de su relación personal
con Jesús? ¿Está consciente de su mano en todo detalle de su vida?

Observe bien que pregunta no da por sentado que usted esté
libre de retos. Por el contrario, el Padre quiere que disfrute de su
consuelo y seguridad incluso en medio de los problemas. Esto se
logra al estar consciente de la presencia de Dios con usted y dándose
cuenta de que Dios está usando sus circunstancias para profundizar
su relación con Él.

Esto es posible incluso al enfrentar la peor adversidad, porque Dios
promete librarle a su manera y a su tiempo (Hechos 16.16–34). El que
usted reciba o no su consuelo depende de cuán profundamente confíe
en Dios y cuánto se rinda a su voluntad.

Entréguese y confíe en él. En medio de las pruebas, exprese su
gratitud porque Dios está con usted y le proveerá un camino. Con
certeza, el gozo y victoria de Dios no están muy lejos (Salmos 126.6).

*Señor, a veces simplemente no me siento triunfante,
pero estoy agradecido de que tú estés conmigo en cada
paso del camino. Gracias por ayudarme. Amén.*

**En su presencia... supere
sus circunstancias.**

FE GENUINA

«No tengas miedo, porque yo estoy contigo;
no te desalientes, porque yo soy tu Dios.
Te daré fuerzas y te ayudaré;
te sostendré con mi mano derecha victoriosa».

ISAÍAS 41.10, NTV

Muchos de los que piensan que tienen fe en Dios en realidad están dominados por los temores y las dudas, abrumados por las circunstancias de la vida. ¿Lo está usted? ¿Hay algo que le ponga nervioso hoy? ¿Se trata de que teme que nunca logrará o recibirá?

Entender la fe genuina quiere decir darse cuenta de que Dios *quiere* proveer lo mejor para usted y no permitirá que se lo pierda conforme camina con Él (Hebreos 11.6). Sin embargo, a veces lo que Dios percibe como lo mejor para usted es diferente de lo que usted mismo piensa. Aún así, anímese, el que lo creó a fin de cuentas sabe lo que en realidad le dará satisfacción a su alma, incluso mejor que usted.

Así que deje a un lado eso que teme que nunca tendrá o logrará. Él es fiel para proveer. Y si Dios no le da lo que su corazón en el presente desea, se debe a que Él tiene planeado algo mucho mejor.

Señor, confío en que tú proveerás lo mejor de ti para
mí. Tú eres mi deleite. Gracias por satisfacer los
deseos más profundos de mi corazón. Amén.

❧

En su presencia... Él revela la
vida en su mejor aspecto.

¿EN QUÉ DIRECCIÓN?

El Señor dirige los pasos de los justos;
se deleita en cada detalle de su vida.

SALMOS 37.23, NTV

¿Por qué Dios no me muestra lo que quiere que haga?, se pregunta. Y tal vez *parezca* que Él no le está dando instrucciones hoy. A pesar de ello, no se desanime, el Padre está obrando activamente en su situación y guiándole, aun cuando usted no lo perciba.

Dios le oye. Él entiende el clamor de su corazón y la confusión que siente cuando no sabe en qué dirección seguir; y sería completamente extraño a su carácter esconderle sus planes cuando usted le busca (Jeremías 29.11–13).

La verdad es que el Padre movería cielo y tierra para mostrarle su voluntad y ayudarle a andar en ella. Sin embargo, el Señor también entiende lo que exige enseñarle a usted a tener una fe genuina, que perdure; así que Él tiene el cuidado de no revelarle todo a la vez.

Por consiguiente, descanse seguro de que incluso en este momento el Padre está enseñándole a confiar en Él e iluminará la senda lo suficiente para que camine a su lado un paso a la vez.

Señor, confío en ti. Es difícil, pero andaré por fe, paso a paso, y
creeré que tú eres completamente digno de confianza. Amén.

En su presencia... reciba una
dirección confiable.

FE EN QUE ÉL ES

Sin fe es imposible agradar a Dios. Todo el que desee acercarse a Dios debe creer que él existe y que él recompensa a los que lo buscan con sinceridad.

HEBREOS 11.6, NTV

¿Qué es lo que usted espera? ¿Qué deseo se mueve en su corazón? Cuando Dios le habló al respecto, ¿le creyó?

La fe verdadera no es simplemente la seguridad de obtener un cierto resultado; más bien, es la absoluta confianza en el carácter y la capacidad inmutables de Dios, independientemente de sus circunstancias. Cuando Él le habla al corazón, habla en serio y cumplirá lo que promete (Isaías 55.10–11). Por consiguiente, la fe real confía en que el Dios viviente cumplirá su palabra.

Pero he estado esperando tanto tiempo, se lamenta usted. Sí, y el Padre tal vez le haga esperar aún más (Isaías 64.4). Sin embargo, las preguntas importantes en las que hay que enfocarse aquí son dos. ¿Cree que Dios existe y le ayudará? Y, ¿cree que él tiene en mente lo que es mejor para usted?

No tiene que insistir en suplicarle al Señor que haga lo que ha prometido. Él lo hará. En lugar de ello, descanse en la capacidad y carácter infalibles de Dios. Y confíe en que Él *siempre* cumple su palabra.

Dios, creo de verdad que me ayudarás. Gracias por tener en mente lo que es mejor para mí y dirigirme con éxito. Amén.

❦

En su presencia... la fe verdadera se vuelve realidad.

UN ASOMBROSO PRIVILEGIO

El SEÑOR ha establecido Su trono en los cielos,
Y Su reino domina sobre todo.
SALMOS 103.19, NBLH

¿Ha considerado el asombroso regalo que es poder conocer al Dios viviente? ¿Poder acercarse a Él en cualquier momento con cualquier asunto que oprima su corazón?

Sin importar lo que enfrente hoy, Él ya lo sabe todo al respecto y tiene el mejor plan para ayudarle a sortear el problema. Él le conoce mejor de lo que usted se conoce a sí mismo: su pasado, presente y futuro; los pensamientos que tiene; los motivos de su corazón; en que necesita sanar y la manera en que debe crecer.

Con su mano soberana y omnipotente, Él puede manejar cualquier obstáculo o dificultad que usted enfrente. Con su conocimiento insondable, podrá guiarle con perfecta sabiduría. Y debido a su amor infalible e incondicional se asegurará de que todo lo que toque su vida sea, a la larga, para su bien (Romanos 8.28).

¿Está su corazón decidido a conocerlo? Espero que lo esté, porque no hay absolutamente nada mejor o más estimulante que andar con Dios y disfrutar de su presencia asombrosa.

Dios, en verdad eres soberano y digno de ser alabado
grandemente. Enséñame quién eres y muéstrame
cómo apreciarte más todos los días. Amén.

───── ❧ ─────

**En su presencia... tenga una
experiencia con el Rey de reyes.**

Pensamiento eficaz

Llevamos cautivo todo pensamiento para que se someta a Cristo.
2 Corintios 10.5, nvi

Los susurros devastadores pueden venir. El enemigo puede decirle que usted es un fracaso, que su caso no tiene esperanza, que la petición que más espera jamás recibirá respuesta, y que Dios ya no quiere saber nada de usted. El enemigo sabe los mensajes que más lo descorazonarán, y es muy efectivo para herirlo donde más le duele.

Sin embargo, recuerde ahora mismo que *él es un mentiroso* (Juan 8.44). No se rinda ante él. Esos susurros desmoralizadores no tienen absolutamente nada de verdad, así que debe rechazarlos de inmediato y reemplazarlos con la verdad de la Palabra de Dios.

¿Y qué es la verdad para usted como creyente? Que Jesús asume la responsabilidad de darle la victoria al caminar con Él (Proverbios 16.3). Que con su Salvador *siempre* hay esperanza (Juan 16.33). Que Dios no solo oye sus oraciones, sino que es fiel para contestarle (Mateo 7.7–11). Y que el Padre le ama tanto, que nunca le dejará (Juan 10.11, 27–28).

Señor, por favor, acaba con las mentiras del enemigo y reemplázalas con tu Palabra. Elimina las barricadas para que pueda andar en tu libertad y glorificar tu nombre. Amén.

En su presencia... abrace la verdad liberadora de ser hijo de Dios.

UNA RELACIÓN PROFUNDA

«El Espíritu del SEÑOR está sobre mí,
Por cuanto me ha ungido para dar buenas nuevas a los pobres;
Me ha enviado a sanar a los quebrantados de corazón;
A pregonar libertad a los cautivos».

LUCAS 4.18

Hay muchos aspectos de su persona —sus decisiones, historia o circunstancias— que son difíciles de encarar. De hecho, pueden ser tan dolorosos que simplemente quiera borrarlos de su mente. Preferiría que nadie supiera al respecto... especialmente Dios.

Sin embargo, al Padre celestial no le sorprenden ni le producen repulsión sus heridas, temores y fracasos más profundos. Él sabe todo al respecto, y su respuesta es buscarle y sanarle por completo. Por eso envió a Cristo para salvarle (Romanos 5.8).

Por eso también le invita a tener una relación *íntima* con Él: una comunión que va mucho más allá de lo que usted ve, toca o siente. Él desea que encuentre su presencia en las profundidades de su persona, donde la verdadera libertad y la sanidad tienen lugar. Así que no tenga miedo de ser sincero con Él, porque esa es la senda que conduce a una paz y fortaleza genuinas.

Padre, estoy muy agradecido porque cuando ves mis
caídas, deseas sanarme con compasión. Gracias por
ayudarme a andar en tu libertad. Amén.

En su presencia... usted es
aceptado, liberado y fortalecido.

Territorio no rendido

*«Ama al Señor tu Dios con todo tu corazón, con
toda tu alma y con todas tus fuerzas».*
Deuteronomio 6.5, ntv

Siempre habrá en usted un anhelo indescriptible en tanto mantenga a Dios fuera de algunos aspectos de su vida. Usted fue creado para conocer al Señor con todo su ser. Por eso, mientras haya aspectos de su persona que no le entregue, ese anhelo indefinible persistirá (Romanos 8.20–21).

«Pero yo amo a Dios», puede decir. Por supuesto que lo ama. Sin embargo, piense en lo siguiente: ¿hay algún pecado, problema, relaciones personales, rencores, sueños o pensamientos que todavía no le haya entregado a Dios? ¿Hay algo que Él le esté recordando que aún no ha puesto en sus manos?

«No es posible que eso sea lo que me causa este vacío y dolor», pensará usted. Sin embargo, si el Espíritu Santo lo ha traído a su mente, probablemente sea la razón por la que continúa batallando.

No lo piense más y libérese de ello. Ya sea que parezca un asunto menor, o que constituya el cimiento de todas sus esperanzas, entrégueselo libremente al Padre. Él es fiel y justo para ayudarle y darle lo que en verdad es mejor para usted (Salmos 84.11).

*Padre, por favor, revélame cualquier aspecto de
mi vida que no haya rendido a ti para que pueda
entregártelo. Gracias por hacerme libre. Amén.*

❖

**En su presencia... sométase
por completo a Él.**

DECISIONES, DECISIONES

Reconócelo en todos tus caminos,
Y él enderezará tus veredas.
PROVERBIOS 3.6

¿Alguna vez se ha preguntado por qué toma las decisiones que toma? Ya sea que usted «siga su intuición» o haga un análisis riguroso de sus alternativas, ¿cuál es el factor que define cómo determina la senda a seguir?

Cuando verdaderamente empieza a examinar su proceso de toma de decisiones, tal vez se sorprenda al hallar lo que en realidad lo impulsa. Quizás sea evitar las consecuencias negativas a cualquier costo, o tal vez lo motive lo que otros piensen. Podría ser que viva para el momento, procurando cualquier cosa que le haga sentir mejor. O tal vez simplemente esté interesado en protegerse del dolor.

Sin importar cuál sea su factor determinante, si Dios no es la brújula en sus decisiones, su habilidad para tomar decisiones correctas resultará defectuosa. Solo Dios sabe la senda que debe seguir y puede proveerle de opciones que ni siquiera sabía que estaban disponibles.

Así que, si tiene que tomar una decisión hoy, busque la dirección de Dios. Apóyese en su sabiduría, porque Él nunca, jamás, le hará descarriar.

Señor, gracias por guiarme en mis decisiones. Sé que tu
sabiduría es perfecta, y que sin importar lo que me guíes a
hacer, siempre me equiparás para que lo logre. Amén.

❧

En su presencia... confíe
en que Él le guía.

Todo para bien

Y sabemos que a los que aman a Dios, todas las cosas les ayudan
a bien, esto es, a los que conforme a su propósito son llamados.
ROMANOS 8.28

¿Hay alguna dificultad en su vida que se niega a desaparecer haga lo que haga? Tal vez usted no lo entienda en el momento, y eso está bien. No es necesario que comprenda sus circunstancias, o por qué le afectan como lo hacen. Más bien, lo importante es que honre al Señor en medio de ellas.

La clave para mantener su esperanza al atravesar la adversidad se halla en una verdad fundamental: *Dios es absolutamente sobera-no* (Salmos 103.19). Y debido a que Él es Señor sobre toda la crea-ción, usted puede saber con certeza que obrará para su beneficio mediante *todo* lo que ocurre en su vida. Tal como lo oye: *todo*. Sólo le sucederá aquello que, de alguna manera, lo refine o edifique a la larga.

Por consiguiente, el curso más sabio de acción cuando sur-gen las pruebas es preguntar: «Padre, ¿qué quieres que aprenda?». Escúchelo. Confíe en Él. Obedézcale. Y resista con confianza, sabiendo que a la larga verá como Él ha obrado en todo detalle para bendecirlo.

Padre, gracias porque algo bueno resultará de esta adversidad.
Enséñame, Señor; estoy listo para aprender. Amén.

En su presencia... confíe en que hay un buen propósito para lo que está enfrentando.

Avance

Pero cuantas cosas eran para mí ganancia, las he
estimado como pérdida por amor de Cristo.

Filipenses 3.7

Conocer a Dios cuesta. Sí, Jesús pagó el precio máximo en la cruz para que usted pudiera disfrutar de una relación personal eterna con Él (Romanos 5). Más nunca tendrá que preocuparse por el castigo eterno del pecado (Efesios 2.8–9). Sin embargo, conforme progresa en su relación personal con Dios, hallará que hay ciertas actitudes y acciones que le impiden realmente conocerlo... y de las que tendrá que deshacerse.

Tal vez se halle en una encrucijada hoy. Dios le ha mostrado lo que está impidiendo su progreso, pero usted teme el sacrificio que debe hacer. Ahí es donde muchos se atascan, negándose a cambiar. Tristemente, tampoco disfrutan del gozo y el poder insuperables de Cristo.

Por favor, dese cuenta de que la conducta a la que Dios le pide que renuncie está llevándolo por la senda de la destrucción (Proverbios 16.25), en tanto que con Él hallará la senda de la vida (Salmos 16.11). No se quede atrapado en sus caminos antiguos y destructivos. Tome la decisión de avanzar con el Padre. Se lo aseguro, confiar en Él vale la pena.

Señor, verdaderamente deseo la plenitud de
una relación personal íntima contigo. Por favor,
ayúdame a ser valiente y a avanzar. Amén.

En su presencia... disfrute del
gozo del crecimiento espiritual.

LA DECISIÓN DIARIA

Y el que creyere en él, no será avergonzado.

1 PEDRO 2.6

¿Puede usted decir hoy: «No se haga mi voluntad, sino la tuya»? ¿Puede entregarse de todo corazón al cuidado amoroso de Dios, sabiendo que lo que Él quiere y tiene para usted es mejor de lo que jamás podría buscar o hallar por sí mismo? Es una lección difícil, no hay duda alguna. Sin embargo, es lo que el Padre procura siempre enseñarle: una dependencia de Él completa y sin inhibiciones y una confianza en su amor, sabiduría y poder.

Por eso es que enfrenta hoy lo que está enfrentando. Una vez más, Dios le presenta una alternativa de fe. ¿Confiará en Él o procurará seguir su propio camino? ¿Aceptará lo que Dios le envía como un instrumento de discipulado para entrenarlo? ¿Dirá pase lo que pase: «Señor, instrúyeme; confío en ti incluso en esto»?

Espero que lo haga. No hay absolutamente nada mejor que pueda hacer que abandonarse a la voluntad, la provisión y la protección de Dios. Esa es la senda a través de la adversidad a una vida abundante, satisfactoria y gozosa.

Señor, sé que nunca me harás descarriar, sino que
me ayudarás en gran manera, abundantemente,
más allá de todo lo que pueda pedir o imaginar.
Gracias por guiarme tan fielmente. Amén.

En su presencia... escoja la voluntad
de Dios por encima de la suya.

HACIA LO DESCONOCIDO

«Y guiaré a los ciegos por camino que no sabían, les haré andar por sendas que no habían conocido».
ISAÍAS 42.16

A veces Dios lo llamará a avanzar hacia lo desconocido. Tal vez esto sea a lo que se enfrenta hoy: las alternativas y situaciones por delante son nuevas, inusuales, y usted no está muy seguro de saber cómo lidiar con ellas. Esta es la esencia del llamado de fe. El Padre lo llama a hacer lo que no le resulta familiar o a ir en una dirección que no ha probado.

Simplemente recuerde que si usted conociera el camino —si pudiera manejarlo todo con su propia fuerza y sabiduría— entonces no sería un paso de fe para usted. No tendría ningún potencial para revelar en su vida el carácter, el amor, el poder y la sabiduría del Padre.

Así que, sin importar lo que Dios le presente como desafío, recuerde que Él empleará el pleno potencial del cielo para asegurar que usted pueda triunfar en ello. Su responsabilidad es sencillamente buscar a Dios, confiar en Él y obedecerle conforme Él lo dirige.

Señor, guíame; ¡yo te seguiré! Iré a donde sea que me envíes. Tú ves la senda por delante y no me fallarás ni me abandonarás. Mantenme en el centro de tu voluntad. Amén.

En su presencia... avance a lo desconocido con confianza.

MÁS ALLÁ DE LO RAZONABLE

«Como son más altos los cielos que la tierra, así son
mis caminos más altos que vuestros caminos».
ISAÍAS 55.9

Prepárese, pues a veces le parecerá que las instrucciones del Señor no tienen sentido. En realidad, este es un principio que debe abrazar si quiere conocer al Padre: *Dios no le exige que entienda su voluntad, sino solo que la obedezca, aunque le parezca irrazonable.*

Piénselo. ¿Por qué el Señor le iba a pedir a Abraham que dejara su casa sin decirle a dónde iba (Génesis 12.1–2)? ¿O por qué Dios iba a prometerle a Abraham un hijo a los setenta y cinco años, y después esperar *veinticinco* años más para cumplir su palabra? Humanamente, esto no tiene sentido.

Sin embargo, ese es el punto. No se supone que usted *entienda* al Padre. Lo que Él desea es que *lo honre como Dios,* como el Soberano que trasciende toda limitación terrenal. Porque cuando lo hace, Él obra lo milagroso por usted y su fe se fortalece.

La razón siempre interfiere con la fe. Mientras usted busque que todo tenga sentido, no estará dependiendo por completo del Dios Omnipotente. Amigo, abandone sus nociones de esta tierra y permítale a Dios que le muestre quién es Él en realidad.

Señor, acepto que tu sabiduría es superior a la mía.
Ayúdame a honrarte con mi vida. Amén.

En su presencia... acepte que
Él es la realidad suprema.

Quién es usted en realidad

Te alabaré, porque asombrosa y maravillosamente he sido hecho;
maravillosas son tus obras.
Salmos 139.14, lbla

Tal vez se sienta tentado a definirse por lo que otros dicen de usted: su aspecto, oficio, educación, o incluso su riqueza. No obstante, tales medidas de su valía son defectuosas, temporales y a la larga improductivas. Y tal vez haya notado que son las experiencias negativas, y no las positivas, las que influyen más profundamente en cómo usted se considera a sí mismo.

Esto se debe a que nuestra sabiduría humana no permite que tengamos una idea acertada de lo que le confiere valor a una persona. Si la tuviéramos, el Hijo de Dios no habría sido crucificado. Lo hubiéramos honrado, sabiendo que vendrá el día en que «se doble toda rodilla... y toda lengua confiese que Jesucristo es el Señor» (Filipenses 2.10–11).

El único que verdaderamente es capaz de juzgar su valía es el que le creó y pagó el precio para llamarle suyo. En Jesús, usted es eternamente amado (Jeremías 31.3), aceptado (Romanos 15.7), adecuado (2 Corintios 3.5) y victorioso (1 Corintios 15.57). Confíe en lo que Él dice de usted y abrace su identidad verdadera.

Señor, enséñame a ver mi valía a través de tus ojos.
Gracias por crearme, amarme, redimirme y planear
un futuro maravilloso para mí. Amén.

En su presencia... descubra
su verdadero valor.

¿QUÉ ES CIERTO?

Vivifícame conforme a tu misericordia.
La suma de tu palabra es verdad,
Y eterno es todo juicio de tu justicia.
SALMOS 119.159–160

Ya lo leyó ayer, pero vale la pena repetirlo. En Cristo, usted es amado eternamente (Jeremías 31.3), aceptado (Romanos 15.7), adecuado (2 Corintios 3.5) y victorioso (1 Corintios 15.57).

Sin embargo, a veces todo su interior se resiste a creerlo. Las circunstancias difíciles, los recuerdos dolorosos o las palabras crueles de otros pueden hacer que se sienta atemorizado, indigno, inadecuado y absolutamente desvalido para soportar los problemas que enfrenta.

No obstante, recuerde: «Engañoso es el corazón más que todas las cosas» (Jeremías 17.9). Las Escrituras *siempre* serán mucho más confiables que su propio juicio. El enemigo, los residuos de su naturaleza de pecado o su perspectiva limitada pueden enturbiar lo que percibe como verdad. Sin embargo, la Palabra de Dios ha resistido la prueba del tiempo, y usted siempre puede confiar en lo que dice.

Por consiguiente, confiésese a sí mismo a menudo que en Jesús, usted es amado, aceptado, adecuado y victorioso. Permita que esta verdad inunde su corazón y halle su valía en Cristo.

Jesús, transforma mi corazón completamente
con tu verdad. Amén.

En su presencia... abrace su verdad eterna.

Deje de hacerlo

*Por tanto, el Señor desea tener piedad de ustedes, y por
eso se levantará para tener compasión de ustedes... ¡Cuán
bienaventurados son todos los que en Él esperan!*

Isaías 30.18, nblh

¿Lo consume el deseo de *hacer* algo? ¿Está tratando de ganarse la
gracia de Dios o de convencerlo de que lo bendiga con algún deseo
de su corazón? Si se descubre pensando: *Padre, ¿qué quieres de mí?
¡Simplemente no sé qué hacer!*, con toda probabilidad esté tratando
de merecerse sus buenas dádivas en lugar de simplemente confiar
en Dios para que se las ofrezca generosamente.

Deje de luchar con Dios. Mientras más luche, más muestra que
está apoyándose en su propia fuerza y no en la de él. Esto brota de
una falta de fe y Dios no bendice eso (Isaías 30.15). Cuando él lo
dirija a que dé un paso o se arrepienta del pecado, obedézcalo de
inmediato. Deje de tratar de ganarse su amor y las buenas dádivas
que él ha planeado para usted.

El Padre *quiere* bendecirlo incluso más de lo que usted quiere
ser bendecido. Así que deje de esforzarse y ponga su corazón en Él.
Con certeza Él le guiará a vivir y disfrutar de lo mejor.

*Padre, gracias por ser clemente conmigo. He
dedicado mi corazón a confiar en ti. Amén.*

En su presencia... confíe en Él.

DEDIQUE EL TIEMPO

Alma mía, en Dios solamente reposa,
Porque de él es mi esperanza.
SALMOS 62.5

¿Separa usted tiempo para contemplar al Señor, escucharlo y permitirle que transforme su espíritu? Debería hacerlo. Porque cuando lo hace, llega a conocer su carácter y sus caminos; y descubre su voluntad para su vida. Pero esto no sucede en un instante, sino que exige una comunión regular y dedicada con Él.

Algunas veces Dios le enviará adversidades para motivarlo a que persista en la búsqueda de su presencia. Esto se debe a que sabe que si usted está preocupado por un asunto, estará dispuesto a quedarse con Él más tiempo, buscando su fortaleza y sabiduría. Resulta asombroso como Él ministra a su corazón atormentado —dándole vida, gozo, paz y dirección insondables— cuando usted dedica tiempo para simplemente sentarse en su presencia.

Amigo, es importante que medite en Dios y su Palabra a diario. Usted fue creado para tener comunión con Él. Y cuando se enfoque en el Padre, será transformado desde adentro y equipado para enfrentar los retos que le esperan.

Señor, mi Fuente y Creador, dedicaré tiempo a ti.
Transfórmame de modo que pueda llevar a cabo
tus maravillosos planes para mi vida. Amén.

En su presencia... renueve su corazón y mente meditando en Él.

PERDONE LAS OFENSAS

*Si alguno viere a su hermano cometer pecado que
no sea de muerte, pedirá, y Dios le dará vida.*

1 JUAN 5.16

Ver a un hermano o hermana en Cristo desobedeciendo al Señor puede ser descorazonador. ¿Qué debe hacer uno con esos sentimientos de desilusión que llenan el corazón?

Primero, nunca permita que otra persona lo distraiga de su relación con Dios. Más bien, aférrese a la promesa de que Dios nunca le fallará, aunque otros le fallen.

Segundo, ore por esa persona con la esperanza de que se vuelva a Cristo. Si dicha persona ha hecho algo para lastimarle, perdónela y niéguese a sentir amargura.

Tercero, obtenga consuelo del Espíritu Santo. Cuando le aflijan asuntos que desagradan a Dios, recuerde que Él es su mayor fuente de estímulo y el único que redimirá la situación.

Ore también por la persona que le desilusionó y entréguesela al Señor. Su Salvador puede manejar la situación, de modo que no permita que se convierta en una piedra de tropiezo en su corazón.

*Señor, te pido que _____ reconozca
su ofensa y se vuelva a ti. Ayúdame a perdonarle y
obtener consuelo de tu Espíritu Santo. Amén.*

❧

**En su presencia... confíe en Él
para restaurar al creyente.**

¿ESTÁ USTED ESCUCHANDO?

«Oh, si me hubiera oído mi pueblo... con
miel de la peña les saciaría».

SALMOS 81.13, 16

Incluso en estos momentos Dios está atrayéndolo a Él. Dios quiere que usted lo conozca íntimamente, que disfrute de su profundo amor y su honda presencia en lo más íntimo del alma. El Señor tiene verdades para revelarle, lecciones que su Espíritu Santo le enseñará solo cuando usted dedique tiempo para enfocarse calladamente en Él.

Tal vez quiera orar al Padre celestial por todos los asuntos que oprimen su corazón, y eso está bien. Sin embargo, sepa que lo más sabio que puede hacer es sentarse en silencio delante de Él con su Palabra abierta ante sus ojos. Es durante esos tiempos de comunión que Dios le permite captar un vislumbre de su carácter y su sabiduría absolutamente asombrosos.

No se pierda la indescriptible bendición de conocer a Dios simplemente permaneciendo en su presencia. No hay gozo más hondo, más energizante, ni uso más digno de su tiempo que tener una experiencia con Dios. Siéntese en silencio y disfrútelo. A Él le encanta que lo conozca.

Señor, te amo y anhelo conocerte. Por favor, háblale a mi
espíritu y revélate por medio de tu Palabra. Amén.

En su presencia... tenga una
experiencia con el Dios viviente.

SU DECISIÓN

*«Cualquiera, pues, que me oye estas palabras, y
las hace, le compararé a un hombre prudente, que
edificó su casa sobre la roca... y soplaron vientos,
y golpearon contra aquella casa; y no cayó».*
MATEO 7.24–25

Las situaciones que usted enfrente hoy bien pueden edificarle o derribarle. Las buenas noticias son que de usted depende que hagan una u otra cosa. Usted puede invitar a Dios a obrar a través de sus circunstancias para desarrollar su fe y su carácter, o puede permitir que los problemas le controlen. La clave es *a quién le permite interpretar lo que le sucede.*

Si considera sus retos a la luz de sus propias capacidades, probablemente se sentirá descorazonado, irritado y abrumado, porque la única alternativa es luchar con las herramientas humanas que tiene a su disposición.

Sin embargo, un curso de acción mucho más sabio es acudir a la Palabra de Dios en busca de sabiduría y hacer lo que Él dice. Sin que importe lo que usted enfrente, el Padre puede con certeza manejarlo. Y si lo busca para que dirija su senda, Él usará la adversidad para edificarle y enseñarle más de sus maravillosos caminos.

*Señor, ayúdame a buscar tu sabiduría en toda
situación. Cuando tú me diriges, mi vida se
edifica sobre un cimiento sólido. Amén.*

**En su presencia... está la
verdadera seguridad.**

Fuerte, firme, inmovible

Los que hemos acudido a él en busca de refugio
podemos estar bien confiados aferrándonos a la
esperanza que está delante de nosotros. Esta esperanza
es un ancla firme y confiable para el alma.

Hebreos 6.18–19, NTV

Algunos días tal vez usted sienta como si Dios estuviera distante y encuentre difícil percibir su presencia. Esto puede ser cierto especialmente si sus circunstancias cambian a un ritmo rápido.

Sin embargo, Hebreos 13.8 promete: «Jesucristo es el mismo ayer, y hoy, y por los siglos». Su Salvador no se ha ido a ninguna parte; su amor por usted es poderoso, inconmovible y eterno (Jeremías 31.3); es un ancla para su alma, suceda lo que suceda.

Aun así, cuando sienta que su relación con Dios se está enfriando, es sabio examinar su corazón. ¿Se ha distraído y no lo ha buscado? ¿Se preocupa más por los detalles de su vida que por su relación personal con Él? ¿Ha dejado de cumplir algún principio bíblico?

Como un barco en aguas turbulentas, es fácil alejarse de Dios si uno no está anclado en la verdad de la Palabra. De modo que vuelva a Él abriendo las Escrituras y escuchando su voz. Entonces, pase lo que pase, con certeza estará fuerte, firme e inmovible.

Padre, no permitas que me aleje. Atráeme y revélame por
medio de tu Palabra la cercanía de tu presencia. Amén.

En su presencia... manténgase
anclado y fuerte.

CONÓZCALO

*El Señor... es Dios fiel, quien cumple su pacto por
mil generaciones y derrama su amor inagotable sobre
quienes lo aman y obedecen sus mandatos.*

DEUTERONOMIO 7.9, NTV

¿Cómo se imagina a Dios? ¿Cómo supone que Él es? Ya sea que se dé cuenta o no, las características que usted le adscriba al Señor forjarán su respuesta a Él.

Por ejemplo, si lo ve como su Padre celestial lleno de amor, compasivo, sabio y maravilloso, que provee para usted a la perfección, querrá confiar en Él y su liderazgo. No obstante, si más bien lo ve como un Comandante distante, estricto, legalista y sirviéndose a sí mismo, tal vez sienta que es su obligación reportarse con Él, pero su relación no estará motivada por el amor.

Por consiguiente, procure conocer verdaderamente a Dios por medio de su Palabra y pídale que le muestre quién realmente es él. Hallará que el que lo formó es más maravilloso de lo que usted puede posiblemente imaginarse, y completamente digno de todo su tiempo, servicio, honor, gloria, adoración y alabanza.

*Señor Dios, quiero verte como realmente eres. Revélate
a mí y elimina los conceptos errados que tengo de
ti. Ayúdame a amarte más cada día. Amén.*

**En su presencia... descubra
quién Él es realmente.**

RESPUESTA DE FE COMPLETA

Y si alguno de vosotros tiene falta de sabiduría, pídala
a Dios... Pero pida con fe, no dudando nada.

SANTIAGO 1.5–6

¿Espera que Dios obre de una manera poderosa en su vida? Como creyente, sería comprensible que lo esperara. Después de todo, sabe que el Padre tiene grandes planes para usted (Jeremías 29.11), y es natural que le pida que lo dirija y bendiga su futuro. No obstante, la pregunta es cómo recibe su instrucción cuando lo busca.

Las Escrituras dicen claramente que cuando uno busca a Dios y él responde, es de máxima importancia creerle (Marcos 11.23–24) y actuar de acuerdo a como indica (Jeremías 7.23). Si usted reacciona con incredulidad a su instrucción, sin esperar realmente que el Padre cumpla lo que promete, simplemente está demostrándole que no está listo para su bendición completa.

Así que, ¿cómo mantiene uno la fe fuerte hasta que el Señor actúe a nuestro favor? Fije sus ojos en él —en su carácter, capacidad y amor— antes que en sus circunstancias. Y mientras mantiene sus ojos en Dios, él hará inmensurablemente más de lo que usted puede imaginarse.

Señor, fortalece mi fe a fin de que pueda marchar sin
dudar a donde quiera que me dirijas. Amén.

❦

**En su presencia... responda
con fe completa.**

ALIENTO A PARTIR DEL PASADO

Porque las cosas que se escribieron antes, para nuestra enseñanza se escribieron, a fin de que por la paciencia y la consolación de las Escrituras, tengamos esperanza.

ROMANOS 15.4

Una de las maneras más dolorosas y destructivas en que el enemigo lo atacará es sugiriendo que usted está solo en medio de sus batallas. Sin embargo, sepa que eso es una mentira. Dios les ha dado a los creyentes el testimonio de sus siervos fieles a fin de que sepan que él «nunca los dejará ni los abandonará» (Deuteronomio 31.6, NVI). Ellos atravesaron circunstancias en las que probaron su fe tal como usted. Y debido a que perseveraron y confiaron en Dios, usted también puede hacerlo.

Así que, ¿contra qué batalla hoy? ¿Necesita fe para recibir una promesa como Abraham (Romanos 4)? ¿Libertad desde la cisterna hasta el palacio como José (Génesis 37—50)? ¿Una senda a través de un obstáculo difícil como Moisés (Éxodo 14)? ¿Fuerza como Josué para vencer a sus adversarios (Josué 6)? ¿Perdón como David (Salmos 51)? ¿O provisión al igual que los discípulos (Juan 6.1–14)?

Mire a sus predecesores en la fe y anímese. Dios no les falló a ellos. Siéntase seguro de que él tampoco lo desilusionará a usted.

Señor, gracias porque no estoy solo en las pruebas que enfrento. Tú has intervenido a favor de las personas a lo largo de toda la historia, y sé que me ayudarás. Amén.

❧❧

En su presencia... obtenga aliento de las Escrituras.

EL SENTIDO DE SU PLAN

Pero de una cosa estoy seguro:
he de ver la bondad del Señor.

SALMOS 27.13, NVI

¿Hay algo en su vida que simplemente no tiene sentido? Usted ha tratado de imaginarse las cosas, pero las preguntas persisten. ¿Por qué permite Dios que tales dificultades le acosen?

Usted no está solo. El más grande gobernante terrenal de Israel, David, probablemente se sintió de esa manera varias veces. Después de que Dios lo llamó para que fuera rey, David pasó años huyendo del rey Saúl, que activamente trataba de matarlo. Él debe haberse preguntado por qué Dios se tardaba tanto tiempo para ponerlo en el trono.

Esto puede haber sido confuso y desalentador para David, pero Dios sabía exactamente lo que estaba haciendo. Durante ese tiempo preparaba con toda meticulosidad a David para que le honrara en todo, y fortalecía su fe para las batallas que enfrentaría como rey.

De la misma manera, el Padre puede estar usando la adversidad para prepararle para una asignación importante. Así que no se desespere, no tema ni se apoye en su propio entendimiento de su situación. A la larga todo tendrá sentido (Romanos 8.28). Confíe en Dios independientemente de cómo se vean sus circunstancias, y él lo guiará a la perfección (Proverbios 3.5–6).

Señor, gracias por entrenarme a fin de tener una experiencia
de tus maravillosos planes para mi vida. Confío en ti. Amén.

En su presencia... esté seguro
de que su plan es bueno.

OBEDIENCIA Y DIRECCIÓN

Bendito sea por siempre el nombre de Dios...
[Él] da sabiduría a los sabios...
Él revela las cosas profundas y secretas.
DANIEL 2.20–22, DHH

¿Está dispuesto a hacer lo que sea que Dios le diga que haga? ¿Está preparado para confiar en él, incluso cuando su dirección no tenga sentido? Tenga la seguridad de que si lo hace, él le revelará verdades admirables.

El Señor con certeza lo hizo por Daniel. El cruel rey babilonio Nabucodonosor exigió que sus consejeros interpretaran un sueño que había tenido, pero se negó revelarles el contenido del mismo. Amenazó con que, si no podían darle la explicación de su visión, los haría matar a todos (Daniel 2). La situación de ellos parecía irremediable.

Sin embargo, el piadoso hebreo llamado Daniel le dijo a Nabucodonosor: «Pero hay un Dios en los cielos, el cual revela los misterios» (v. 28). Daniel describió el sueño y reveló sin error su significado, todo para la gloria de Dios.

¿Necesita sabiduría para una situación sin salida como Daniel? Entonces dé el paso de fe, obedeciendo lo que sea que Dios le indique, y confíe en Él aun cuando no entienda lo que él esté haciendo. Usted se asombrará de lo que Dios le revela cuando pone en él su confianza completa.

Señor, tú sabes mi dilema. Revélame lo que necesito saber
y hazme atravesar con éxito esta dificultad. Amén.

❧
**En su presencia... obedezca su
dirección con confianza.**

EL RECURSO QUE MORA
EN SU INTERIOR

¡Que el Dios de la esperanza los llene de todo gozo y paz en la fe,
para que rebosen de esperanza por el poder del Espíritu Santo!
ROMANOS 15.13, RVC

Cualquier cosa que usted deba decidir o lograr hoy puede parecerle absolutamente abrumadora. Tal vez se pregunte: *¿De qué peregrina manera lograré salir de esto?* Y sin embargo, la voz suave y apacible de Dios le asegura: *Yo soy tu competencia y fortaleza* (2 Corintios 3.5). *Yo te mostraré el camino en que debes andar* (Salmos 32.8). *Yo realizaré todo lo que tiene que ver contigo* (Salmos 138.8). *Confía en mí, yo te ayudaré* (Proverbios 3.5–6).

¿Cómo va Dios a ayudarle a triunfar en todo lo que usted tiene que hacer hoy? Cuando recibió a Jesús como su Salvador, él le dio el recurso más importante que necesitaría. Fue en ese momento que el Espíritu de Dios vino a morar en usted: a fin de enseñarle, prepararle, capacitarle, equiparle, darle energía y fortalecerle para retos tales como el que enfrenta hoy. Él quiere guiarle y darle su fuerza. Busque el obrar de Dios en su vida, escúchelo y obedezca sus iniciativas.

Señor, sé que tú no tienes problemas para atender todo
lo que yo debo hacer hoy. Por favor, hazme sensible a
tu Espíritu. Confío en que tú me guías. Amén.

❀

En su presencia... usted tiene
victoria sobre todo reto.

FEBRERO

ESCUCHE ATENTAMENTE

«Si ustedes oyen hoy su voz, no endurezcan su corazón».
HEBREOS 3.7–8, RVC

Escuchar a Dios *atentamente* quiere decir estar dispuestos a oír cualquier cosa que Él tenga que decirnos. Ya sea que quiera corregirle o consolarle, reprenderle o afirmarle, es importante que usted se concentre en Él de todo corazón.

Hacer esto no siempre es fácil. Usted tal vez esté buscando una palabra de aliento de parte de Dios cuando más bien Él le da una palabra de amonestación. Pero tenga cuidado: si no está dispuesto a oír lo que Él tiene que decirle, su corazón se endurecerá al Espíritu de Dios y su necesidad de disciplina con toda probabilidad aumentará.

Por consiguiente, al escuchar al Padre celestial, dependiendo humildemente del Espíritu Santo, no se sorprenda cuando Él traiga a su mente asuntos de su vida que debe cambiar. No se ponga a escoger y seleccionar lo que quiere oír. Escúchelo y obedézcalo; Él está revelándole estos asuntos para su beneficio y sanidad. Negarse a oír sus advertencias puede llevarle a la ruina.

El Salvador siempre le habla para su bien. Así que acepte lo que sea que le diga, tanto lo positivo como lo negativo, confiando en que Él tiene en mente una meta positiva.

Señor, abre mis oídos para que pueda oír tanto
tu consuelo como tu corrección. Amén.

**En su presencia... escuche todo
lo que Él tiene que decirle.**

EL PROCESO DEL PERDÓN

Cuanto *está lejos el oriente del occidente,*
Hizo alejar de nosotros nuestras rebeliones.
SALMOS 103.12

Un espíritu rencoroso es un tumor maligno en el alma de una persona que se extiende como el cáncer. Y sin embargo, el Padre celestial ofrece un proceso seguro de sanidad para el corazón consumido por la amargura:

Arrepentimiento: Asuma la responsabilidad por su espíritu no perdonador y pídale a Dios que le perdone por su resentimiento. También debe perdonar a quien le ofendió.

Olvido: Olvídese de cualquier expectativa de restitución, aunque sienta que la persona le debe algo.

Reconocimiento: Reconozca que el mal que le hizo la persona no fue simplemente doloroso y ofensivo, sino que esa conducta en última instancia aflige a Dios. El Señor es quien juzgará la ofensa y usted puede confiar en que Él le vindicará.

Recuerde: Recuerde cuán a menudo Dios le perdona a usted.

Usted no podrá disfrutar verdaderamente del gozo del perdón de Dios mientras no siga su ejemplo y perdone a los que le han ofendido. No permita que el cáncer de la amargura continúe en su corazón. La vida es mucho más dulce cuando el corazón es tierno y no está manchado.

Señor, gracias por tu dádiva del perdón. Ayúdame
siempre a extenderlo a otros. Amén.

❧

En su presencia... procure tener
un corazón tierno y perdonador.

CUANDO

Cuando siento miedo, pongo en ti mi confianza.
Confío en Dios y alabo su palabra; confío en Dios y no siento miedo.

SALMOS 56.3–4, NVI, ÉNFASIS AÑADIDO

Tal vez haya notado que en Salmos 56.3, David no afirma: «*Si* tengo miedo». Él dice: «*Cuando*». Las ocasiones de temor *vendrán* a su vida. Las ansiedades surgirán, no solo debido a que este es un mundo caído, sino también porque para enseñarle a tener fe, el Padre debe llevarle al extremo de lo que usted puede soportar, de modo que escoja confiar en Él. Esta es una lección necesaria y una parte indispensable de su maduración como creyente.

Así que hoy considere lo siguiente. ¿Está su corazón sumido en la desesperanza? ¿Hay preguntas, pensamientos dolorosos o temores que inunden su mente? ¿Existe una situación abrumadora que no puede manejar?

Haga como hizo David y vuélvase a la verdad de la provisión perfecta y el cuidado infalible de su Padre celestial para todas sus necesidades. Dios no le ha abandonado, ni nunca le abandonará (Deuteronomio 31.6, 8). Confíe en que lo ayudará.

Señor, cuando tenga miedo, confiaré en ti y
tendré fe en tu provisión y protección. Gracias
por amarme y acercarme más a ti. Amén.

❦

En su presencia... abandónese a
su cuidado amoroso y confiable.

DOLORES DEL CRECIMIENTO

*La creación... fue sometida a la frustración... Pero queda
la firme esperanza de que la creación misma ha de ser
liberada de la corrupción que la esclaviza, para así
alcanzar la gloriosa libertad de los hijos de Dios.*

ROMANOS 8.19–21, NVI

A veces, al pasar tiempo en la presencia de Dios y acercarse más a
Él, pueden aflorar recuerdos o sentimientos dolorosos. Esto se debe
a que Jesús quiere hacerle una persona saludable y completa. A fin
de obrar hacia ese objetivo y sanarle, Él debe tocar las heridas de
su vida, desarraigando las mentiras y fortalezas a las que usted ha
estado viviendo esclavizado.

Por eso, de repente puede volverse sensible a ciertos tipos de
personalidad, factores estresantes o recuerdos que usted pensó que
había superado. Él los expone, iluminando el hecho de que están
impidiendo su progreso, y le muestra cómo dejarlos atrás.

Es difícil, pero si usted confía en el Señor Jesús en eso, disfrutará
de la plenitud de la libertad y el propósito para los cuales Él lo creó.
Por consiguiente, no tema. Invítelo a pasar y permítale que lo sane.

*Señor Jesús, confío en que tú sanarás las heridas de mi
vida como el Gran Médico. Revélame las mentiras en mi
vida, y enséñame la verdad que me hace libre. Amén.*

❈

En su presencia... sea hecho libre.

Nunca solo

Yo siempre estoy contigo;
Tú me has tomado de la mano derecha.
Con Tu consejo me guiarás,
Y después me recibirás en gloria.
Salmos 73.23–24, nblh

Puede que haya ocasiones en su vida cuando usted simplemente no pueda contarles a otros sus cargas. Quizás se deba a que tema preocupar a sus seres queridos; pueda sentirse avergonzado; o porque tal vez divulgar la información que oprime su corazón viole restricciones legales, de seguridad o estratégicas. Sea cual sea la razón, se siente aislado en su batalla.

En tales ocasiones, es importante que recuerde que nunca está verdaderamente solo una vez que Jesús es su Salvador. Usted está sellado en Él por medio de su Espíritu Santo que mora en su interior como garantía de su redención (Efesios 4.30). Y lo más maravilloso en cuanto a Dios es que Él sabe acerca de su situación incluso más que usted. Él es el único consejero que realmente necesita.

No se aísle del Padre celestial. Siéntese en su maravillosa presencia y permítale revelarse a sí mismo y a su profunda solución para toda necesidad que usted tenga. Él es, sin duda alguna, el compañero más sabio y digno de confianza que tendrá por siempre.

Señor Dios, gracias por nunca dejarme o abandonarme.
Guíame por tu senda perfecta. Amén.

**En su presencia... cultive una
relación personal íntima.**

BENDECIDO CON SUFICIENCIA

*Toda la alabanza sea para Dios, el Padre de nuestro
Señor Jesucristo, quien nos ha bendecido con toda
clase de bendiciones espirituales en los lugares
celestiales, porque estamos unidos a Cristo.*

EFESIOS 1.3, NTV

Dios es más que suficiente para usted hoy. Su Padre celestial tiene recursos inagotables, todos los cuales están a su disposición para ayudarlo en la forma que mejor edificará su fe y su relación con Él. Y Dios ha prometido darle toda bendición espiritual debido a que usted tiene fe en Cristo.

El problema no es la capacidad del Padre celestial para concederle lo que necesita, sino su capacidad para recibirlo cuando el temor o el deseo de control le gobiernan. Usted debe rechazar esas fortalezas y reconocerlo como Dios soberano.

Así que, pregúntese a sí mismo: ¿está usted dispuesto a confiar en Dios hoy? ¿Se mantendrá alerta ante su actividad? ¿Tomará como verdad su palabra de que Él lo ha bendecido con toda bendición espiritual? ¿Le obedecerá?

Debido a que usted tiene lo que necesita espiritualmente, todo lo demás termina por encajar. Por ello, confíe en que Dios le sostendrá. Él es más que suficiente.

*Señor, tú eres Dios. Gracias por ser suficiente para todas
mis necesidades: espirituales, físicas y materiales. Confío
en que tú me ayudarás en todo lo que enfrente. Amén.*

**En su presencia... sepa
que es bendecido.**

JUSTO LO QUE NECESITA

«Ciertamente yo estaré contigo, y la señal
para ti de que soy yo el que te ha enviado será
ésta... adoraréis a Dios en este monte».
ÉXODO 3.12, LBLA

Dios se revela a usted de maneras específicas que son importantes para su destino futuro. Por ejemplo, cuando el Señor habló a través de la zarza ardiente, estaba demostrando de una manera poderosa que Moisés no sería destruido ante el faraón, y que su presencia y provisión sobrenaturales estarían con Israel en el desierto (Éxodo 3). ¿Le explicó Dios todo el plan a Moisés? No. Sin embargo, le reveló lo suficiente para que Moisés pudiera confiar en su carácter, avanzar por fe y obedecerle.

De forma similar, Dios se le revela a usted de la manera en que necesita, por medio de la oración, las Escrituras y las circunstancias que tienen lugar en su vida. En realidad, la situación que enfrenta en este momento es el terreno de entrenamiento perfecto para usted. Y si toma una decisión consciente de escuchar el consejo de Dios, se asombrará absolutamente de todo lo que Él le revela por medio de eso.

Su Protector, Proveedor, Gran Médico, Príncipe de Paz, Redentor y Rey quiere dárse le a conocer. Permítaselo. Y avance por fe.

Señor, gracias por ser exactamente lo que necesito y
revelarme lo que es importante que sepa. Amén.

**En su presencia... reciba
lo que necesita.**

EL GRAN AGRICULTOR

«Toda rama que da fruto la poda para que dé más fruto...
Permanezcan en mí, y yo permaneceré en ustedes. Así
como ninguna rama puede dar fruto por sí misma».
JUAN 15.2, 4, NVI

Si hiciera un recuento de todas sus aflicciones, cargas y retos, pudiera sentirse abrumado. Usted ya sabe que el Padre celestial lo ha permitido todo por una buena razón, pero aún así tal vez se sienta frustrado consigo mismo por no poder lograr más, o reunir la energía para dar el siguiente paso.

No se desespere. Las dificultades no son evidencia del desagrado de Dios, sino del maravilloso potencial que Él ve en usted. Su Salvador, Protector y Proveedor es también su gran Agricultor, y sabe exactamente cómo ayudarle a florecer. Él poda los sectores que drenan su energía, elimina las partes dañadas, y cosecha el fruto para que pueda producir más. Todo es para su bien, aunque resulte doloroso durante una temporada.

Así que, ¿cómo puede dar el siguiente paso hoy? Permaneciendo en el Señor y permitiendo que la capacidad, la energía, la inspiración y el poder de Dios fluyan por usted a su manera y a su tiempo. Él es la vid; usted es la rama. Deje que Dios le sustente.

Señor, confío en ti como mi gran Agricultor.
Gracias por ayudarme a crecer.
Ayúdame a dar fruto para ti. Amén.

En su presencia... permanezca.

SU IMAGEN

Y así como hemos traído la imagen del terrenal,
traeremos también la imagen del celestial.

1 CORINTIOS 15.49

Dios hace por usted lo que usted no puede hacer por sí mismo... incluso algunas cosas que no sabe cómo pedirle. De hecho Dios le pondrá en situaciones específicas para revelarle su bondad y moldear su carácter en usted, ya que sabe que eso es lo que más necesita.

Como ve, el objetivo del Padre para su vida es mucho mejor que tan sólo hacerle próspero, popular o saludable, aunque también puede recibir esos dones. Más bien, su objetivo es conformarle a su semejanza, enseñándole cómo disfrutar de una vida genuina, profunda, eterna y que refleje su gloria (Romanos 8.29).

Usted tal vez no se dé cuenta de cuán profundamente clama su alma ser semejante a Jesús, pero lo hace. Y debido a que Él es su Creador, sabe lo que en verdad le dará satisfacción y propósito.

Así que no se degrade o devalúe a usted mismo debido a la situación que ve por delante. Simplemente, percátese de que está siendo conformado a la imagen del Dios Altísimo. Él está haciendo en su vida lo que usted no puede hacer por sí mismo, para que otros puedan ver a Dios a través de su persona (2 Corintios 4.7).

Señor Jesús, gracias por saciar mi profunda
necesidad de ser como tú. Amén.

En su presencia... refleje su gloria.

NO SON ACCIDENTES

Y después de que hayáis sufrido un poco de tiempo, el Dios de toda gracia, que os llamó a su gloria eterna en Cristo, El mismo os perfeccionará, afirmará, fortalecerá y establecerá.

1 PEDRO 5.10, LBLA

Dios utilizará todo. Sin importar lo que sea que usted esté enfrentando en estos momentos, puede estar seguro de que hay un propósito más elevado en ello. David tal vez no haya sabido que luchar contra un oso o un león lo prepararía para enfrentar a Goliat. Al ahuyentar de su rebaño a los depredadores con su honda, tal vez no se haya dado cuenta de cómo el Señor Todopoderoso estaba afinando y perfeccionando su puntería. Sin embargo, ninguno de aquellos incidentes fue por casualidad. Dios estaba obrando.

De la misma manera, eso que usted está atravesando hoy no es un accidente. Tal vez no perciba la obra instructiva, purificadora y refinadora de Dios en su vida, pero el Padre celestial ciertamente está obrando mediante sus circunstancias para restaurarle, afirmarle y fortalecerle.

Dios no comete errores y no hace nada sin un propósito. Ese reto que usted enfrenta, con seguridad obrará para su bien. Así que consuélese sabiendo que la mano de Dios está en esto, y agradézcale por ser su ayuda, esperanza y salvación.

Padre, gracias por estar conmigo en esta situación y obrar por medio de ella para perfeccionarme, confirmarme, establecerme y fortalecerme. Verdaderamente, eres bueno. Amén.

❧

En su presencia... descubra el propósito de su prueba.

POCO A POCO

«Poco a poco los echaré de delante de ti, hasta que
te multipliques y tomes posesión de la tierra».
ÉXODO 23.30

Cuando sus problemas persisten, puede resultar descorazonador. Hoy puede parecer que la sanidad de las viejas heridas está llevando siglos, o que simplemente usted no puede avanzar más allá de ciertos retos.

Sin embargo, anímese. Cuando Dios preparaba a la nación de Israel para conquistar la tierra prometida, dejó en claro que habría muchos enemigos y que les llevaría tiempo expulsarlos a todos. Esto tenía un propósito: que el pueblo dependiera a diario de Dios, aprendiera a confiar en Él y creciera.

El tiempo que le lleva superar las dificultades es parte del plan de Dios para asegurarse de que usted logrará una victoria completa e inconmovible. Puede parecer como si el progreso fuera lento, pero tenga la seguridad de que el Señor está haciendo un trabajo cabal. Las lecciones que aprenda como resultado estarán con usted por siempre para alabanza y gloria de Dios.

Señor, gracias por enseñarme de una forma tan completa.
Padre, confío en tu calendario y la manera en que me
estás entrenando. Gracias por amarme tanto. Amén.

**En su presencia... descubra una victoria
completa y un crecimiento inconmovible.**

ABSOLUTAMENTE NADA

Y estoy convencido de que nada podrá jamás separarnos del amor de Dios. Ni la muerte ni la vida, ni ángeles ni demonios, ni nuestros temores de hoy ni nuestras preocupaciones de mañana. Ni siquiera los poderes del infierno pueden separarnos del amor de Dios.

ROMANOS 8.38, NTV

Puede que usted tenga algo en mente —como por ejemplo un pecado, una mala decisión, el rechazo de alguien, o una prueba en particular— que haga que se sienta como si el Padre celestial no le amara o no pudiera amarle. Sin embargo, una vez que cree en Jesús como Señor y Salvador, *nada* puede separarlo del amor de Dios. Ni las personas. Ni las circunstancias. Ni los ángeles, ni los demonios, ni el ejército entero del enemigo. Absolutamente nada.

Salmos 34.18 dice claramente: «Cercano está Jehová a los quebrantados de corazón; y salva a los contritos de espíritu». Así que cuando usted se siente más indigno o derrotado es cuando el Padre celestial está más cerca, llamándolo tiernamente para que vuelva a Él.

Lo más peligroso que puede hacer es resistirse al amor de Dios. Así que busque su rostro. Confiésele sus faltas. Pídale que le enseñe. Agradézcale por invitarle a que regrese. Luego, alabe su santo nombre y ámelo a su vez.

Señor, gracias por aceptarme. Estoy muy agradecido por tu amor maravilloso, incondicional e inmutable. Ayúdame a oír tu voz. Amén.

❧

En su presencia... disfrute de su amor.

DEPENDENCIA Y SOMETIMIENTO

Él extendió la mano desde el cielo y me rescató;
me sacó de aguas profundas.

2 SAMUEL 22.17, NTV

¿Le abruma la ansiedad? ¿Anhela que Dios le hable en cuanto a algo urgente y específico? A veces, Dios le llevará al borde de la desesperación para que usted se apoye en Él y se muestre receptivo a lo que le diga.

Como ve, la dependencia del Padre y el sometimiento a su voluntad van mano a mano. Usted debe convencerse de que Él tiene el mejor plan, y por lo general eso significa llegar a darse cuenta de que no hay nada que pueda hacer para mejorar su situación.

Hasta entonces, será como quien está ahogándose: batallando y dando manotazos al aire contra las aguas que lo amenazan y luchando inadvertidamente contra aquel que está tratando de rescatarle. No es sino cuando su fuerza se acaba y usted se rinde que Él puede guiarle a la seguridad.

Así que deje de oponérsele. Apóyese en el poder, la sabiduría y el amor de Dios y ríndase al plan de su Rescatador. Permita que su desesperación lo conduzca a depender de Él, porque esa es la senda para su liberación segura.

Señor, a veces siento que me ahogo
desesperadamente. Gracias por rescatarme.
Dependeré de ti y me rendiré a tu plan. Amén.

En su presencia... permita
que Él lo rescate.

POR EL AMOR DE DIOS

Nosotros le amamos a él, porque él nos amó primero.
1 JUAN 4.19

En ocasiones usted puede verse tentado a enfocarse en las relaciones que no resultan como esperaba o deseaba. Es comprensible que las personas que le causan dolor a menudo reciban la mejor parte de su atención. Usted quiere descubrir qué salió mal.

Sin embargo, dese cuenta de que el amor humano en realidad nunca saciará sus necesidades. El Señor permite que usted experimente esa deficiencia para que reconozca cuánto necesita el amor perfecto e incondicional de Dios.

Tal vez parezca que la gente le provee la atención, el reconocimiento y la aceptación que usted desea, pero solo el Señor puede verdaderamente llenarle de un amor que nunca cesa. Así que si anhela el cariño de alguien o siente un vacío, no se concentre en la persona que no le quiere. Más bien, tome eso como una indicación de que no ha recibido el amor de Dios tan completamente como pudiera. El amor del Padre es suficiente para sostenerle, enfrente lo que enfrente. Permita que Él expulse sus temores y le dé paz.

Padre, gracias por amarme. Tú sabes a quién tengo en mi corazón hoy, y el dolor que siento por esa persona. No obstante, te miro a ti y sé que tú me sostendrás. Amén.

En su presencia... busque primero el amor de Dios.

UNA RELACIÓN SEGURA

El perfecto amor echa fuera el temor.

1 JUAN 4.18

Amigo, ¿tiene alguna duda de que Dios realmente le ama? Si usted no está seguro en cuanto a cómo Él le ve, eso explicaría algo de las ansiedades que siente. Cada vez que piensa que alguien le va a lastimar, usted oculta su verdadero yo. Y, en consecuencia, no cultiva una relación íntima que inspire confianza y seguridad. Tristemente, cuando hace eso con el Salvador, se excluye de experimentar la maravillosa seguridad, el gozo y la satisfacción que Él le ofrece.

Sin embargo, tenga la seguridad de que su Padre celestial quiere calmar todas sus incertidumbres para que usted pueda disfrutar de su libertad. En Jesús, su vida eterna está absolutamente segura. Él promete que nadie le arrebatará de su mano (Juan 10.28). De manera similar, le garantiza que nada en toda la creación puede separarlo de su amor incondicional (Romanos 8.38–39).

Dios quiere que tenga una relación saludable con Él y que disfrute de las maravillosas bendiciones que Él tiene para usted. Así que busque su rostro y pídale que le revele su amor. Hacer eso con seguridad expulsará sus temores.

Señor, revélame tu amor perfecto e incondicional.
Acércame a ti, expulsa mi temor, y haz nuestra
relación profunda, fuerte e inconmovible. Amén.

**En su presencia... halle
seguridad en su amor.**

ESPERE EN ÉL

Ni nunca oyeron, ni oídos percibieron, ni ojo ha visto a
Dios fuera de ti, que hiciese por el que en él espera.

ISAÍAS 64.4

Uno de los aspectos más difíciles de esperar es luchar contra los pensamientos que surgen. La imaginación puede producir terribles escenarios de desastre y derrota. Y su mente también puede concebir toda razón por la que Dios *no vaya* a bendecirlo.

Por eso Salmos 37.4 instruye: «Deléitate asimismo en Jehová, y Él te concederá las peticiones de tu corazón». Porque cuando usted se enfoca en el objeto de sus anhelos, tal vez persiga la opción errada o la busque de una manera destructiva. Cuando su atención recae sobre usted mismo, puede descorazonarse por no ser capaz de alcanzar aquello que anhela.

Sin embargo, cuando se enfoca en el Padre celestial, no solo llega a conocerlo mejor, sino también Él lo convierte en la persona que necesita ser para poder recibir la bendición y lo mantiene en la senda para obtenerla. Por tanto, vuelva sus pensamientos a Él. Con seguridad Dios está logrando más por usted de lo que pueda pedir o imaginar (Efesios 3.20).

Señor, gracias por obrar en mi beneficio durante
este tiempo de espera. Por favor, ayúdame
a mantener mi enfoque en ti. Amén.

❀

En su presencia... deléitese en Él.

¿QUÉ HACER?

¿De dónde vendrá mi socorro?
Mi socorro viene de Jehová,
Que hizo los cielos y la tierra.

SALMOS 121.1–2

Todos los días habrá cuestiones que manejar para las cuales el Señor lo ha dotado, y otras que usted no tiene ni idea de cómo enfrentar. Los retos que están más allá de nuestro control son, por lo general, los que dominan nuestros pensamientos. Usted considera sus circunstancias una y otra vez, preguntándose qué hacer. En conclusión, tal vez se descubra diciendo: «Simplemente, no sé».

El Padre permite estas dificultades a fin de que se apoye en Él. Recuerde que la meta de Dios es cultivar su resiliencia y fe, y lo hace así al crear situaciones en las que no tiene otra alternativa que acudir a Él (Romanos 8.24).

Cuando esto sucede, no se precipite por avanzar ni invente soluciones. Primero, empiece fijando su mente en Dios. Segundo, haga todo aquello para lo que Él le ha dado sabiduría. Tercero, deje el resto en sus manos y espere que Él le revele la senda que debe seguir. Tal vez usted no sepa qué hacer, pero Dios siempre lo sabe. Confíe en Él.

Señor, confío en ti. Cuando no sepa qué hacer, recuérdame
fijar mis ojos en ti. Y mantenme sensible a tu Espíritu para
que pueda permanecer en el centro de tu voluntad. Amén.

En su presencia... permítale
que Él lo guíe.

¿TEMER O CONOCER?

Que se gloríe de conocerme
y de comprender que yo soy el SEÑOR,
que actúo en la tierra con amor.

JEREMÍAS 9.24, NVI

Dios *quiere* que usted lo conozca a Él y su voluntad. Esto puede parecer que no es cierto, en especial si está buscándolo por una respuesta específica a su oración. Puede parecer como si Él guardara silencio, estuviera distante o, incluso, que no se interesara en sus problemas. Sin embargo, nada puede estar más lejos de la verdad. Él se interesa por usted profundamente. De hecho, Dios puede haber permitido estas dificultades en su vida con el propósito expreso de acercarle a Él.

La pregunta es: ¿hay algo que le aterre en cuanto a conocer realmente a Dios? Tal vez usted tema que Él le halle indigno o le llame a un campo difícil de servicio. Tal vez se preocupe de que haya conductas o metas que le pedirá que abandone. Incluso es posible que tema que lo busque y no haya nada allí.

Dios existe, le ama incondicionalmente y tiene un plan maravilloso para su vida que le deleitará. No tenga miedo. Hoy, abra su Palabra y siéntese en silencio en su presencia. Él quiere que lo conozca. Permítale que se revele a usted.

Señor, realmente quiero conocerte y disfrutar de tu
presencia. Padre, por favor, revélate a mí. Amén.

En su presencia... conozca a Dios.

DEMORAS

Aguarda a Jehová;
Esfuérzate, y aliéntese tu corazón;
Sí, espera a Jehová.
SALMOS 27.14

Es extremadamente difícil ver lo que uno desea y no poder alcanzarlo. Tal vez el Señor le haya dado una promesa en cuanto a lo que usted espera, pero está impidiendo que lo busque por el momento.

David enfrentó esas demoras. Dios le prometió que sería rey de Israel (1 Samuel 16), pero David espero *más de dos décadas* y atravesó muchas pruebas antes de ocupar el trono (2 Samuel 5), aunque estaba a su alcance (1 Samuel 24.26). Sin embargo, incluso David reconoció que la espera era necesaria para el desarrollo de su carácter (Salmos 119.71).

Por eso, David pudo aconsejar con confianza: «Espera a Jehová». Él sabía que sin importar cuánto tiempo se demore, Dios cumplirá fielmente su promesa.

Amigo, el Padre no lo ha olvidado ni le ha negado su petición. Sin embargo, Él no permitirá que esta oportunidad pase sin infundir fe en su alma. Cada momento de demora es una posibilidad para que usted exprese su confianza en el carácter infalible de Dios y que Él desarrolle el suyo. Así que sea fuerte. Confíe en Él. Y espere en el Señor.

Señor, confío en ti. Ayúdame a esperar con paciencia y fe. Amén.

En su presencia... espere con expectativa.

Adórelo

Venid, adoremos y postrémonos;
Arrodillémonos delante de Jehová nuestro Hacedor.
Porque él es nuestro Dios.

Salmos 95.6–7

En este momento usted tal vez se sienta tentado a enfocar su atención en los problemas y retos que le esperan hoy. Sin embargo, en lugar de dirigir su atención a esas cosas, piense en el Señor Dios que puede ayudarle a vencer, enfrente lo que enfrente (Romanos 8.37).

Adore al Padre. Ríndale honor por quién es Él. Medite en sus atributos. Alábelo por su salvación y por todas las formas en que lo ha ayudado en el pasado. Agradézcale por su provisión, su protección y una evidencia de su amor incluso mayores en el futuro.

Abra su Palabra y lea acerca de las formas en que fielmente libró a su pueblo a lo largo de toda la historia. Exprésele su gratitud porque Él está tan presente y es tan poderoso en su vida como lo fue en la de los santos del pasado. Porque cuando adora al Todopoderoso y verdaderamente piensa en quién es Él, sus problemas no parecerán tan abrumadores.

Con certeza nada puede estar contra usted cuando camina con Él. Por lo tanto, ponga su esperanza en Dios.

Padre, te alabo y te adoro, Dios de toda la creación:
poderoso en poder, perfecto en sabiduría, y que
rebosa un amor inquebrantable. Amén.

❧

En su presencia... exprese
su adoración.

SU PALABRA PARA USTED

Toda la Escritura es inspirada por Dios y es útil para enseñarnos lo que es verdad y para hacernos ver lo que está mal en nuestra vida... Dios la usa para preparar y capacitar a su pueblo para que haga toda buena obra.

2 TIMOTEO 3.16–17, NTV

Hay preguntas que constantemente emergen en su corazón, interrogantes que quisiera que Dios respondiera. Y aunque el Señor puede responderle en oración y por medio de otras personas, a menudo lo hace cuando usted lee y piensa en su Palabra.

La Escritura es poderosa. El Espíritu Santo obra a través de ella para transformar su vida. Él trae a su mente versículos cuando necesita consuelo, renueva su esperanza mediante sus maravillosas promesas, le da dirección por medio de sus principios, y produce en usted convicción de pecado. Y a través de las páginas de la Biblia, Dios también responde las preguntas más hondas de su corazón.

De modo que, si se siente desesperado por oír la voz de Dios, abra la Palabra y beba su sabiduría que da vida. Incluso en esos momentos Él se acerca a usted mediante esas mismas preguntas que tiene en su corazón. Por consiguiente, abra las Escrituras y escúchele. Con seguridad Él le hablará por intermedio de ellas.

Señor Jesús, gracias por hablarme a través de la Biblia. Ayúdame a oír y obedecer tu dirección siempre. Amén.

En su presencia... permita que la Palabra de Dios le hable al corazón.

EL RETO DE OBEDECER

Mas yo en ti confío, oh Jehová.
SALMOS 31.14

Para lograr su crecimiento, Dios puede presentarle el reto de que lo obedezca en algún asunto que sea particularmente difícil. De hecho, el Señor puede llegar a estremecer el mismo cimiento de su seguridad en el mundo para que usted se apoye en Él.

Tal fue el caso de la viuda de Sarepta. Después de una terrible sequía, todo lo que le quedaba para alimentar a su hijo era un puñado de harina y unas gotas de aceite. Apenas lo suficiente para una escasa comida. Sin embargo, Dios le presentó el reto de ofrecérsela a su profeta Elías (1 Reyes 17.1–16).

Habría sido comprensible que ella hubiera tenido miedo de dar su último bocado de alimento, en especial después de tanto sufrimiento. No obstante, esta mujer obedeció. Y debido a su fe, el Señor la alimentó a ella y a su hijo de forma sobrenatural durante el resto del tiempo de hambruna.

De manera similar, el Padre puede pedirle que dé algo importante. No tema, más bien confíe en Él y eentrégueselo. Perderá cualquier cosa a la que se aferre demasiado, pero lo que le confíe al Padre con seguridad le será devuelto cien veces. Así que haga lo que Él dice y permítale demostrar que es verdaderamente su gran y fiel Proveedor.

Señor, te obedeceré, aun cuando lo que me pidas
sea difícil. Sé que tu camino es mejor. Amén.

**En su presencia... comprométase
a ser obediente.**

SU AYUDA SIEMPRE PRESENTE

Dios es nuestro refugio y nuestra fuerza;
siempre está dispuesto a ayudar en tiempos de dificultad.
SALMOS 46.1, NTV

Por supuesto que Dios *puede ayudarle* y *lo hará*. No tiene que preocuparse por eso. Su responsabilidad es aferrarse al Padre con todo su corazón, mente, alma y fuerzas, independientemente de lo que suceda. En última instancia, Él proveerá lo que es absolutamente mejor para usted conforme le busca. Sin embargo, es muy importante que permanezca en la relación correcta con Él, de modo que incluso cuando no entienda por qué Dios permite ciertos retos en su vida, siga conectado a su amor, sabiduría y fuerza. Tener su poder ilimitado como respaldo será un consuelo constante para usted.

Cuando mantiene una relación personal firme e íntima con Dios, usted *siempre* tiene esperanza. Sin embargo, cuando acude a sus propios recursos, por supuesto que se vuelve vulnerable a la desesperanza; y cuando no cumple con las expectativas, su situación empeora.

Felizmente, el Señor nunca falla. Él puede manejar con facilidad cualquier problema que surja. Así que mantenga su enfoque en Él. Ciertamente, Él puede ayudarle y le ayudará hoy y todos los días.

Señor Dios, gracias por ser siempre mi ayuda y estar en todo
momento presente. Tú nunca fallas, Padre, y te agradezco
por esta oportunidad de confiar más en ti. Amén.

En su presencia... cuente con
su provisión y fortaleza.

LA DIFICULTAD DE CONFIAR

En ti confiarán los que conocen tu nombre,
Por cuanto tú, oh Jehová, no desamparaste
a los que te buscaron.
SALMOS 9.10

Lo que el Padre le pide no se supone que sea fácil. Si confiar en Dios fuera fácil, toda la gente lo haría. En cierta forma, mantener su fe en Él es el reto más difícil que enfrentará, porque significa desestimar todo instinto natural en usted.

Tiene que negar sus necesidades carnales de controlar sus circunstancias, gobernar su vida, y ver evidencias de que lo que desea de corazón se va a cumplir. Esto es absolutamente esencial para conocer verdaderamente a Dios y poder servirle. Sin embargo, Dios es un Maestro paciente y gentil, y le dará la gracia para que ponga su plena confianza en él.

Amigo, la ayuda que Dios le da tal vez no siempre se desenvuelva de la manera que usted se lo imagina, pero siempre puede confiar en que él le bendecirá cuando le obedezca fielmente. Así que concéntrese en el Señor y su actividad, no en sus circunstancias. Y tenga la certeza de que *puede* confiar en él. Todo lo que Dios quiere es la oportunidad de probárselo.

Padre, quiero confiar más en ti. Aumenta mi fe y hazme
sensible a tu presencia llena de amor. Amén.

En su presencia... entréguese
y confíe en Él.

PROPÓSITOS QUE COMPITEN

Podemos hacer nuestros planes,
pero el SEÑOR determina nuestros pasos.
PROVERBIOS 16.9, NTV

Puede resultar extremadamente frustrante cuando nada marcha como queremos. Usted sabe lo que debe hacer durante el día, pero desde el momento en que se despierta es capaz de asegurar que habrá innumerables obstáculos que superar a fin de lograr sus metas.

Esto no ocurre por casualidad, sino para entrenarle. Usted debe llegar al lugar en donde entiende que su vida está en las manos de Dios y que Él dirige sus pasos (Proverbios 3.5–6).

Tal vez usted tenga sus propios planes para hoy, pero el Señor también tiene los suyos. Su principal tensión y frustración surgirán cuando se oponga a Dios y no confíe en sus buenos propósitos.

Amigo, no se oponga a Dios: Él siempre gana. En lugar de ello, permita que el Padre lo dirija paso a paso y deje en sus manos lo que usted no es capaz de lograr. Esto puede hacer que se sienta vulnerable, pero de todas maneras confíe en Él, amando a quienes le necesiten y aceptando con paz los retos que surjan. Dios le ayudará y colocará en una posición perfecta para triunfar.

Señor, no quiero luchar contra ti, sino deseo someterme
a tu voluntad. Ayúdame a obedecerte y a percibir tu
presencia todo el día. Te confío mi vida, Padre. Amén.

En su presencia... acepte los propósitos de Dios para su día.

ÉXITO SEGURO

No con ejército, ni con fuerza, sino con
mi Espíritu, ha dicho Jehová.
ZACARÍAS 4.6

Usted no es el único que teme no llegar a triunfar. Cualquier persona con la que se cruce en su camino teme lo mismo. Otros tal vez lo oculten, pero todos luchan con la ansiedad de pensar que de alguna manera fracasarán, serán rechazados, o los considerarán indignos de poseer lo que en su corazón más desean.

La diferencia para usted está en el Espíritu Santo que mora en su interior. Otros pueden apoyarse en sus capacidades, encantos o puntos fuertes. Sin embargo, usted tiene un Ayudador divino que le asegura que usted es aceptado, importante y competente para las tareas que Él le da a fin de llevarlas a cabo (Filipenses 2.13).

Del mismo modo, usted sabe que todo en la vida viene de la mano del Padre. Si Dios cierra el corazón de alguien hacia usted o le niega el acceso a una oportunidad en particular, no es porque haya fallado, sino porque no es la voluntad divina. La negativa es meramente una evidencia de su protección y su plan.

No tema y cuente con que Dios no solo le abrirá las puertas apropiadas, sino que también le capacitará para triunfar en todo lo que le dé para hacer. Con certeza Él no le fallará.

Señor, sé que tu voluntad me guía por la senda
correcta. Tú eres mi capacidad, fortaleza, sabiduría,
esperanza y éxito. Alabo tu nombre. Amén.

En su presencia... acepte su plan.

NO SE DÉ POR VENCIDO

No pierdan, pues, su confianza, porque ella les traerá una gran recompensa. Ustedes necesitan tener fortaleza en el sufrimiento, para hacer la voluntad de Dios y recibir así lo que él ha prometido.
HEBREOS 10.35–36, DHH

No se dé por vencido. No se rinda a la desesperanza ni imagine que ya no le queda nada. Su situación puede ser frustrante al no poder ver ningún alivio para el dolor que siente o los reveses que ha sufrido. Sin embargo, cometería un terrible error si se rinde porque piensa que sus circunstancias nunca cambiarán o mejorarán.

Dios puede intervenir en cualquier momento de maneras que lo dejarán absolutamente asombrado. Él no le ha abandonado, ni tampoco se siente perplejo ante los retos que usted enfrenta. Todo esto ha sucedido para que Él pueda mostrarse poderoso en su favor. Sin embargo, usted no puede darse por vencido en cuanto a obedecerle y hacer lo correcto, porque si lo hace, se perderá de su maravillosa provisión.

Espere en Dios y permítale ser su fortaleza (Salmos 27.13–14). Pronto verá su liberación y recompensa si persevera fielmente (Gálatas 6.9).

Señor, estoy agotado, pero confío en ti y te obedezco. Sé que tú intervendrás. Te agradezco por enseñarme a tener mayor fe. Amén.

En su presencia... halle la fortaleza para perseverar.

PAZ QUE PREVALECE

¡Tú guardarás en perfecta paz
a todos los que confían en ti;
a todos los que concentran en ti sus pensamientos!
Confíen siempre en el SEÑOR,
porque el SEÑOR DIOS es la Roca eterna.
ISAÍAS 26.3–4, NTV

Su incredulidad lo destroza. Sentirse así puede parecerle natural y razonable, porque no ve evidencia alguna de alivio a su situación. Sin embargo, los pensamientos que surgen debido a sus dudas le agotarán y desalentarán, haciendo que actúe precipitadamente, y limitando la obra perfecta de Dios a su favor (Isaías 64.6).

Sí, su situación puede parecer descorazonadora, pero debe recordar que su ayuda proviene del invisible, del Señor su Dios, que logra todo lo que está relacionado con usted (Salmos 138.8).

Así que cuando las preguntas le sobrecojan, dirija su pensamiento a Dios, porque así es que se gana la batalla (2 Corintios 10.5). Exprese su fe en Él. Alábelo por sus atributos inmutables y poderosos. Dele gracias porque lo guiará a triunfar. Y Él no solo dominará sus temores, sino que le dará su Espíritu de poder, amor y disciplina, el cual le guardará en perfecta paz (2 Timoteo 1.7).

¡Señor Dios, confiaré en ti! Ayúdame a fijar en
ti mis pensamientos para que pueda disfrutar
de tu paz firme e inalterable. Amén.

En su presencia... descubra
su paz perfecta.

MARZO

Más que usted

Estábamos tan agobiados bajo tanta presión, que hasta
perdimos la esperanza de salir con vida... Pero eso sucedió
para que no confiáramos en nosotros mismos sino en Dios.

2 Corintios 1.8–9, nvi

Hay circunstancias que surgen y requieren más de lo que usted humanamente puede dar. Y, sin importar cuánto se esfuerce, continúan abrumándole. De hecho, mientras más se esfuerza por superar sus dificultades, más parecen derrotarlo.

Esta es una indicación de que el Señor está exigiéndole más, preparándole para aceptar su poder y sabiduría en todo lo que enfrenta. Como ve, Él nunca se propuso que usted viviera la vida cristiana por cuenta propia. Él tiene la intención de que esta sea más de lo que usted puede imaginarse.

Así que, ¿teme que no se desarrollará lo suficiente o que no será capaz de hacer todo lo que ha sido llamado a lograr? ¿Acaso honrar a Dios en todos los retos que enfrenta parece imposible?

¡Qué bien! Usted está listo para aceptar la ayuda que Dios de tan buen grado quiere proveerle. Confíe por completo en el Padre y descubra cuánto Él puede hacer en y por medio de usted.

Jesús, te entrego mis preocupaciones, sabiendo que tú
eres fiel para ayudarme. Gracias por esta oportunidad
de experimentar tu provisión. Amén.

**En su presencia... vea más
allá de usted mismo.**

USTED QUEDA PERDONADO

Todos hemos pecado... Sin embargo, Dios nos declara
justos gratuita y bondadosamente por medio de Cristo
Jesús, quien nos liberó del castigo de nuestros pecados.
ROMANOS 3.23–24, NTV

¿Tiembla usted de miedo alguna vez después de leer los pecados que menciona la Palabra de Dios? ¿Hay transgresiones que hacen que sienta como si el Padre jamás pudiera aceptarle? Después de todo, el apóstol Pablo advierte «que los que practican tales cosas no heredarán el reino de Dios» (Gálatas 5.21). ¿Es posible que haya ofendido a Dios de tal manera que sienta que Él le rechazará para siempre?

Romanos 3.23 es claro: toda persona tiene *algún* aspecto de pecado en su vida. Por esto mismo es que necesitamos a Jesús. ¡No podemos entrar en el reino de Dios sin Él!

Sin embargo, cuando usted recibe a Jesús como su Salvador, es lavado con su sangre y la mancha de su pecado es quitada. Usted tiene una relación restaurada, permanente y personal con el Padre.

Su pecado es incapaz de sorprender a Dios. Él le ha perdonado en Cristo. No tiene ninguna razón para temer.

Jesús, mediante tu muerte y resurrección has lavado
mi alma, quitado la mancha de mi pecado, y traído un
gozo indescriptible a mi corazón. ¡Gracias! Amén.

En su presencia... reciba la
dádiva del perdón de Dios.

APELACIÓN A LA CARNE

Y vio la mujer que el árbol era... codiciable para
alcanzar la sabiduría; y tomó de su fruto, y comió.
GÉNESIS 3.6

¿Sabía usted que Satanás conoce muy bien los deseos de su carne? Él convenció a Eva para que comiera del árbol del conocimiento apelando a su deseo de sabiduría. Y tal como lo hizo con ella, el enemigo atizará sus deseos carnales a fin de seducirle para que se destruya a sí mismo.

Como ve, una vez que el enemigo logra que peque, usted sentirá vergüenza en la presencia de Dios y lo evadirá, tal como lo hicieron Adán y Eva en el huerto. Se esconderá del Señor y dejará de escucharlo. Después de todo, el enemigo obra para hacer que se sienta completamente alejado del Padre a fin de inutilizarlo para el reino de Dios.

Sin embargo, usted no está aislado del Padre. ¡La poderosa sangre de Cristo lo ha reconciliado con Dios para siempre! El Señor quiere que usted esté siempre con Él. Así que no le dé lugar al enemigo gratificando los deseos de su carne. Busque la dirección de Dios y tenga confianza en que Él siempre tiene en mente lo que es mejor para usted.

Padre, te agradezco por amarme y verdaderamente
satisfacer los deseos de mi corazón. Amén.

❀

**En su presencia... usted siempre es
bienvenido, amado y perdonado.**

Sentido nada común

El temor de Jehová es el principio de la sabiduría,
Y el conocimiento del Santísimo es la inteligencia.

Proverbios 9.10

El sentido común no bastará en su situación. Así que, por más tentado que se sienta a sacar conclusiones en cuanto a sus circunstancias antes de buscar a Dios, no lo haga. Sin el punto de vista del Señor, lo único que podrá hacer es una evaluación defectuosa de lo que le está sucediendo.

Un buen ejemplo de esto ocurrió cuando el rey de Siria envió a su enorme ejército para capturar al profeta Eliseo (2 Reyes 6.8–19). Lleno de temor debido a los caballos y carros dispuestos contra ellos, Giezi, el criado de Eliseo, preguntó: «¡Ah, señor mío! ¿qué haremos?». Eliseo respondió orando con calma pidiendo a Dios que abriera los ojos de Giezi. De inmediato, el criado percibió la realidad espiritual: los batallones celestiales del Señor estaban listos para defender a Eliseo. La victoria ya estaba asegurada.

De igual manera, hay influencias en su situación que usted no puede ver, fuerzas espirituales que el Dios Todopoderoso ha dispuesto a su favor.

Así que no se apoye en sus ojos naturales ni dictamine en cuanto a su situación. Usted llegará a la conclusión errada. En lugar de ello, busque a Dios para entender y permítale que le conduzca al triunfo.

¡Señor, verdaderamente tú eres Dios! Gracias por
obrar a mi favor y llevarme a la victoria. Amén.

**En su presencia... confíe en
que Él está obrando.**

No

Declaro lo siguiente acerca del SEÑOR:
Solo él es mi refugio, mi lugar seguro;
él es mi Dios y en él confío.
Te rescatará de toda trampa.

SALMOS 91.2–3, NTV

Es difícil oír la palabra *no*. Usted le suplica a Dios por cierta petición, pero esta le es negada. En especial puede sentirse confuso, desilusionado e incluso cuestionar los propósitos de Dios al negársela si la petición en cuestión era santa o positiva.

Sin embargo, debe saber que cuando su voluntad y la de Dios se contradicen, usted llega instantaneamente a un punto decisivo. ¿Se obstinará en hacer las cosas a su manera o aceptará la dirección de Dios? ¿Ocupará usted el trono de su vida, o reconocerá que su Señor y Salvador es absolutamente soberano, bondadoso y sabio, y que nunca le hará daño?

Tenga por seguro que el «no» del Padre es tanto compasivo como bueno. Debido a su carácter santo y su amor infalible, Él siempre procura darle la dirección absolutamente perfecta a su vida. Usted tal vez no comprenda el porqué de su «no» en el momento, pero a la larga la entenderá. Y con seguridad se lo agradecerá por haberle evitado cometer un error.

Jesús, tú eres mi autoridad, y sin que importe lo
difícil que sea, acepto tu «no». Confío en que tú me
guiarás de la mejor manera posible. Amén.

※

En su presencia... acepte su
protección inquebrantable.

DÉJESELO A DIOS

Encomienda al SEÑOR tu camino,
confía en El, que El actuará.
SALMOS 37.5, LBLA

Cuando surge una decisión difícil, la respuesta natural es examinar las consecuencias que puede esperar. Usted sopesa el grado de dificultad de la alternativa, su capacidad para manejarla, y si vale la pena el esfuerzo.

Todo eso está bien hasta que el Señor lo dirige a avanzar con fe absoluta. Cuando lo hace, usted puede esperar que los obstáculos parezcan mayores de lo que usted es capaz de manejar y que la derrota sea segura a menos que Él intervenga. Esa es la misma naturaleza de la fe: usted debe confiar en Dios antes que en sí mismo o sus recursos.

¿Es esta la decisión que enfrenta hoy? ¿Siente que el Padre lo está llamando a tomar una senda difícil? Recuerde que Dios tiene el mejor plan para usted y que cuando se somete a él, hay recompensas asombrosas que posiblemente no pueda vislumbrar.

Así que no se pierda lo mejor de Dios debido a lo que pueda o no percibir con respecto a su decisión. En lugar de ello, obedezca a Dios, deje a Él las consecuencias, y espere a que obre poderosamente a su favor.

Señor, te obedezco. Confío en tu plan para mi vida, y sé
que tú nunca me guiarás a un descarrío. Amén.

**En su presencia... confíe en
Él para que le dirija.**

UN LLAMADO AL ARREPENTIMIENTO

Porque la tristeza que es según Dios produce arrepentimiento
para salvación, de que no hay que arrepentirse.
2 CORINTIOS 7.10

Hay tres palabras que describen el proceso del arrepentimiento: *reconocimiento, acuerdo* y *consagración.*

El *reconocimiento* viene a medida que estudiamos las Escrituras y aprendemos qué cosas identifica Dios como pecado. Mientras no reconozcamos que nuestras acciones son erradas, no veremos ninguna necesidad real de confesárselas a Dios.

Luego debemos estar de *acuerdo* con la evaluación del Señor sobre nuestra conducta. Si no estamos de acuerdo con Él, nuestra confesión tendría más que ver con evitar las consecuencias de nuestro pecado que con un pesar genuino por haber violado sus estándares santos.

Finalmente, la *consagración* también es necesaria. Debemos procurar alejarnos constantemente del pecado escogiendo andar en obediencia, siguiendo los mandamientos de Dios, y sabiendo que Él nos fortalecerá para hacerlo.

Recuerde que Cristo promete que cuando Él lo hace libre, usted es libre de verdad (Juan 8.36). Esto significa que cuando le pertenece a Cristo, usted puede cambiar de forma permanente y ser totalmente libertado de la servidumbre que le esclaviza. Por consiguiente, arrepiéntase por completo para que pueda disfrutar de la vida abundante para la cual Él le creó.

Señor, reconozco mi pecado, estoy de acuerdo con lo que tu
Palabra dice al respecto y te entrego mi vida. Amén.

En su presencia... arrepiéntase y sea limpiado.

PARA SU CRECIMIENTO

Por el camino de la sabiduría te he encaminado,
Y por veredas derechas te he hecho andar.

PROVERBIOS 4.11

¿Está experimentando la plenitud de la vida cristiana? Tener una relación personal con Dios implica mucho más que simplemente el perdón de sus pecados. Para crecer, usted debe estar dispuesto a que el Padre le hable al corazón y lo dirija en las situaciones que exigen una fe más firme.

Amigo, puede estar seguro del hecho de que cualquier cosa que el Señor permite en su vida tiene el propósito de aumentar su intimidad con Él. Así que cuando enfrente pruebas o deba tomar decisiones que exijan fuerza y sabiduría mucho más allá de las suyas propias, es porque Él quiere que usted le busque a través de su Palabra y en oración. De manera similar, Dios le pide que le preste atención a las pistas del Espíritu Santo y tenga confianza en que obrará de una manera asombrosa por medio de su obediencia a Él.

Amigo, nadie le ama como Dios. Así que confíe en que Él le guiará a la vida cristiana abundante al reconocerlo en todo, incluso cuando surjan situaciones que exijan fe. Con toda seguridad, Dios le bendecirá abundantemente a medida que usted le busca y le sirve en obediencia.

Señor, gracias por guiarme a la vida cristiana abundante.
Ayúdame a confiar siempre en tu voluntad y tus caminos. Amén.

En su presencia... aprenda de las situaciones que exigen más fe.

ACERCA DE USTED

Mas a Dios gracias, el cual nos lleva siempre en triunfo
en Cristo Jesús, y por medio de nosotros manifiesta
en todo lugar el olor de su conocimiento.
2 CORINTIOS 2.14

¿Suele criticarse a sí mismo constantemente, evaluando cuán poco cumple con las expectativas? ¿Ve las bendiciones que otros reciben y piensa que simplemente usted no es lo suficiente bueno como para recibirlas también? Se causa un daño inimaginable a sí mismo con tal negatividad, hablando para sus adentros con un espíritu de derrota que Dios nunca quiso que tuviera.

«Usted no entiende», tal vez diga, «he sido rechazado. He fracasado. Me siento inútil». Es posible que se haya equivocado o que otros lo hayan lastimado. Sin embargo, un hecho subsiste: la forma en que se percibe a sí mismo no es como Dios le ve a usted. Él le ha hecho una nueva criatura (2 Corintios 5.17).

Jesús le ama inmensamente. Él murió por usted. Su Espíritu que mora en usted le provee todo lo necesario para que pueda triunfar. Y Cristo le dio el gran honor de comisionarle para que sea su representante ante los que perecen.

Deje de denigrarse a sí mismo. En lugar de ello, busque la Palabra de Dios y descubra cuán profundamente dotado, atesorado y bendecido ha sido en verdad.

Señor, gracias por amarme. Ayúdame a
verme tal como tú me ves. Amén.

En su presencia... halle su
verdadera valía y significación.

DEFENSAS LISTAS

*Usamos las armas poderosas de Dios, no las del
mundo, para derribar las fortalezas del razonamiento
humano y para destruir argumentos falsos.*
2 CORINTIOS 10.4, NTV

¿Qué es lo que lo hace tropezar en la fe? ¿Es usted particularmente proclive al desaliento o la avaricia? ¿Batalla con la lujuria o el chisme? Si espera hasta hallarse en medio de la tentación para luchar contra ella, caerá. Sin embargo, puede ganar la batalla contra su carne alistando sus defensas antes de que empiece la pelea.

¿Cómo lo hace? Primero, identifique los pensamientos que le incitan a pecar. A menudo hallará que sus dificultades empiezan con ansiedades profundamente arraigadas. Por ejemplo, la codicia puede resultar cuando usted teme que no tendrá lo suficiente o que se le considerará inútil. Así que observe lo que le hace sentir vulnerable y desata su reacción.

Segundo, haga como Jesús hizo cuando fue tentado y use las Escrituras como escudo. Pídale a Dios que le revele los versículos que mejor combaten los pensamientos que le hacen tropezar.

Entregue al Señor sus pensamientos y aliste sus defensas. Puede llevar tiempo, pero el Salvador es más que capaz de conducirle a la victoria sobre la tentación.

*Señor, por favor, revélame los pensamientos que atizan mi pecado
y las Escrituras que necesito para luchar contra ellos. Amén.*

**En su presencia... triunfe
sobre la tentación.**

Propósito en la adversidad

*No se sorprendan de las pruebas de fuego por las que están
atravesando, como si algo extraño les sucediera. En cambio,
alégrense mucho, porque estas pruebas los hacen ser partícipes
con Cristo de su sufrimiento, para que tengan la inmensa
alegría de ver su gloria cuando sea revelada a todo el mundo.*

1 Pedro 4.12–13, ntv

Algunos días las cargas pueden parecer tan pesadas y el padecimiento tan profundo que tal vez se pregunta si Dios se ha olvidado de usted. ¿Por qué permite Dios que atraviese una adversidad tan profunda?

Sin embargo, no se desespere. Dios tiene un propósito claro para su sufrimiento, y es que conozca mejor al Salvador y refleje su carácter.

Dios está formando su propia semejanza en usted para que el maravilloso fruto de su Espíritu —amor, gozo, paz, paciencia, bondad, benignidad, fidelidad, mansedumbre y templanza (Gálatas 5.22–23)— brille a través de usted para su gloria.

Las buenas noticias son que su Salvador Jesús sabe exactamente cómo se siente (Hebreos 2.17). Y debido a que Él entiende, lo guía de manera consoladora y fiel durante su tiempo de quebrantamiento. Así que confíe en Él para que le enseñe y le ofrezca su gozo.

*Señor, gracias por formar tu carácter en mí. Confiaré en
ti en esta prueba y te daré toda la alabanza. Amén.*

**En su presencia... halle gozo
en los tiempos de dolor.**

VERDADERAMENTE DIOS

Cuando todo el pueblo lo vio, se postraron sobre
su rostro y dijeron: El SEÑOR, El es Dios.
1 REYES 18.39, LBLA

Usted cree verdaderamente que Dios es el Señor o no lo cree. Esa es la decisión que tiene por delante hoy. Usted confía en que el Padre lo ha llevado al final de sus opciones, fuerzas y capacidades para su gloria; o se rinde a la noción de que está solo y sin esperanza.

El profeta Elías sabía que siempre podía contar en el Padre. Para demostrar que hay solo un Dios verdadero, desafió a los ochocientos cincuenta profetas de las deidades falsas a que clamaran a Baal y Asera para que enviaran fuego desde el cielo a fin de consumir una ofrenda. Cualquiera que respondiera, ya fueran los ídolos o el Señor, demostraría ser soberano.

Sin ningún otro recurso que una confianza sincera en la capacidad del Padre, Elías se levantó valientemente contra la multitud de enemigos (1 Reyes 18).

Y el Señor de forma poderosa le hizo honor a su fe.

Dios no le falló a Elías, ni tampoco le fallará a usted. Las circunstancias pueden estar alineadas en su contra al punto de que se sienta impotente para vencerlas, pero todo es con el propósito de exhibir la gloria de Dios. Así que confíe en él y tenga la certeza de que le *responderá* y demostrará que es verdaderamente Dios.

¡Señor, tú eres Dios! Confío en que
contestarás mis oraciones. Amén.

**En su presencia... reconozca
que Él es soberano.**

Un corazón sincero

He aquí, tú amas la verdad en lo íntimo,
Y en lo secreto me has hecho comprender sabiduría.

SALMOS 51.6

¿Está usted debatiéndose entre si hablar o no con Dios en cuanto a cierta preocupación? ¿Están las cargas agobiándole debido a que teme entregárselas a Dios? ¿Le parece que no merecen la atención de Dios o que harán que usted se avergüence? ¿Piensa para sus adentros: *Debería estar alabándolo, no quejándome?*

Amigo, la transparencia es una necesidad absoluta para acercarse más a Cristo. El Padre quiere que usted sienta una confianza suficiente en su amor constante como para ser completamente sincero ante Él con respecto a cualquier cosa que tenga en su corazón. Él está dedicado a usted y se interesa por lo que le preocupa. Siempre puede sentir la libertad de hablar con Él sinceramente acerca de los problemas que agobian su corazón.

El Padre ya conoce todos sus pensamientos y emociones, pero usted expresa su confianza en Él cuando francamente le confiesa sus pecados, ansiedades, deseos, dudas y frustraciones. Así que cuéntele a Dios todos los detalles de esa preocupación y permítale que ministre las partes más profundas de su alma.

Padre, quiero ser completamente sincero contigo. Haz
aflorar mis dudas, frustraciones y temores, y ayúdame
a disfrutar de tu presencia sanadora. Amén.

En su presencia... tenga un
corazón completamente franco.

SU PADRE CELESTIAL

Nuestros padres humanos nos disciplinaban... pero Dios lo hace
para nuestro bien, a fin de que participemos de su santidad.
HEBREOS 12.9–10, NVI

Usted tiene un Padre que le ama, protege y provee para usted. Independientemente de la forma en que su padre terrenal le haya tratado, su Padre celestial nunca le fallará y jamás le rechazará. Esto se debe a que por medio del sacrificio de Jesús en la cruz, Dios le ha adoptado permanentemente en su familia y le ha dado el Espíritu Santo como garantía de su amor para siempre (Efesios 1.13–14).

Entender verdaderamente lo maravilloso que es esto puede exigir un cambio en su manera de pensar y la eliminación de ciertas fortalezas en su vida. Por ello su sabio y misericordioso Padre celestial permite que usted atraviese circunstancias que le revelan su propio carácter defectuoso, le muestran la profundidad del amor divino hacia usted, y le ayudan a confiar más en Él.

Por lo tanto, abrace hoy la verdad de que Él es su Padre. En cualquier problema que esté enfrentando, búsquelo para que le enseñe y le asegure que usted está en el centro de su provisión y amor perfectos, pase lo que pase.

Padre, gracias por adoptarme en tu familia. Ayúdame a
aprender todo lo que significa ser tu hijo amado. Amén.

En su presencia... recíbalo
como su Padre.

DESCANSE EN ÉL

«Ustedes se salvarán solo si regresan a mí
y descansan en mí.
En la tranquilidad y en la confianza está su fortaleza».
ISAÍAS 30.15, NTV

Usted necesita a Dios. Esa es la frustración que ha estado aflorando repetidas veces en su corazón: su anhelo profundo, no reconocido, de la presencia y la provisión de Dios. El problema es que usted continúa luchando contra Él, tratando de manejar con sus propias fuerzas los problemas que enfrenta. Y cuando los asuntos de la vida no marchan como espera, su fe falla.

Amigo, usted no tiene que ser «lo suficientemente bueno» o manejar las cosas a la perfección para triunfar en las pruebas o agradar a Dios. Por el contrario, la lucha que usted siente se debe a que se niega a descansar en el cuidado maravilloso de Dios.

Sin embargo, sepa que el Padre le ama tal como usted es y quiere que repose en Él. No puede hacer nada para lograr que Dios le ame más, ni ningún fracaso hará que Él se interese menos en su persona. Su devoción hacia usted es completa, perfecta e incondicional.

Así que vuélvase a Él. Concuerde con su sabiduría y obedezca lo que le ordena. Permítale ser su fortaleza infalible. Porque Dios sin duda alguna hará un camino maravilloso para usted cuando descanse en Él.

Señor, te necesito. Por favor, enséñame cómo someterme
a ti y descansar en tu cuidado amoroso. Amén.

❧

En su presencia... descanse
con confianza.

Cada paso

Él renueva mis fuerzas.
Me guía por sendas correctas,
y así da honra a su nombre.

Salmos 23.3, ntv

La luz en la senda que tiene por delante puede ser limitada, pero eso tiene un propósito. El Señor le guiará paso a paso. El deseo de Dios es que usted dependa de Él centímetro a centímetro y pulgada a pulgada mientras progresa en los propósitos de Dios.

Esto puede parecerle descorazonador debido a que otros esperan que usted tenga respuestas claras, y la presión por tener la senda claramente cartografiada continúa aumentando. Sin embargo, no tema ni desmaye. Es el Señor mismo quien ha diseñado estas circunstancias para que usted tenga éxito y le dé a Él la gloria; «para que vuestra fe no esté fundada en la sabiduría de los hombres, sino en el poder de Dios» (1 Corintios 2.5).

Así que dependa del Señor. Ríndase a Él por completo. Y obedézcalo de inmediato cuando le revele el siguiente paso. Él le dará la fortaleza para cada movimiento que deba hacer y le llevará a un mejor destino del que usted jamás pudiera haber esperado o imaginado (Efesios 3.20).

Padre, gracias por renovar mi fuerza y guiarme en cada paso del
camino. Te alabo por enseñarme a confiar más en ti. Amén.

**En su presencia... sométase
a su liderazgo.**

OLVÍDESE DE LOS «QUÉ TAL SI»

«Solamente esfuérzate y sé muy valiente, para cuidar
de hacer conforme a toda la ley... no te apartes
de ella ni a diestra ni a siniestra, para que seas
prosperado en todas las cosas que emprendas».

JOSUÉ 1.7

Usted no tiene que ser nadie aparte de la persona que Dios se propuso que fuera. No tiene que temer ser inadecuado. El Señor está con usted y sabe exactamente cómo ayudarle.

Esto fue cierto sin lugar a dudas para Josué. Cuando Moisés murió, Josué entendió que sería responsable de dirigir al pueblo de Israel a la tierra prometida, donde les esperaban enemigos y retos incontables. Sin embargo, ¿qué tal si el pueblo no confiaba en Él cómo había confiado en Moisés? ¿Qué tal si no era capaz de manejar las dificultades? ¿Qué tal si no podía oír a Dios como Moisés lo había oído? ¿Qué tal si fallaba?

Los «qué tal si» podían haber paralizado por completo a Josué debido al temor. En cambio, Él triunfó oyendo la instrucción del Señor y enfocándose en la provisión de Dios.

Y usted también puede hacerlo. Dios le hizo único y le colocó en medio de esas circunstancias con un propósito. Es responsabilidad de Él llevarle a la victoria. Así que olvídese de los «qué tal si». Obedézcale y Dios le concederá el éxito.

Señor, me enfocaré en ti. Gracias por enseñarme
y guiarme al triunfo. Amén.

En su presencia... déjele a
Él las incertidumbres.

EXAMINE SUS CREENCIAS

Acuérdate de la palabra dada a tu siervo,
En la cual me has hecho esperar.
Ella es mi consuelo en mi aflicción,
Porque tu dicho me ha vivificado.

SALMOS 119.49–50

¿Vive usted continuamente en derrota? ¿Incluso los retos pequeños le desequilibran? Puede ser tiempo de examinar lo que cree.

Sus creencias constituyen un filtro a través del cual usted evalúa lo que experimenta. Así que, si las pruebas le hacen cuestionar el carácter y el plan de Dios, puede deberse a las doctrinas que rigen su vida.

Por ejemplo, si piensa que puede perder su salvación, será difícil confiar en el Padre. Usted en realidad nunca sabrá si está agradándole. No obstante, si acepta que su vida eterna es absolutamente segura, como lo testifican las Escrituras, se sentirá más confiado, porque se dará cuenta de que nada puede separarle del amor de Dios (Romanos 8.31–39).

Por eso resulta esencial que usted sepa en qué cree y base sus convicciones solo en la Palabra de Dios. Hacer esto evitará que se deje desviar o se sienta intimidado.

Sature su mente con las Escrituras y permita que el Señor haga aflorar cualquier creencia que no esté en línea con su Palabra. Ciertamente, al aprender la verdad, eso le fortalecerá y hará libre.

Señor, alinea mis creencias con las Escrituras.
Esperaré en ti para siempre. Amén.

En su presencia... crea en Él por completo.

PALABRA DE VIDA

Para siempre, oh SEÑOR, tu palabra está firme en los cielos...
Jamás me olvidaré de tus preceptos,
porque por ellos me has vivificado.
SALMOS 119.89, 93, LBLA

Las palabras de la gente pueden ejercer un efecto profundo en su vida. Pueden edificarle o herirle grandemente. En realidad, usted tal vez esté pensando en estos momentos en algo que alguien dijo, considerando sus comentarios y preguntándose qué hizo para merecerlos.

Sin embargo, permita que esta verdad penetre profundamente en su corazón: sin importar lo que alguien diga, sea bueno o malo, nunca será tan importante ni preciso como lo que la Palabra de Dios dice en cuanto a usted. Solo las Escrituras testifican sobre el carácter de Dios a través de toda la historia y cómo Él —el único Juez verdadero de vivos y muertos— le ve a usted.

Por medio de las páginas de la Palabra de Dios usted conoce mejor al Padre celestial, entiende su salvación, fortalece su fe, halla su identidad como su hijo y heredero, descubre los principios para una vida exitosa, y aprende cómo llevar a otros al Salvador.

Es por eso que no hay nada más importante que meditar en las Escrituras. De modo que concédale a la Palabra de Dios más importancia que a cualquier otra persona y permita que el Señor instile vida en usted a través de ella.

Señor, tu Palabra es vida. Plántala hondo en mi corazón
a fin de que tu vida pueda florecer en mí. Amén.

En su presencia... abrace su Palabra.

PERMÍTALE DIRIGIR

Los pasos del hombre los dirige el Señor.
¿Cómo puede el hombre entender su propio camino?
PROVERBIOS 20.24, NVI

El Padre quiere que usted llegue a creer y sentir que todo lo que verdaderamente le importe sea la voluntad de Dios y ya no le tema a lo desconocido. A un estado en el que usted confíe en Dios tan profundamente y permanezca en una comunión tan íntima con Él, que tenga confianza en que no permitirá que se descarríe de su senda especial para su vida.

No hay duda alguna de que Dios ha diseñado grandes planes para usted, pero antes tiene que responder a algunas preguntas: ¿Puede renuniciar al control y permitir que el Padre obre por medio de usted? ¿Está dispuesto a aceptar lo que sea que venga de su mano cada día por fe?

No se pierda las bendiciones de Dios debido a que teme soltar el control. Usted tal vez piense: *Si renuncio a controlar las cosas, todo se derrumbará.* Sin embargo, esto es evidencia de su comprensión limitada. Contrario a lo que piensa, es posible que todo se trastorne porque usted se niega a ceder el mando.

Amigo, el Padre promete fortalecerle y sostenerle (Isaías 41.10). Así que crea en Él. Busque su voluntad. Deje de temer. Permita que Dios le instruya paso a paso.

Señor, por favor, ayúdame a ceder el control. Quiero
descansar y confiar más en ti. Amén.

En su presencia...
abandone el control.

ESCUCHE CON ATENCIÓN

La palabra de Dios es viva y poderosa... y juzga los
pensamientos y las intenciones del corazón.

HEBREOS 4.12, NVI

Todo lo que usted oye debe ser evaluado por medio de la Palabra de Dios antes de que lo guarde en su corazón. Permítame repetir eso para recalcarlo: antes de aceptar *algo* en su vida, debe asegurarse de que está en línea con las Escrituras. Si no, rechácelo de plano.

¿Por qué? Porque la Palabra de Dios es su arma defensiva: ella le protege revelando sus intenciones y motivos más íntimos, y resguardándole de las mentiras del enemigo. Las Escrituras revelan la realidad de quién usted es como hijo del Dios viviente y le permiten discernir entre la verdad y el error. Con ellas, puede defenderse contra cualquier cosa que se oponga a que la voluntad de Dios se realice en su vida (2 Corintios 10.5).

Así que considere lo siguiente. ¿Con qué decisión está batallando hoy? ¿Qué confirmación necesita? Abra la Biblia y sea diligente, persistente, cuidadoso y busque con discernimiento sus respuestas. Busque su respuesta en las Escrituras, porque la Palabra de Dios no le extraviará.

Padre, por favor, responde con tu Palabra a mis preguntas
y elimina todo lo que contradiga tu verdad. Amén.

En su presencia... por medio de la Palabra de Dios, busque comprensión para toda situación.

QUÉDESE QUIETO

«Estad quietos, y conoced que yo soy Dios».
SALMOS 46.10

La necesidad más profunda de su alma es quedarse quieto en la presencia de Dios. Deje de luchar con sus problemas o de preocuparse por sus circunstancias, pues el Dios Todopoderoso es mayor que todos ellos. Así que calme su alma y enfóquese en la sabiduría, la capacidad y el calendario asombroso de Dios.

Piense en la fidelidad de Dios para con los santos de la antigüedad, muchos de los cuales lucharon con las mismas pruebas y temores que usted. Ellos vencieron al confiar en Dios, y Él recompensó su fe de maneras milagrosas. Recuerde también Éxodo 14.14. Atrapados entre el ejército egipcio y el Mar Rojo, la ruina parecía inevitable para Israel. Sin embargo, la instrucción fue clara: «El SEÑOR mismo peleará por ustedes. Solo quédense tranquilos» (NTV).

Lo mismo es cierto para usted. El Padre quiere rodearle con su paz y demostrar su poder, pero lo hará solo en la medida en que usted descanse en su cuidado y ponga en su mano omnipotente sus problemas.

Así que baje la guardia y deje de luchar. Permita que el pleno significado de esto le impacte hasta la médula: Él es *Dios*. Él le ama. Él le ayudará. No hay razón para temer.

Señor, tú eres Dios. Tú eres todo lo que necesito.
Pongo mi corazón en ti. Amén.

**En su presencia... quédese
quieto y enfóquese en Él.**

FE ESTABILIZADORA

*«¡No tengan miedo! No se desalienten... porque
la batalla no es de ustedes sino de Dios».*
2 CRÓNICAS 20.15, NTV

Cuando las presiones le asaltan por todos lados, mantener su fe puede parecerle una batalla. Con seguridad, ya uno o dos de los problemas que usted enfrenta son lo suficientemente abrumadores. Sin embargo, conforme las circunstancias se deterioran, puede llegar a sentirse incluso más desequilibrado, oscilando de la confianza absoluta en el Señor a una duda profunda y llena de desesperanza cada vez que aparecen los problemas.

Tal vez así es como se sentía el rey Josafat cuando se enteró del inminente ataque de los moabitas, amonitas y meunitas. Incluso uno solo de esos ejércitos hubiera sido demasiado, pero defender a Judá contra esta invasión triple era absolutamente imposible.

Así que Josafat hizo lo único que siempre es sabio: buscó al Señor. Y el Señor le mostró a Josafat que la batalla no se ganaría con armas o estrategias, sino con alabanza (2 Crónicas 20).

De manera similar, los asuntos que le bombardean no están supeditados a sus recursos, sino a su enfoque. Estas no son batallas para librar. Este es el momento de mirar a Dios, confiar y obedecer. Así que estabilice su fe alabándolo cada vez que sienta que la duda se asoma. Luego observe con gozo la manera asombrosa en que él le libra.

*Señor, gracias por manejar por mí esta batalla abrumadora.
Tú eres bueno, poderoso, sabio y capaz. Amén.*

❧

En su presencia... adórelo.

Propósitos mayores

El Señor llevará a cabo los planes que tiene para mi vida.
SALMOS 138.8, NTV

A veces, la vida no parece justa. Usted ve a otros disfrutando de dádivas que anhela y se pregunta por qué Dios no le bendice también, en especial cuando las pruebas y las presiones aumentan. Usted pregunta: «Padre, ¿acaso no me amas? ¿Por qué no me ayudas?».

El dolor tal vez sea profundo: la incertidumbre, el rechazo, la pérdida e incluso la falta de respeto pueden destrozarle. Sin embargo, sepa que el Señor utiliza los retos en su vida para beneficiarle a usted y cumplir los propósitos divinos mayores.

Esto fue cierto para todos los santos en la Biblia. Abraham pasó décadas observando dolorosamente a los no creyentes tener hijos mientras que él no podía lograrlo, pero a la larga su descendencia llegó a ser una gran nación y persiste hasta el día de hoy. A José lo vendieron como esclavo y lo encerraron injustamente en la cárcel, pero Dios a la larga lo convirtió en segundo del faraón. Pablo fue azotado y enviado a prisión por dar testimonio de Cristo; sin embargo, sus palabras han animado a millones de creyentes a lo largo de toda la historia.

Así que no se desanime ni tema. Su Padre amoroso está usando esas circunstancias para fortalecer su fe, equipándole para un servicio mejor. Simplemente, siga confiando en Él y espere que de esta adversidad surjan grandes bendiciones.

Señor, esta situación parece injusta, pero confío en tu
voluntad para mi vida. Gracias por entrenarme. Amén.

**En su presencia... confíe en
sus propósitos mayores.**

Inversión de tiempo

Enséñanos de tal modo a contar nuestros días,
Que traigamos al corazón sabiduría.

Salmos 90.12

El tiempo es un recurso precioso, y a menudo no parece abundar lo suficiente. Sin embargo, la verdad es que la forma en que usted invierte los minutos y horas que le han sido concedidos demuestra qué es lo más importante para usted.

Por ejemplo, considere esto. ¿Se deja distraer por esfuerzos innecesarios —diversiones que no tienen valor eterno— cuando el Señor le está llamando a cumplir sus propósitos más elevados? ¿Está usted escogiendo el entretenimiento por sobre conocer a Dios mediante su Palabra y la oración? ¿Pasa horas ponderando sus temores en lugar de agradeciéndole a Dios por todo lo que ha hecho y confiando en Él? ¿Invierte usted más tiempo quejándose de otros que ministrándoles?

El tiempo que tiene en verdad es limitado. Así que el Señor lo llama a rendirse a la sabiduría divina, invirtiendo su tiempo en esfuerzos que son dignos eternamente, tales como buscar a Dios y bendecir a otros. De modo que pregúntele: «Señor, ¿cómo puedo invertir mi vida de manera que te agrade?». Él le mostrará cómo emplear su tiempo con sabiduría si le escucha y le responde con obediencia.

Señor, enséñame a invertir mis días de una
manera que te honre. Gracias por hacer que mis
minutos cuenten para la eternidad. Amén.

En su presencia... entréguele su tiempo.

SU DEFENSOR

«*Ninguna arma forjada contra ti prosperará, y condenarás toda lengua que se levante contra ti en juicio. Esta es la herencia de los siervos de Jehová, y su salvación de mí vendrá*», dijo Jehová.

ISAÍAS 54.17

Pudiera parecer que las fuerzas y circunstancias a las que se enfrenta hoy son abrumadoras. Tal vez haya personas poderosas que intentan destruirle y haya otros que estén difundiendo horribles rumores sobre usted que no son verdad. Incluso pudiera ser que haya asumido una posición firme por Cristo y esté siendo perseguido por ello. En tales ocasiones, anímese, pues su vida está en manos de Dios. Él es su defensor. Nada puede tocarle que Él no permita para su beneficio.

Mantenga su corazón limpio delante de Dios y recuerde su promesa: «Y pelearán contra ti, pero no te vencerán; porque yo estoy contigo, dice Jehová, para librarte» (Jeremías 1.19). Su esperanza, su defensa, su vindicación y su futuro están en las manos del Señor Dios Todopoderoso. Las personas y los retos con los cuales se enfrentano pueden vencerle a Él. Confíe en el Señor. Venga lo que venga, él hará que resulte para bien.

Señor, confío en ti. Tú tienes planeados mis próximos pasos y nadie puede trastornar tus propósitos eternos. Amén.

En su presencia... halle seguridad para el futuro.

VENZA ABRUMADORAMENTE

A pesar de todas estas cosas, nuestra victoria es
absoluta por medio de Cristo, quien nos amó.
ROMANOS 8.37, NTV

A veces lo que usted más necesita es simplemente la seguridad de que todo va a salir bien. Su espíritu anhela la garantía de que superará este reto: que todo está bien y Dios sigue actuando en su favor.

Sin embargo, tenga por seguro que usted no solo soportará esta prueba, sino que surgirá de ella *más que vencedor* (Romanos 8.37). En otras palabras, no solo sobrevivirá a esta dificultad, sino que cuando todo acabe, se elevará a nuevas alturas en su vida y su relación personal con Dios (Habacuc 3.17–19).

Por ejemplo, José no simplemente «salió adelante» luego de sus años en la prisión, sino que ellos fueron el terreno de capacitación que el Señor usó para convertirlo en el segundo hombre más poderoso del mundo. Si no hubiera ido a la cárcel, no habría llegado jamás al palacio (Génesis 39—50).

Por consiguiente, viva por sobre sus circunstancias y disfrute de gran confianza, porque Cristo le da todo lo que necesita para vivir la vida abundante. Él le asegura la victoria. Definitivamente, todo está bien.

Señor, gracias por hacerme más que vencedor. Te alabo
por conducirme a la victoria eterna. Amén.

En su presencia... venza abrumadoramente todas las dificultades.

PROGRESE

No solo escuchen la palabra de Dios;
tienen que ponerla en práctica.
SANTIAGO 1.22, NTV

¿Alguna vez siente como que debería estar desarrollándose más rápido en su relación personal con Dios? Si es así, tal vez se vea tentado a trabajar más duro y servir más, pero no es de ese modo que en realidad tiene lugar el crecimiento espiritual. Sí, usted obedece al Padre cuando Él le llama, pero debe ser por amor, no para ganarse su favor.

Así que, ¿cómo es que algunos creyentes maduran mucho más rápido que otros en su andar con Cristo? La respuesta está en la *aplicación*: el progreso espiritual tiene lugar cuando usted activamente pone en práctica la verdad que aprende.

Recuerde que el que le salvó puede enseñarle a seguirlo. Jesús sabe con exactitud lo que usted necesita para crecer. Él le revela constantemente sus principios por medio de su Palabra, la oración, la adversidad y otros creyentes. Usted se da cuenta cuando eso sucede: un pasaje bíblico, un sermón o una amonestación en particular toca su corazón profundamente. Sin embargo, la clave es esta no se limite a recordarlo; en lugar de ello, pregúntele al Padre cómo incorporarlo permanentemente a su vida. Sin duda alguna, Dios honrará su petición más que de buen grado.

Señor, quiero acercarme más a ti y madurar en mi fe. Enséñame
a aplicar tu Palabra. Estoy listo para aprender. Amén.

En su presencia... aplique la verdad.

CONSUELO PROVENIENTE DE GETSEMANÍ

*Por lo tanto, era necesario que en todo sentido él se hiciera
semejante a nosotros, sus hermanos, para que fuera nuestro
Sumo Sacerdote fiel y misericordioso, delante de Dios.*

HEBREOS 2.17, NTV

Jesús sabe exactamente cómo se siente usted, incluso en este mismo instante. Las luchas que enfrenta no son extrañas para Él en lo más mínimo. En realidad, las conoce de manera muy personal. El rechazo, la traición, la pérdida, la aflicción, el dolor físico... Él experimentó todo eso. Y cuando usted los enfrenta, Él siente compasión por su persona (Mateo 9.36).

De hecho, Getsemaní demuestra que su Salvador entiende lo que es estar en tanta agonía que todo lo que puede hacer es clamar y orar. Recuerde que Él sabía la angustia que le esperaba en la cruz. Y al luchar con la tarea que tenía por delante, acudió no una vez, ni dos, sino tres veces al Padre en busca de consuelo, fortaleza y sabiduría.

Jesús entiende cuán profundos son sus sentimientos y lo que necesita exactamente para sobrevivir las pruebas que enfrenta. De hecho, Él sufrió todo eso para poder comprender plenamente el dolor humano. Así que aférrese al hecho de que Jesús está con usted, se interesa por su vida, y puede ministrar a su corazón quebrantado. Y acuda a Él tan a menudo como sea necesario.

*¡Jesús, qué bondadoso y lleno de amor eres! Gracias
por comprenderme y consolar mi corazón. Amén.*

❋

En su presencia... acepte su consuelo.

COMO VINIENDO DE ÉL

*«Ninguna autoridad tendrías contra mí,
si no te fuese dada de arriba».*

JUAN 19.11

Piense en los sacrificios que se le piden como si vinieran de la mano de su Salvador —de aquel que dio su vida por usted en la cruz— antes que de otras personas. Después de todo, absolutamente nada puede tocar su vida sin su permiso. Dios ha permitido estas circunstancias para su discipulado. Está enseñándole a confiar en Él.

Jesús dijo esto claramente cuando compareció ante Pilato. Como gobernador romano de Judea, Pilato pensaba que jugaba un papel clave en el destino de Jesús (Juan 19.10). Sin embargo, el Señor proclamó la verdad: Dios le había dado a Pilato la autoridad para que se realizara el plan de salvación. Pilato en realidad no tenía ni voz ni voto en el asunto, sino que él simplemente desempeñó un pequeño papel en el cumplimiento de las promesas de Dios.

De manera similar, puede parecer que otros son los responsables de sus dificultades, pero el Padre ha permitido esta situación para hacer cumplir sus propósitos. Así que confíe en Él, aun cuando los sacrificios parezcan injustos o dolorosos. Jesús dio su vida por usted; haga esto por Él. Se asombrará al ver cómo Dios responde a su favor.

*Señor, ayúdame a aceptar esto como si viniera de tu
mano y a no amargarme. Quiero obedecerte. Amén.*

**En su presencia... acepte los
retos como si vinieran de él.**

El amor de la cruz

Mas Dios muestra su amor para con nosotros, en que
siendo aún pecadores, Cristo murió por nosotros.

Romanos 5.8

Cada vez que luche con relación a si Dios lo ama y le acepta verdaderamente o no, dese cuenta de que es momento de volver a la cruz. Dedique un tiempo a pensar en cuán profundo es el amor del Salvador por usted que soportó tan terrible sufrimiento; cuán profundo, perdonador, sacrificado e incondicional es su cuidado divino e infalible.

Aunque el Señor legítimamente pudiera haber castigado el pecado que vio en la tierra y destruido a toda la humanidad, no lo hizo. Más bien, en su gracia, decidió pagar el precio eterno por los pecados de toda persona, ya sea que reconozcamos su provisión o no.

Cristo llevó a cabo esto voluntariamente (Juan 10.17–18). Nada que usted haya hecho le ganó esta dádiva de salvación, y no hay nada que pueda hacer para perderla (Efesios 2.8–9).

Así que si está batallando debido a que ha pecado y se pregunta si ha ido demasiado lejos para que Dios le siga amando, anímese. No puede impedirle que se interese en usted. Él le amó en su peor condición. Ahora hónrelo con lo mejor de usted.

Jesús, gracias por darme un recordatorio infalible de tu
amor mediante la cruz. Gracias por perdonar mi pecado.
En verdad eres misericordioso y bueno. Amén.

En su presencia...
agradézcale por la cruz.

ABRIL

AFÉRRESE A LA PROMESA

«Bienaventurados los que no vieron, y creyeron».
JUAN 20.29

En medio de grandes pruebas, es normal sentirse aislado, desilusionado y desvalido. Sin embargo, recuerde que *usted no está solo.* Aunque pudiera parecer como que toda esperanza ha desaparecido, resulta esencial que confíe en que su poderoso Libertador estará con usted siempre (Deuteronomio 31.8).

No hay mejor ejemplo de esto que los discípulos después de la crucifixión. Aunque Jesús les había advertido lo que iba a suceder, no lo comprendieron por completo. Así que cuando vieron en la cruz a su amado Rabí, cedieron a la desesperanza.

Apenas tres días más tarde, Él resucitó de los muertos y no solo restauró la fe de los discípulos, sino que la aumentó cien veces. No obstante, qué diferente habría sido el tiempo entre la crucifixión y la resurrección para ellos si simplemente se hubieran aferrado a las promesas del Salvador.

Esto también es cierto para usted. Habrá dificultades cuando Dios no le provea las respuestas, pero él le consolará diciendo: «Confía en lo que he dicho». No se rinda a la oscuridad del momento, sino aférrese a la Palabra de Dios. Pronto verá que sus esperanzas también surgen de la tumba.

Señor, gracias porque nunca me dejas ni me
abandonas. Confío en que tú convertirás en canto
de gozo mi momento de aflicción. Amén.

━━━━━━━━━━ ⚮ ━━━━━━━━━━

En su presencia... crea que
Él resultará victorioso.

Cuán grande es su amor

Dios… por su gran amor con que nos amó, aun estando nosotros muertos en pecados, nos dio vida juntamente con Cristo.

Efesios 2.4–5

El Señor Jesús —Dios encarnado— *escogió* soportar la cruz por usted. Piense en esa verdad. La crucifixión era la manera más horrible en que cualquier persona pudiera morir: humillante, horrorosamente dolorosa, y reservada para los peores delincuentes. Sin embargo, percátese de que no fue solo una angustia terrenal la que Jesús experimentó en la cruz; también sintió la agonía espiritual insoportable de llevar los pecados del mundo. Por primera vez en la eternidad entendió la profunda desesperanza de estar separado del Padre.

¿Por qué Jesús hizo semejante sacrificio? Porque así de profundo es como Él le ama. Jesús prefirió sufrir una cruenta muerte entre los peores criminales antes que ser separado de usted.

Así que la próxima vez que se sienta indigno o piense que no merece amor, recuerde lo que su Salvador soportó para salvarle y guardarle seguro por toda la eternidad. Él entregó su vida voluntariamente por usted. E incluso ahora él no esconde nada de usted para que pueda conocerlo por completo. Sin duda alguna, esta es una razón para que usted alabe su nombre.

Jesús, me siento humilde por lo todo lo que sacrificaste por mí. Verdaderamente, eres digno de mi amor, obediencia y alabanza. Amén.

❧

**En su presencia… aprecie
su amor sacrificado.**

ACEPTADO

Si fuéremos infieles, él permanece fiel;
El no puede negarse a sí mismo.

2 TIMOTEO 2.13

Permita que esta verdad le haga libre: usted no tiene que ser perfecto para experimentar el amor y la provisión del Padre.

¿Se preocupa constantemente por cómo su próxima equivocación pudiera hacer que Dios reaccione hacia usted? Amigo, esa es una manera agotadora de vivir. Si bien es esencial que le honre por medio de la obediencia, Dios no le ama menos cuando usted comete un error.

Lo que aflige al Padre en cuanto al pecado es que le separa de usted. Al sentirse avergonzado por no haber cumplido con su estándar santo, usted se esconde de Él como consecuencia.

Sin embargo, lo que Dios quiere es tener una comunión profunda, ininterrumpida y permanente con usted, y es por eso que proveyó para nosotros tan perfectamente en la cruz. Ahora Él le invita, sin importar lo que haya hecho, a confesarle sus pecados. Porque cuando lo haga, Dios promete que le perdonará y limpiará de toda maldad (1 Juan 1.9).

¿Por qué Él está tan dispuesto a perdonarle cuando falla? Debido a su incondicional amor por usted. Él quiere que usted vuelva. Él le quiere cerca. No permita que sus imperfecciones le mantengan separado de Dios.

Señor, estoy muy agradecido por tu amor y aceptación. Te
confieso mis pecados. Gracias por perdonarme. Amén.

En su presencia... sepa que es amado.

LA VERDAD DE LA RESURRECCIÓN

Nuestro Señor Jesucristo... nos hizo renacer para
una esperanza viva, por la resurrección.

1 PEDRO 1.3

En medio de las circunstancias dolorosas, ¿considera usted un reto confiar en que su situación puede mejorar o que de ella puede resultar algún bien? Eso se entiende. Después de todo, incluso los discípulos que anduvieron con Jesús quedaron completamente devastados después de la crucifixión. Ellos no podían ver más allá de sus circunstancias terrenales para recordar las promesas del Señor.

Sin embargo, usted no tiene que quedar atrapado en una actitud de derrota. Entendiendo la verdad de la resurrección, puede avanzar más allá de su situación hacia su extraordinario Redentor. ¿Qué le enseña su triunfo sobre la tumba?

Primero, cuando usted piensa que todo está perdido, es cuando su Salvador revela su asombroso poder.

Segundo, Dios *siempre* triunfa llevando a cabo sus planes para usted, pues nada es demasiado grande como para detenerlo.

Tercero, nada, ni siquiera la muerte, puede separarle del amor de Dios.

Así que cuando encuentre difícil perseverar, supere sus dudas aplicando estos tres principios. Estas verdades triunfantes de la resurrección pueden darle una victoria verdadera y duradera, hoy y todos los días.

Jesús, tú venciste al pecado y la muerte; ¡verdaderamente
eres digno de mi confianza y alabanza! Amén.

───────── ❧ ─────────

En su presencia... halle la victoria.

EL PODER DE LA RESURRECCIÓN

La promesa que Dios hizo... la ha cumplido... al resucitar a Jesús.
HECHOS 13.32–33, DHH

La tumba vacía constituye para usted un hermoso recordatorio de que todo lo que Dios le ha prometido es verdad. Nada, ni siquiera la tumba, puede impedirle que cumpla la palabra que le ha dado (Isaías 55.11).

¡Jesús ha resucitado de los muertos! El pecado —la fuerza más violenta que le mantenía encadenado— ha quedado derrotada. La muerte —el enemigo más doloroso que usted pudiera encontrar— ya no le tiene en sus garras. Sus adversarios más brutales e insuperables quedaron conquistados, y el mismo poder de la resurrección es suyo para siempre como hijo del Dios viviente (Efesios 1.18–21).

Así que hoy, considere algo. ¿Qué se interpone para que Dios cumpla su promesa? ¿Hay obstáculos más grandes que el pecado y la muerte que estorben su senda? ¿Qué problemas enfrenta usted que requieran más poder que el que estuvo disponible en la resurrección?

Usted sabe la respuesta: los retos que tiene por delante no son obstáculos para el Señor. Así que confíe en Él y tenga la seguridad de que hará fielmente todo lo que ha dicho.

Jesús, gracias por poner a mi disposición tu asombroso poder. Ningún reto que enfrente es obstáculo para ti, y estoy muy agradecido de que seas mi Salvador. Amén.

**En su presencia... experimente
el poder de la resurrección.**

PARA TRIUNFAR, CREA

«Ya no seas incrédulo. ¡Cree!»
JUAN 20.27, NTV

Tomás no estaba presente cuando Jesús se les apareció por primera vez a los discípulos, y también fue el que expresó las más grandes dudas en cuanto a la resurrección. Él declaró que no creería que Cristo había resucitado de los muertos a menos que tocara las manos y el costado de Jesús (Juan 20.25). Usted bien puede imaginarse la sorpresa y el bochorno que sintió cuando Jesús se le apareció.

Sin embargo, lo que le sucedió a Tomás puede ser instructivo para usted hoy, en especial si Dios le ha hecho una promesa cuyo cumplimiento ha esperado por largo tiempo. Lo que usted crea en cuanto a Dios determinará su éxito o su fracaso.

Usted puede, como Tomás, exigir que el Señor le dé señales, pero cuando lo hace así, simplemente demuestra la debilidad e inmadurez de su fe.

Sin embargo, Jesús dijo: «Bienaventurados los que no vieron, y creyeron» (Juan 20.29). Si usted confía sin vacilar en que Él hará lo que dice, recibirá una gran bendición. No solo verá contestadas sus oraciones más preciadas, sino que también le glorificará y su fe crecerá.

Así que no se ponga en una situación embarazosa dudando de Dios. Confíe en que Él es poderoso, y ese día su fe se convertirá en vista.

¡Señor, en efecto creo! Por favor, ayúdame a superar mi incredulidad y mantén fuerte y firme mi confianza en ti. Amén.

**En su presencia... triunfe
creyendo en Dios.**

DECISIONES SANTAS

¿Quién es el hombre que teme a Jehová?
El le enseñará el camino que ha de escoger.

SALMOS 25.12

La vida es un proceso continuo de toma de decisiones desde la niñez hasta los años dorados. Felizmente, Dios está dispuesto a darnos una dirección clara en cuanto a toda decisión que tomemos, sin importar el grado de importancia que tenga. No obstante, cuando Él habla, espera que lo respetemos, haciendo lo que Él nos instruye.

En realidad, su Palabra nos dice: «El temor del SEÑOR es la base de la verdadera sabiduría» (Salmos 111.10, NTV). En otras palabras, para que usted sea sabio, debe hacer honor a su dirección, sirviendo a Dios en lugar de a sí mismo. Y lo hace debido a su confianza firme en su soberanía y carácter.

Así que considere esto. ¿Se halla usted hoy en medio de una situación difícil? La comprensión de que el Salvador es perfecto en su conocimiento, todo suficiente en su poder, y que le ama incondicionalmente resulta clave a fin de someterse a Él para su futuro. Así que evalúe de nuevo su situación a la luz del carácter digno de confianza del Señor y obedezca como quiera que le dirija a proceder. Usted estará seguro de tomar excelentes decisiones cuando lo hace así.

Señor, me someto a tu sabiduría infalible. Guíame
por el camino que debo andar. Amén.

───── ❊ ─────

En su presencia... sea reverente,
sumiso y confiado.

FUERA DE LA POCILGA

«Este hijo mío estaba... perdido, pero ya lo hemos encontrado.» Así que empezaron a hacer fiesta.

LUCAS 15.24, NVI

Imagínese al hijo pródigo mirando a los cerdos a los que estaba dando de comer. Al echar las algarrobas en el chiquero, su estómago gruñía, y se dio cuenta de que ellos estaban comiendo mejor que él. ¡En realidad envidiaba a los cerdos! La vida no podía empeorar más. La única alternativa que este joven pudo imaginarse fue volver humillado a su padre. Puede imaginarse su alegría al regresar a casa y descubrir que su padre no solo lo había perdonado, sino que además le recibía con los brazos abiertos.

De la misma manera, sin que importe cuán lejos se encuentre usted de Dios, sus brazos siempre están abiertos también. Usted no se ha alejado demasiado de Él, no puede hacerlo (2 Timoteo 2.13). Su gracia siempre está disponible para sacarlo del foso del pecado y la derrota, y traerlo de regreso a la vida victoriosa.

Así que no envidie a los cerdos ni se entregue a la desesperanza. Vuelva corriendo al Padre. Él desea restaurarlo por medio de su gracia y llenarlo de toda su bondad.

Señor, muéstrame las maneras en que me he descarriado y llévame de regreso a la seguridad de tu amor. Gracias por aceptarme siempre. Amén.

En su presencia... sea restaurado por su gracia.

LA MEJOR DEFENSA

Mis ojos están siempre puestos en el SEÑOR,
porque él me rescata.

SALMOS 25.15, NTV

¿Cuáles son los principios bíblicos sólidos que usted puede poner en práctica al enfrentar las dificultades de la vida?

Primero, recuerde las victorias pasadas. Recapitular las ocasiones en que el Señor le ha ayudado le fortalecerá para su reto presente.

Segundo, examine sus motivos. ¿Qué es lo que en realidad le impulsa en esta prueba: sus metas o su devoción al Señor?

Tercero, rechace el desaliento. Algunas personas bien intencionadas a veces pueden sofocar su fe. Escuche y obedezca al Padre, quien jamás le fallará ni le abandonará.

Cuarto, reconozca el propósito real de la batalla. Nada afecta su vida a menos que pase primero por la mano protectora del Señor. Esto significa que hay un beneficio para usted en este reto si dispone su corazón para aprender de Dios.

Finalmente, descanse en el poder de Dios para la victoria. Confíe tanto en el Señor que la victoria ya esté decidida en su mente. Usted sabe que su Padre Todopoderoso, absolutamente sabio y lleno de perfecto amor jamás le defraudará.

Confíe en el Señor, obedézcalo, y cuente con que Él le librará. Él es su mejor defensa, sin importar lo que usted enfrente.

Señor, confío en ti en los retos de la vida,
porque tú siempre triunfas. Amén.

❊

En su presencia... permanezca firme.

GARANTIZADO

Deléitate en el SEÑOR,
y él te concederá los deseos de tu corazón.
SALMOS 37.4, NTV

Una promesa es solo tan buena como el carácter de quien la hace. Así que cuando se trata de su Padre celestial lleno de amor, no debería haber absolutamente duda alguna en cuanto a si el hará o no lo que dice. Usted puede contar con el hecho de que lo hará (Josué 21.45).

Sin embargo, Dios le llama a que se deleite en Él porque nada le dará satisfacción a su alma como estar cerca del Señor en comunión íntima. Al acercarse a Él, no solo le provee la sabiduría que necesita en cada paso, sino que también le indica cómo llevar a cabo su plan para su vida, incluyendo recibir las promesas que usted anhela.

Tenga la seguridad de que el Padre no le fallará. El deseo de su corazón puede tomar una forma diferente a lo que usted esperaba y aparecer de una manera que nunca imaginó, pero Dios cumplirá su Palabra. Y el Señor mismo será su gozo. Así que anímese, búsquelo fielmente, y recuérdese a menudo: «Ninguna palabra ha fallado de toda su buena promesa que hizo» (1 Reyes 8.56, LBLA).

Señor, me deleito en ti. Ayúdame a mantenerme
enfocado en ti como mi gozo y mi vida, confiando
plenamente en que cumplirás tus promesas. Amén.

En su presencia... confíe
en su promesa.

ENFÓQUESE EN SU CARÁCTER

*No se preocupen por nada; en cambio, oren por todo. Díganle a
Dios lo que necesitan y denle gracias por todo lo que él ha hecho.*
FILIPENSES 4.6, NTV

Amigo, tal vez usted hoy se vea tentado a hacer lo que quiere y a no
esperar la respuesta de Dios a sus oraciones. Sin embargo, sepa que
no calmará su ansiedad haciendo lo que quiere. Hallará paz solo al
obedecer al Padre y confiar en su carácter.

Tal vez el Señor no actúe con la rapidez que usted quisiera. No
obstante, recuerde que Él es todopoderoso, omnisciente, e infalible-
mente misericordioso. Si todavía no le ha respondido, con certeza es
con un buen propósito.

Usted debe abrazar el hecho de que tener un cimiento sólido
de fe en el carácter digno de confianza del Señor resulta esencial si
desea experimentar la seguridad y la paz inquebrantables de Dios.
Si no tiene una idea clara de quién es Jesús, su fe le fallará cuando
más la necesite.

Así que, cuando la ansiedad se presente y se sienta impulsado
por el temor a actuar, deténgase. Abra la Palabra de Dios. Busque
el rostro del Señor y medite en su carácter firme, inmutable, fiel.
Pronto la paz que trasciende todo entendimiento lo consolará y fortalecerá su corazón y su mente.

*Señor, tú eres bueno y me guías fielmente. Confiaré
en ti. Gracias por calmar mi alma. Amén.*

En su presencia... enfóquese en Él.

NIÉGUESE A DUDAR

Aunque la higuera no dé renuevos,
ni haya frutos en las vides...
aun así, yo me regocijaré en el SEÑOR,
¡me alegraré en Dios, mi libertador!
El SEÑOR omnipotente es mi fuerza...
y me hace caminar por las alturas.
HABACUC 3.17–19, NVI

Nada puede hacer temblar su fe como el hecho de que su situación empeore inesperadamente. De repente, el cimiento de aquello en que usted confiaba se destruye. Al tratar de echar mano a formas terrenales de seguridad y alivio, se derrumban. La presión aumenta.

Dios no ha permitido estas circunstancias para destruir su fe, sino para edificarla. Sin embargo, en este momento usted debe *decidir* creer que el Padre es digno de su confianza. Él desea lo mejor para usted. Tal vez no parezca de ese modo en el momento en que enfrenta presiones increíbles, pero así es.

Por tanto, niéguese a dudar. Como David al confrontar a Goliat o Moisés ante el Mar Rojo, niéguese a aceptar la derrota. Sepa que Dios está esperando revelarle su provisión poderosa. Y regocíjese en el hecho de que Él nunca le fallará.

Señor, no dudaré de ti. Tú me estás conduciendo a la
victoria y estoy muy agradecido por tu amor. Amén.

En su presencia... crea
que Él lo sostendrá.

BUSQUE ALIENTO Y REPOSO

Buscad a Jehová y su poder;
Buscad siempre su rostro.
SALMOS 105.4

¿Necesita aliento hoy aunque lo haya recibido ayer? ¿Está continuamente tratando de encontrar fortaleza en la Palabra de Dios? No se desanime si se descubre a menudo necesitando inspiración y seguridad de parte de Dios. No tiene que dudar de este deseo que le impulsa a hallar la presencia amorosa de su Padre celestial. Usted está buscando en el lugar correcto. Dios *quiere* que le busque.

Acuda a Jesús con sus problemas. Otros pueden cansarse de atender los asuntos que le conciernen, pero su Salvador nunca se cansará. Él le animará en todo momento del día cuando usted lo busque.

Sin embargo —y esto es extremadamente importante— obedézcalo de inmediato cuando le dirija a dar un paso de fe. Si Él le pide que confiese un pecado, abandone alguna actividad, le busque de una manera específica, o rechace un patrón de pensamiento, hágalo de inmediato. Dios quiere sanarle de esos asuntos que le desalientan y darle verdadero reposo a su alma.

Señor Jesús, gracias por animarme. Provees fielmente
reposo para mi alma y alabo tu santo nombre. Amén.

En su presencia... repose
en su cuidado.

CREADO PARA UN PROPÓSITO

Porque somos hechura suya, creados en Cristo
Jesús para buenas obras, las cuales Dios preparó de
antemano para que anduviésemos en ellas.

EFESIOS 2.10

Nunca olvide que el Padre conoce su vida de principio a fin y tiene un plan para el cual lo creó. Comprenda que esto lo ayudará a no precipitarse a le desconocido cuando debería estar esperando su dirección.

En su deseo de ver la obra de Dios en su vida, a menudo usted va a querer que le revele más en cuanto a la senda que tiene por delante, o que le haga avanzar más rápido hacia su destino. Esto no resulta raro; en realidad, es la lucha interna de todo creyente que Dios usa poderosamente.

Sin embargo, recuerde que Dios conoce la imagen completa y lo que es mejor para usted. Él no permitirá que sus pasiones y talentos se desperdicien. Él entiende el nivel de fe que necesita para triunfar y conoce la mejor senda para formar en usted el carácter divino.

Así que resista y espere que Dios abra las puertas de la oportunidad. Él sabe para qué lo creó. Confíe en que Él resolverá todo lo que a usted concierne.

Señor, gracias por darle propósito a mi vida. Espero
que me reveles la senda que debo seguir. Amén.

❧

En su presencia... reciba su propósito.

ESPERE EN DIOS

Pon tu esperanza en el SEÑOR
y marcha con paso firme por su camino.
Él te honrará.

SALMOS 37.34, NTV

Si tan solo hoy fuera el día. Este pensamiento cruza su mente a menudo. ¿Cuántas veces ha empezado la mañana con la misma esperanza? Conforme pasa el tiempo, puede ser un reto mantener la confianza. Y sin embargo, usted se consuela a sí mismo con la promesa: «Con Dios todo es posible» (Mateo 19.26).

Sin dudas, esperar es difícil, pero también resulta necesario. Por medio de los tiempos de espera usted descubre sus puntos débiles y es entrenado a confiar en el Padre.

Sin embargo, debe saber algo. Si lo que usted quiere lo aleja del Señor o hace que se olvide de Él si se niega a dárselo, hay un problema. Su deseo se ha convertido en su dios.

Así que examine hoy su corazón. ¿Seguiría amando al Padre si Él le dijera que no a su petición más preciada? ¿Sigue Él ocupando el trono de su corazón? Asegúrese de ello. Pídale que quite todo ídolo y le ayude a reconocerlo como Dios. Y confíe en que lo que Él tiene para usted es inmensurablemente mejor que todo lo que pudiera esperar o imaginar.

Señor, tú eres mi Dios. No hay nada que desee por
encima de ti. Quita de mi vida todos los ídolos y
ayúdame a esperar lo mejor de ti. Amén.

En su presencia... ponga
su esperanza en Él.

EXÁLTELO

*Pablo y Silas estaban orando y cantando himnos
a Dios... De repente, hubo un gran terremoto y...
todas las puertas se abrieron de golpe.*

HECHOS 16.25–26, NTV

Hoy, sin importar lo que esté sucediendo, enfóquese en Dios, quien es su ayuda y defensor. No hay nada más liberador que alabarlo y expresar su confianza en su poder, sabiduría y amor.

Considere a Pablo y Silas, que acababan de ser arrestados, azotados y encarcelados injustamente en una cárcel en Filipos (Hechos 16.16–34). Sin embargo, en lugar de concentrarse en su dolor, se enfocaron en el Señor y entonaron alabanzas a su santo nombre. Y debido a su confianza indeclinable en Él, Dios los libertó de la cárcel y muchos confiaron en Jesús como su Salvador.

Hay poder en la alabanza. Cuando usted exalta al Padre, reconoce su amor, respeta su soberanía y prepara el camino para su provisión.

Así que hoy, aunque las circunstancias parezcan insuperables, tome la decisión de regocijarse en el Señor. Clame a aquel que es capaz de convertir su tristeza en gozo. Alabe a Dios no solo por lo que Él está planeando para su futuro, sino también por lo que usted puede aprender de su situación presente.

*¡Señor, tú eres Dios! Eres digno de todo honor, gloria,
poder y alabanza. Gracias por tu amor. Amén.*

En su presencia... exáltelo.

ÚTIL

Nosotros mismos somos como frágiles vasijas de barro que contienen este gran tesoro. Esto deja bien claro que nuestro gran poder proviene de Dios, no de nosotros mismos.

2 CORINTIOS 4.7, NTV

Dios puede obrar por medio de usted. El Señor no escoge solo a los que tienen habilidades y talentos extraordinarios a fin de que sean sus representantes. Por el contrario, utiliza a las personas que humildemente se apoyan en su poder para cumplir sus objetivos. Mientras más dependa del Señor, más la gloria de Dios podrá brillar por medio de usted.

Por supuesto, la tentación es tener en cuenta sus defectos y fracasos y considerarse indigno del servicio al Padre. Si usted cree que Él no puede usarle debido a su pasado, su carencia de recursos o de educación, o incluso su presencia, por favor, dese cuenta de que usted está enfocándose en el asunto de forma errada. Las Escrituras son claras, su «competencia proviene de Dios» (2 Corintios 3.5).

El Señor puede obrar por medio de usted para realizar sus propósitos maravillosos, y todo lo que le pide es que usted cambie su debilidad por el poder divino y le obedezca. Así que ponga su fe en Cristo y regocíjese en todo lo que él hace en y por medio de usted.

Padre, gracias por crearme para buenas obras y actuar por medio de mí. Que mi vida te alabe. Amén.

En su presencia... reciba el poder para servirle.

SIEMBRA Y COSECHA

El que siembra escasamente, también segará escasamente; y el que siembra generosamente, generosamente también segará.

Usted tendrá muchas alternativas hoy. Sin embargo, al tomar decisiones, por favor, recuerde que cosechará lo que siembra. Usted segará lo que haya sembrado en el pasado, y las decisiones que tome hoy influirán en lo que coseche en el futuro.

Con este principio en mente, considere lo siguiente. ¿Qué le gustaría lograr con su vida? ¿Está usted tratando de cumplir el propósito para el cual Dios le creó? Si es así, ¿qué tipo de semillas está sembrando? ¿Está sembrando comportamientos que profundizarán su relación personal con el Padre, tales como la oración, el estudio bíblico y la comunión con otros creyentes? ¿Está siendo generoso con los dones y talentos que Dios le ha dado? ¿Está sembrando amor, gozo, paz, paciencia, bondad, benignidad, fe, mansedumbre y dominio propio en su relación con otras personas?

Tenga presente las decisiones que toma todos los días, pues cada una es una semilla que está sembrando para su futuro. Invierta generosamente en honrar y obedecer a Dios, y con certeza se alegrará cuando llegue la cosecha.

Señor, ayúdame a invertir mi vida abundantemente en maneras que te honren. Para ti sea todo el honor y la gloria. Amén.

En su presencia... siembre lo que honre a Dios.

UN ENFOQUE ETERNO

*«No trabajen por la comida que se acaba, sino por la
comida que permanece y que les da vida eterna. Ésta
es la comida que les dará el Hijo del hombre».*

JUAN 6.27, DHH

Si usted se siente continuamente frustrado, una razón puede ser su punto de vista. Como ve, aunque es natural que se enfoque en los problemas que tiene directamente por delante, el interés de Dios es desarrollarlo a fin de cumplir sus propósitos eternos. Y cuando sus intereses inmediatos y las metas eternas de Dios chocan, usted puede experimentar frustración.

Por ejemplo, puede suplicarle al Padre que se mueva rápidamente para resolver sus problemas, pero la prioridad de Dios es desarrollar un carácter santo en usted. Si los problemas que atraviesa sirven al propósito del Señor, persistirán sin importar cuánta incomodidad le causen.

Por eso es de extrema importancia que usted procure ver el punto de vista de Dios, sirviendo a los objetivos divinos, eternos y dignos, antes que a sus aspiraciones temporales. Porque cuando usted se concentra en lo eterno, empieza a entender cómo el Padre está obrando todo para su bien.

Por lo tanto, ¿qué es lo que le está causando frustración hoy? Busque los propósitos eternos de Dios en esas circunstancias. Cuando lo haga, hallará la paz y la fortaleza para perseverar, sin importar el reto que tenga por delante.

*Señor, acepto tus propósitos eternos. Por favor, ayúdame
a aprender las lecciones rápidamente. Amén.*

En su presencia... piense eternamente.

AYUDA DIARIA

Bendito sea el Señor, que cada día lleva nuestra carga.
SALMOS 68.19, LBLA

¿Está usted tratando de llevar sus cargas por sí mismo? Si es así, con razón se siente agotado. El Padre nunca predispuso que usted llevara sus cargas solo. Por el contrario, Él le ha dado más de lo que usted puede llevar para que le permita sostenerlo. Así que no se sorprenda de que no pueda ayudarse sí mismo. Dios se le da a conocer al rescatarlo de sus dificultades.

Sin embargo, su deseo de manejarlo todo puede revelar un problema más profundo. Tal vez no confía plenamente en que el Señor es suficiente para atender sus necesidades. Aunque confía en Él para la salvación, puede pensar que está demasiado ocupado o no tiene interés en encargarse de sus necesidades diarias.

Sin embargo, piense en esto con toda atención: ¿cómo puede aquel que pagó tanto por su salvación negarle algo cuando se trata de las pruebas que le afectan a diario? No puede. En realidad, Él no solo sabe exactamente lo que usted necesita, sino que desea satisfacer su alma hasta lo más hondo de su ser. Así que entréguele al Padre sus problemas. Él puede con certeza manejar cualquier cosa que enfrente en su camino.

Señor, gracias por ser mi gran Ayudador y llevar mis cargas.
Tú eres muy bueno conmigo y alabo tu nombre. Amén.

**En su presencia... acepte
su ayuda y provisión.**

CRÉALE A DIOS

¡Anímense! Pues yo le creo a Dios. Sucederá tal como él lo dijo.
HECHOS 27.25, NTV

A veces, tal vez sienta como si estuviera andando en una unidad de amor con Cristo que nunca terminará. Sin embargo, luego hay temporadas en las que Él parece tan distante, que usted se pregunta qué podría estar estorbando su comunión con el Señor.

Sí, algo de esa supuesta separación puede deberse a algún pecado no confesado, pero ese no es siempre el caso. Recuerde que la meta de Dios es edificar su fe, y eso puede significar quitarle toda evidencia visible de ayuda mientras usted continúa confiando en Él.

Esto fue lo que pudo atestiguar Pablo. Transportado como prisionero a Roma —donde Él sabía que moriría por testificar de Cristo— la nave de Pablo se vio zarandeada por una violenta tempestad. Por muchos días la tripulación no comió nada ni tuvo alivio de la tormenta, pero Pablo no cuestionó por qué Dios permitía tal sufrimiento. En lugar de eso, se negó a abandonar la esperanza. El apóstol sabía que el Señor estaba obrando en todas las circunstancias para bien, por desesperada que pareciera la situación.

¿Qué tal en cuanto usted? Aun cuando no perciba la presencia de Dios y todas las circunstancias parezcan adversas, puede continuar testificando: «Creo a Dios»? ¿Le permitirá que Él haga crecer su fe por medio de la tormenta?

Padre, me animaré, porque creo en ti. Confío en que
tú obrarás tal como me has prometido. Amén.

❦

En su presencia... créale.

YA REALIZADO

*La promesa... [es del] Dios que da vida a los muertos y
que llama las cosas que no son como si ya existieran.*
ROMANOS 4.16–17, NVI

Según su visión limitada, el cumplimiento de las promesas de Dios puede parecer distante. Usted no puede ver el futuro, ni cómo el Señor está obrando, así que resulta comprensible que se enfoque en los retos que tiene por delante. Sin embargo, su Padre amoroso desea que le mire a Él en lugar de fijarse en sus circunstancias y a creer: «Si Él me lo ha prometido, ya está hecho».

Esta es la fe que Abraham demostró. Aunque Dios le había prometido un hijo, las décadas pasaban sin el cumplimiento de la promesa. Nadie hubiera culpado a Abraham por descorazonarse. Después de todo, ¿podían en realidad un hombre de cien años y una mujer de noventa años concebir un hijo?

Sin embargo, Abraham continuó creyendo, comprendiendo que para su Dios eterno, Isaac ya existía, tanto como las generaciones después de Él.

Amigo, cuando Dios le presente el reto de que confíe en Él, mire más allá de lo natural, sabiendo que lo que Él ha prometido ya ha sido realizado. Entonces podrá confiar en que Él obrará, aun cuando usted no lo perciba, y alabarle por su provisión.

*Señor, gracias por la bendición de que tus
planes ya se han realizado. Amén.*

❀

**En su presencia... confíe en
que la promesa se cumple.**

Entréguelo a Dios

Si rechazas la disciplina, solo te harás daño a ti mismo,
pero si escuchas la corrección, crecerás en entendimiento.

Proverbios 15.32, ntv

Resulta asombroso cómo la actitud poco cariñosa o las palabras de crítica de otra persona pueden destrozarle el corazón. Duele ser censurado, y usted puede sentirse tentado a desquitarse contra el ofensor. Aunque habrá ocasiones en que la crítica en su contra estará equivocada o mal dirigida, la Palabra de Dios es clara: no permita que el enojo o la amargura echen raíces (Hebreos 12.15). No responda negativamente a la disciplina. En lugar de ello, escuche la corrección, y madurará en su comprensión de sí mismo y de los demás.

Este ejercicio puede ser incómodo, pero busque la sabiduría de Dios de todas maneras. En oración, diga: «Examíname, oh Dios, y conoce mi corazón... Y ve si hay en mí camino de perversidad» (Salmos 139.23–24). Él le revelará si existe algo de verdad en lo que dijeron de usted.

Si lo hay, permita que Dios corrija su conducta. Si no lo hay, perdone al acusador y trate de entenderlo mejor. El Padre puede darle nociones invaluables con respecto al corazón humano por medio de esa experiencia si usted simplemente confía en Él y dispone su corazón para aprender lo que Dios desea enseñarle.

Señor, confío en ti. Ayúdame a perdonar y amar a
otros a través de esta experiencia. Amén.

En su presencia... busque lo bueno
en las situaciones negativas.

PODEROSA Y EFICAZ

La oración del justo es poderosa y eficaz.
SANTIAGO 5.16, NVI

Ah, el potente poder que está a su alcance hoy... para cambio, sanidad, vindicación, liberación, resistencia y transformación eterna. Su asombroso Dios Todopoderoso espera responder a su petición con sus recursos sobrenaturales e ilimitados.

Sin embargo, usted tal vez esté pensando: *Yo oro, pero no percibo tal poder. ¿Estoy haciendo algo mal?* Si es así, considere lo siguiente. ¿En verdad se ha conectado con su amoroso Padre celestial en comunión íntima? ¿Reconoce quién es Él, el Rey de reyes de toda la creación? ¿O meramente le presenta su lista de peticiones sin pensar en lo que Dios desea?

De manera similar, ¿realmente cree que Él le ayudará? ¿Tiene tal confianza en su carácter y capacidades que todas las dudas se disipan? Y finalmente, ¿ha procurado tener el mismo sentir del corazón de Dios, buscando su voluntad en todo?

Amigo, usted puede ser una persona de oración poderosa y eficaz. No se rinda ni permita que los sentimientos de derrota o duda le cieguen. Por el contrario, sea fiel a Dios en la intercesión, librando sus batallas de rodillas y confiando en Él. El Señor oye, y ciertamente responde.

Dios, deseo una comunión profunda contigo. Ayúdame
a entender el poder de la oración. Amén.

En su presencia... ore creyendo.

Su Intercesor

Por lo cual puede también salvar perpetuamente a los que por él se acercan a Dios, viviendo siempre para interceder por ellos.

HEBREOS 7.25

Soportar una gran carga tal vez le haga sentir aislado, porque parece que nadie verdaderamente entiende lo que está atravesando. Sin embargo, anímese, Jesús lo sabe y está orando por usted. En realidad, incluso antes de que su lucha empiece, Él ya está intercediendo a su favor.

Tal fue el caso para Pedro. Conforme la crucifixión se acercaba, Jesús entendió que Pedro enfrentaría una zarandeada especialmente fuerte de parte del enemigo. Así que Él Salvador le dijo a su discípulo: «Yo he rogado por ti, que tu fe no falte; y tú, una vez vuelto, confirma a tus hermanos» (Lucas 22.32). En otras palabras: «Los días por delante serán difíciles, pero yo estoy contigo. Y cuando hayas salido adelante, respalda a otros que sufren».

Esto también es válido para usted. *Sobrevivirá* a esto. Así que no se dé por vencido ni deje de confiar en el Señor. Simplemente enfóquese en la sabiduría y el poder de las oraciones de Jesús por usted, y sepa que Él está sosteniéndolo en cada paso del camino. Luego, cuando todo acabe, tendrá un ministerio alentando a otros que necesitan experimentar el amor de Dios.

Jesús, gracias por orar por mí. Sé que puedo atravesar cualquier cosa contigo. Amén.

En su presencia... confíe en sus oraciones.

RADIANTE

Los que buscan su ayuda estarán radiantes de alegría;
ninguna sombra de vergüenza les oscurecerá el rostro.
SALMOS 34.5, NTV

Se ha dicho que muchos de los santos más encantadores no conocen su propia belleza. El Espíritu Santo obra por medio de ellos tan sin esfuerzo, que ni siquiera se dan cuenta de que el fruto del Espíritu ha sido hecho manifiesto en sus vidas. Sin embargo, los que están a su alrededor sí lo saben.

Así que considere lo siguiente. ¿Alguna vez recibe elogios que lo toman por sorpresa? ¿Ven los demás en usted cosas que simplemente no percibe en su persona? Tal vez alguien hace poco le haya mencionado la alegría de su rostro y el amor que usted tan generosamente muestra. O tal vez es su fidelidad y dominio propio lo que otros admiran en usted.

Si es así, dele crédito a Dios y agradézcale, ya que Él está demostrando en usted y por medio de su vida su maravillosa presencia. Tal vez no note ninguna diferencia en su persona. En realidad, incluso puede percatarse más de sus defectos y debilidades. Sin embargo, anímese, la gloria del Señor está brillando por medio de usted. Y cada vez que se encuentra con su Padre celestial, refleja incluso más su semejanza.

Señor Jesús, gracias por brillar a través de mí y
hacerme radiante con tu semejanza. Pido que otros te
conozcan como Salvador y te amen más. Amén.

❧

En su presencia... refleje su gloria.

MEJOR DE LO QUE USTED SE IMAGINA

*Ninguna mente ha imaginado lo que Dios tiene
preparado para quienes lo aman.*
1 CORINTIOS 2.9, NTV

¿Se siente tentado a soñar con pasión en lo que desea de corazón y a imaginarse cómo sería disfrutar de eso a plenitud? Si es así, tal vez esté predisponiéndose a una caída.

¿Por qué? Porque lo que usted piensa determina cómo vive. Y cuando ansía ciertas situaciones, forma expectativas en su mente. Sus anhelos crecen y sus pensamientos corren el riesgo de transformarse en deseos impíos. A la larga usted se apoya en su propio entendimiento de las circunstancias en lugar de confiar en las bendiciones de Dios... y cuando eso sucede, el pecado y la desesperanza siguen con certeza. Como Santiago 1.15 (NVI) testifica: «Cuando el deseo ha concebido, engendra el pecado».

La buena noticia es que su imaginación no se equipara a la del Señor. Sin que importe cuán maravillosas cosas pueda concebir, la provisión de Dios para usted es incluso mejor (Efesios 3.20).

Así que cuando se sienta tentado a soñar acerca de lo que desea su corazón, detenga en seco el pecado enfocándose en la fidelidad, la creatividad, el poder y la sabiduría del Padre. Y agradézcale, sabiendo que lo que Él está creando para usted es mucho más de lo que puede imaginar.

*Señor, por favor, perdona mi pecado y enséñame
a concentrar mi mente en ti. Amén.*

**En su presencia... confíe
en sus planes.**

PREPARACIÓN PARA LA BENDICIÓN

Pues el SEÑOR Dios es nuestro sol y nuestro escudo;
él nos da gracia y gloria.
El SEÑOR no negará ningún bien
a quienes hacen lo que es correcto.

SALMOS 84.11, NTV

Mientras espera que Dios cumpla las promesas que le ha hecho, tal vez venga a su mente el pensamiento: *Yo no soy lo suficientemente bueno como para que el Señor me bendiga, por eso es que esto está llevando tanto tiempo. Dios me halla indigno.*

Nada puede estar más lejos de la verdad. El hecho de que el Padre lo está haciendo esperar quiere decir que Él ve en usted cualidades preciosas que debe desarrollar a fin de que pueda disfrutar plenamente la bendición. Él quiere que usted sea un éxito. Eso significa que debe ser su escudo, protegiéndole de las opciones equivocadas. También debe ser su gloria, conformándolo según su carácter, enseñándole su sabiduría, y preparándole para que su poder brille por medio de usted.

No se desespere. Él no le negará ninguna bendición que sea verdaderamente buena para su vida. Sin embargo, usted es tan profundamente amado que Dios desea que reciba la plena belleza e impacto de su dádiva. Así que confíe en Él en el tiempo de espera y prepárese para ser profundamente bendecido.

Señor, gracias por amarme. Tú eres muy sabio y bondadoso en
la manera en que me bendices, así que esperaré en ti. Amén.

En su presencia... espere
con esperanza.

LA LUCHA CONTRA LA TENTACIÓN

¿Quién me libertará de... el pecado y la muerte?
¡Gracias a Dios! La respuesta está en Jesucristo.
ROMANOS 7.24–25, NTV

¿Se siente impotente contra sus deseos pecaminosos? ¿Quiere obedecer a Dios, pero fracasa repetidas veces? Tal vez se ha dado cuenta de que la fuerza de voluntad simplemente no basta para vencer sus impulsos pecaminosos. Y eso es verdad. Si quiere luchar contra la tentación, debe hacerlo como lo hizo Jesús: con la Palabra de Dios.

Como ve, el pecado empieza con sus pensamientos: aunque parezcan inocentes, atizan el deseo de satisfacer sus necesidades por sí mismo en lugar de permitir que Dios lo haga. Usted quiere sentirse amado y respetado, así que los deseos carnales se disparan. Luego chismea y habla mal de los que actúan rudamente con usted. Así que persigue el dinero, las relaciones personales y el poder. Después termina ahogando su vergüenza con comportamientos adictivos que lo único que hacen es aumentar su dolor. Pero nada de eso sirve.

No, para dejar de pecar debe reemplazar sus pensamientos y tácticas con la verdad de Dios.

Recuerde que usted es una nueva criatura en Cristo: plenamente amada, aceptada, segura y limpia; y que las Escrituras son su mejor defensa contra la tentación. Así que permita que la verdad de Dios le haga libre y le dé la victoria sobre el pecado.

Señor, gracias por limpiarme del pecado y darme mediante
tu Palabra la victoria sobre las tentaciones. Amén.

En su presencia... halle victoria
sobre la tentación.

BUSQUE SU ENTENDIMIENTO

Confía en el Señor con todo tu corazón,
no dependas de tu propio entendimiento.
PROVERBIOS 3.5, NTV

Usted tal vez quiera examinar su situación: darle vueltas mentalmente al asunto repetidas veces y analizarlo hasta que pueda imaginarse qué está sucediendo. Al hacerlo así, trata de tomar el control, manteniendo un falso sentido de seguridad que puede ser socavado dolorosamente cuando las circunstancias no marchan como usted espera.

No caiga en esta trampa. La orden de Dios es clara: *confíe en Él y no se apoye en su propio entendimiento.* Usted no ve el panorama por completo, pero Él sí. En lugar de eso, cuando todo parezca contradecir lo que el Padre le ha prometido, recuerde que la noción que usted tiene de la situación es limitada y que su obediencia a Dios es más crucial que nunca. Aunque todo en usted pueda luchar contra eso, manténgase puro, sumiso, amoroso, fiel, demostrando dominio propio, perdonando y, sobre todo, exhiba fe en el carácter inmaculado de Dios.

No permita que su perspectiva defectuosa lo impulse. En lugar de eso, humíllese bajo la poderosa mano de Dios para que Él le exalte cuando fuere tiempo (1 Pedro 5.6). Búsquele, y muy pronto verá toda la obra gloriosa que Él está haciendo a su favor (Isaías 64.4).

Señor, mi vida está en tus manos. ¡Tú eres soberano!
Gracias por dirigir perfectamente mi senda. Amén.

En su presencia... confíe
humildemente en su liderazgo.

MAYO

¿QUÉ ESTÁ PIDIENDO?

«¡Cuánto más su Padre que está en el cielo dará
cosas buenas a quienes se las pidan!»
MATEO 7.11, DHH

Tal vez se ha preguntado: *¿Cómo puedo estar seguro de que estoy pidiéndole a Dios la cosa correcta? ¿Cómo puedo saber que mi petición está en línea con su voluntad?* Tales pensamientos pueden estarle causando una ansiedad innecesaria.

Primero, dese cuenta de que el Espíritu Santo mora en usted y «produce así el querer como el hacer, por su buena voluntad» (Filipenses 2.13). Él no solo le ayuda a orar, sino también *qué* pedir en oración para mantenerse en la senda de Dios para su vida (Romanos 8.26–27).

Segundo, Dios *quiere* que usted conozca su voluntad. En realidad, incluso está más motivado que usted para que se cumpla. Así que cuando lo busca fielmente, ni siquiera tiene que preocuparse por perdérsela (Salmos 25.12).

Amigo, si está pidiendo algo que en última instancia le hará daño, su Padre celestial le hará cambiar de opinión. Puede que lleve tiempo, pero Él quiere absolutamente lo mejor para usted. Así que no se preocupe por si está pidiendo la cosa correcta. Más bien, sea sensible a la dirección de Dios y confíe en que Él le guiará a sus dádivas buenas y perfectas.

Padre, confío en que tú me guiarás en tu perfecta voluntad.
Gracias por amarme, protegerme y proveer para mí. Amén.

En su presencia... ore sin temor.

CONOZCA A DIOS

Dedíquense de todo corazón y con toda su
alma a buscar al SEÑOR su Dios.
1 CRÓNICAS 22.19, PDT

Nunca subestime lo significativo que es usted para Dios o lo importante que Él quiere ser para usted. Usted fue creado para conocerlo, para tener comunión con Él y representarle ante los demás.

Tristemente, mientras solo conozca hechos sobre el Señor en lugar de tener una verdadera experiencia con Él, le será difícil captar por completo cuán profundamente él le ama y los planes maravillosos que tiene para usted. También sentirá un vacío persistente en su vida que nada puede llenar.

Así que, considere: ¿está usted tan solo buscando información sobre el Padre, o en realidad intenta conocerle en verdad? ¿Está buscando a Dios para recibir una bendición, o su interés está en la comunión íntima con su Creador?

El Padre quiere que su entendimieno acerca de Él vaya más allá de lo que Él puede hacer por usted; desea que tenga una experiencia de su presencia eterna, todo suficiente y llena de amor. Él quiere satisfacer las partes más profundas de su ser y sanar las heridas de su corazón. Así que ríndase a Dios con una confianza íntima y completa. Ábrase a Él, sin ocultarle nada, y descubra a aquel a quien su alma verdaderamente desea.

Señor, quiero conocerte. Atráeme a tu presencia
de amor y revélate a mí. Amén.

En su presencia... conózcalo.

UNA PERSPECTIVA FRESCA

Porque contigo está el manantial de la vida;
En tu luz veremos la luz.
SALMOS 36.9

Cuando usted medita en el Señor, ve la vida desde una perspectiva diferente. Las cuestiones que le preocupan dejan de acosarlo y Dios convierte fortalezas las cargas que le debilitan. Sus puntos de vista acerca de las relaciones personales, las tareas, los problemas, sus enemigos e incluso su propia persona cambian debido a que usted aprende a verlo todo con la sabiduría del Padre.

Por supuesto, al acercarse al trono de la gracia, sus niveles de frustración pueden ser altos. Sin embargo, las presiones se disiparán a medida que se sienta en quietud delante de Dios, quien realiza todas las cosas para usted. Después de todo, se encuentra cara a cara con aquel que es totalmente capaz de ayudarle con lo que sea que le preocupe. ¿Por qué tener miedo? No hay nada que pueda derrotar a su Dios, quien le protege, provee y libra de todo peligro.

La verdadera meditación bíblica transformará su espíritu, sus emociones e incluso su cuerpo físico. Así que dedique hoy un tiempo a enfocar su atención en Dios. Con certeza Él le proveerá una perspectiva fresca para su vida y reposo en paz para su alma, a pesar de las dificultades del día.

Padre, recuérdame siempre buscarte sea cuál sea la carga para que
pueda tener tu perspectiva y descansar en tu cuidado. Amén.

En su presencia... busque su perspectiva
en todo lo que le preocupa.

OBEDEZCA A DIOS

«Obedézcanme, y yo seré su Dios, y ustedes serán mi
pueblo. ¡Hagan todo lo que les diga y les irá bien!».
JEREMÍAS 7.23, NTV

Hoy, sin importar con lo que se enfrente, *obedezca a Dios y déjele a*
Él las consecuencias. Tal vez haya una decisión que inmediatamente
aflore a su mente. Sin importar cuán difícil o imposible parezca la
senda que el Señor le llama a seguir, haga lo que Él dice.

Si hay conflicto, sea un pacificador sabio y humilde (2 Timoteo 2.24–26). Si surge la ansiedad, confíe en el Padre (Isaías 41.10).
Si alguien le ofende, sea perdonador (Efesios 4.32) y confíe en que
Dios le vindicará (Isaías 54.17). Si otros están sufriendo, sea un consolador (2 Corintios 1.3–4). Si una persona que encuentra se siente
agobiada por el pecado, proclame el evangelio (Juan 3.16).

Si necesita dirección, ore (Salmos 32.8). Si las tentaciones le
atacan, huya (1 Corintios 10.13). Y en toda tarea que se le dé, hágalo «de corazón, como para el Señor y no para los hombres» (Colosenses 3.23).

Usted simplemente no puede hacer algo malo cuando obedece
a Dios. Así que confíe en Dios incluso si es difícil. Y no tenga duda
alguna de que Él bendecirá su fidelidad.

Señor, te obedeceré. Muéstrame qué hacer y dame el valor
y la sabiduría para llevar a cabo tu voluntad. Amén.

En su presencia... sométase
a su sabiduría.

SIEMPRE CONTIGO

«Y tengan por seguro esto: que estoy con ustedes
siempre, hasta el fin de los tiempos».

MATEO 28.20, NTV

¿Se percata de la presencia de Dios con usted, incluso en este momento? Esta es una realidad que a veces no se puede percibir con las emociones. Ciertamente, si usted está sufriendo o enfrentando una gran cantidad de estrés, el Padre puede parecer distante en verdad. No obstante, si es un creyente, Él le ha dado su Espíritu Santo para que more en su interior, así que Él *siempre* está con usted (Efesios 1.13–14). Ese es un hecho absoluto: *usted nunca puede estar fuera de la presencia de Dios.*

Permita que esto le dé confianza hoy. El Dios Todopoderoso, su sabio Creador y Señor lleno de amor, no le deja para que libre sus batallas o se imagine las cosas por cuenta propia. Su fuerza perfecta, su conocimiento ilimitado y su amor indeclinable le sostienen siempre, incluso cuando usted no percibe su presencia.

Así que busque la intervención de Dios, pregúntele qué es lo que le está enseñando, sea sensible a sus acicates y reconozca sus bendiciones. Manténgase alerta a su actividad en su vida. Porque cuando vea cuán dinámicamente Él está obrando a su favor, se asombrará al notar cuán profundamente asombroso es su amor y provisión para usted en verdad.

Señor, hazme sensible a tu presencia. Gracias por abrir
mis ojos espirituales a tu amor y actividad. Amén.

En su presencia... reconozca
su provisión.

ESPERE CON ESPERANZA

Nosotros ponemos nuestra esperanza en el SEÑOR;
él es nuestra ayuda y nuestro escudo.

SALMOS 33.20, NTV

Puede dar la impresión de que las cosas jamás cambiarán. Sus retos persisten —tal vez por un período prolongado de tiempo— y parece que todas sus oraciones hallan las puertas cerradas. Como David, usted clama: «¿Hasta cuándo, Jehová? ¿Me olvidarás para siempre?» (Salmos 13.1).

Sin embargo, anímese. Sus momentos oscuros durarán solo el tiempo que Dios considere necesario para realizar sus buenos propósitos. Y su Padre celestial está bien consciente de sus límites.

Usted *puede* soportar. Usted *vencerá* esto. ¿Cómo? Acudiendo a menudo al Salvador, en oración y por medio de su Palabra. Cada vez que se sienta débil, acuda al trono de la gracia y halle la fortaleza que necesita, aunque sea cada dos minutos. Él le sostendrá. Él *quiere* mostrarle sus caminos, desarrollar su carácter en usted y que su fe crezca. Simplemente, descanse en Él.

No se dé por vencido, este dolor terminará. Usted *prevalecerá* sobre esta dificultad y sus circunstancias cambiarán. Busque sostén en Dios a medida que Él realiza sus buenos propósitos.

Señor, esperaré en ti. Gracias por sostenerme y enseñarme
tus caminos durante este tiempo oscuro. Amén.

En su presencia... espere con
expectativa su liberación.

ANCLADO

«Mi palabra... no volverá a mí vacía, sino que... será
prosperada en aquello para que la envié».

ISAÍAS 55.11

Afírmese en la Palabra de Dios. Sin que importe cuáles tormentas surjan, la verdad de Dios siempre permanece firme y prevalece. Toda forma de seguridad terrenal puede desilusionarlo, pero no las Escrituras. Ellas no *pueden* hacerlo. Estando respaldadas por el asombroso poder de Dios Todopoderoso, sus promesas se cumplen por completo y obtienen la victoria absoluta (1 Reyes 8.56).

Sin embargo, este es el verdadero reto: creer en las Escrituras cuando todo lo demás parece contradecirlas. Esto es lo que Pedro enfrentó cuando anduvo sobre el mar azotado por el viento para ir a Jesús (Mateo 14.25–33). Aunque Jesús lo llamó, Él se distrajo por la tormenta y empezó a hundirse en las olas embravecidas. Sin embargo, la fe genuina considera la Palabra de Dios como siendo incluso más confiable de lo que cualquier otra cosa pudiera parecer, por más real que pudiera presentarse.

De manera similar, al aferrarse a las promesas de Dios durante las tempestades, a la larga se presentará una crisis de fe en la que usted deberá aceptar lo que Dios dijo y ponerlo en práctica, o hundirse de nuevo en un estado de impotencia. Mantenga sus ojos fijos en el Salvador y su corazón anclado en las Escrituras. La Palabra de Dios no falla, ni tampoco usted fracasará cuando confía en Él.

Jesús, ayúdame a aferrarme a tu Palabra durante la
tormenta, creyendo en ti por sobre todo lo demás. Amén.

En su presencia... confíe en su Palabra.

ATIÉNDALO

«Pero cuando venga el Espíritu de verdad,
él os guiará a toda la verdad».

JUAN 16.13

Cuando ora con respecto a cierto asunto, ¿le vienen a la mente emociones o fracasos en particular? Si es así, el Espíritu Santo puede estar haciendo que afloren para que atienda a ellos.

Por ejemplo, si trata de orar por una persona, pero más bien empieza a destrozar mentalmente al individuo, es probable que el Padre esté revelándole su envidia o falta de perdón. Llévele al Señor sus sentimientos de enojo y envidia.

O tal vez al interceder por otro de repente le asaltan pensamientos de lujuria. Dios no lo está tentando, sino revelándole el pecado oculto en su corazón a fin de que pueda arrepentirse.

Puede ser incluso que al estar orando acerca de un reto, el Padre repetidas veces le recuerda un incidente de su niñez. No es una equivocación, sino que está revelándole una verdad. No lo ignore, más bien pregúntele qué significa.

El Señor desea sanarle hasta lo más íntimo de su ser, incluso en los lugares que ha olvidado que existen. Así que escúchelo y ocúpese de cualquier cosa que aflore, confiando en que Él le está llevando a la libertad.

Señor, me arrepiento de mis pecados ocultos. Gracias por hacer que tales asuntos afloren y librarme de ellos. Amén.

En su presencia... permítale
que lo haga libre.

ESTÉ DISPONIBLE

«El que en mí cree, las obras que yo hago, él las
hará también; y aun mayores hará».
JUAN 14.12

Cuando se sienta inútil, recuerde que Dios tiene un propósito importante para su vida. Por supuesto, usted puede verse tentado a enfocarse en las razones por las cuales el Señor lo pasaría por alto, tales como sus fracasos o sentimientos de ineptitud. Sin embargo, esto simplemente muestra que usted está mirando en la dirección errada: a sí mismo en lugar de al Señor (2 Corintios 4.7).

Recuérdelo, usted tiene el Espíritu del Dios viviente obrando activamente por medio de su vida. Usted es un testimonio vivo de su asombroso poder, sabiduría y salvación, ya sea que lo sienta así o no. La verdad es que *toda persona* con la que se encuentra a diario necesita el amor y la esperanza que Jesús ofrece. Usted puede ser una bendición simplemente escuchándoles o recordándoles la perfecta gracia y la provisión del Salvador.

Así que la pregunta no es: «¿*Puede* Dios usarle?». Más bien es: «¿*Le permitirá* que Él atienda a otros por medio de usted? ¿Les mostrará usted a las personas el asombroso e incondicional amor sacrificado de Jesús?». Su parte es sencilla: simplemente estar disponible para que Dios lleve a cabo sus grandes obras por su intermedio. Él con certeza hará el resto.

Señor, úsame para llevar a otros a ti. Ayúdame a proclamar tu
salvación e inspirar a otros para que te amen más. Amén.

En su presencia... permítale que Él
ame a otros por medio de usted.

DIGNO DE SU ALABANZA

Invoco al SEÑOR, que es digno de ser alabado.
SALMOS 18.3, LBLA

Con seguridad pueden haber ocasiones en que usted encuentre difícil alabar a Dios. Los conflictos y las cargas pueden agobiar tan pesadamente su corazón que la preocupación y la desesperanza le consuman.

Sin embargo, incluso durante los tiempos de adversidad, su Salvador es digno de su adoración. Jesús no solo le ha dado vida eterna (Juan 3.16) y conquistado todo reto que usted enfrenta (Juan 16.33), sino que además le ama con amor eterno (Jeremías 31.3) y nunca le abandonará (Hebreos 13.5).

Es debido a esta misma razón que usted debe dedicar tiempo a conocerlo. Porque cuando medita en su Palabra, describe y descubre quién es Él realmente: el Dios maravilloso, santo, omnipotente, sabio y misericordioso. Y mientras mejor conozca a su amoroso Salvador, más querrá exaltarlo por quién es Él y lo que ha hecho por usted.

Por lo tanto, ¿qué le impide alabar a Dios? ¿Le parecen abrumadoras sus circunstancias? Entonces dedique un momento a quedarse quieto delante de Él. Piense en Jesús, su amor incondicional, su amistad indeclinable y sus maravillosos planes para su vida. Concéntrese en Él. Muy pronto la alabanza ciertamente fluirá.

¡Jesús, con certeza eres digno de mi alabanza y adoración!
¡A ti sea toda la gloria y el honor! Amén.

❈

En su presencia... alabe su nombre.

GANE LA GUERRA

Nuestra lucha no es contra sangre y carne, sino...
contra las huestes espirituales de maldad.

EFESIOS 6.12, LBLA

¿Alguna vez siente como si estuviera librando una guerra? Tal vez hay situaciones que estallan sin causa, impulsando la división, el conflicto y el estrés innecesarios. Algunas tareas sencillas se vuelven complicadas. La mala comunicación abunda. Las tentaciones y frustraciones aumentan. Mientras tanto, usted se ve bombardeado por pensamientos terribles de derrota e inutilidad.

Usted se encuentra en una batalla espiritual y su enemigo está tratando de socavar su fe e impedir su progreso. Satanás no puede destruir su alma, pero sí puede destruir su eficacia, edificando en su vida fortalezas que influyan en sus pensamientos y acciones, esclavizándole a la larga al pecado. De ese modo, le hace ineficaz para el reino de Dios. No caiga en su trampa.

En lugar de eso, derrote al enemigo declarando su confianza en Dios. Permita que el Señor identifique las fortalezas y le libre de ellas. Recuerde quién es usted en Cristo. El Señor es mayor que cualquier arma que el enemigo puede lanzar en su contra. Así que comprométase con Dios de todo corazón y permítale que le defienda.

Padre, abre mis ojos a las fortalezas y tácticas del enemigo.
Gracias por tu protección y liberación. Amén.

**En su presencia... está la
victoria suprema.**

Perdone

Perdonen a todo el que los ofenda. Recuerden que el Señor los
perdonó a ustedes, así que ustedes deben perdonar a otros.
Colosenses 3.13, ntv

¿Quién es la persona a quien usted necesita perdonar? Incluso en estos momentos, el Espíritu Santo trae a su mente a esa persona, ya que quiere librarle de su amargura. Tal vez incluso le recuerde a individuos que usted pensaba que ya había perdonado y le impulse a examinar su corazón. Escúchele, pues Él sabe cuándo es necesaria más sanidad.

De manera similar, quizás se vea tentado a dejar de leer debido a que enfrentar el enojo no resuelto resulta doloroso. Pero dese cuenta de que la falta de perdón puede dañar su salud, trastornar su paz, estorbar su gozo y dañar sus relaciones personales. La amargura le impide disfrutar de la vida abundante para la que Dios le creó. Y mientras usted se niegue a perdonar al ofensor, está permitiéndole que le controle.

Por eso, no permita que el resentimiento lo tenga encarcelado. Entréguele al Señor su ira y confíe en que él le sanará. El Padre sabe lo que sucedió y Él juzga la situación con sabiduría y rectitud. Así que abandone el dolor, perdone, y confíe en que Dios le vindicará. Luego permítale que sane su corazón como solo Él puede hacerlo.

Señor, por favor, ayúdame a perdonar. Sáname de mi
amargura y muéstrame cómo vivir en tu libertad. Amén.

En su presencia... perdone a
aquellos que le han hecho daño.

Sea paciente

Mantengamos firme y sin fluctuar la esperanza que
profesamos, porque fiel es el que prometió.
Hebreos 10.23, rvc

No se precipite en adelantarse a los propósitos de Dios. Sea paciente. Espere a que Él le muestre su senda y provisión.

Si usted ha esperado largo tiempo para ver que el deseo de su corazón se cumpla, esto puede ser extremadamente difícil. Lo fue para Abraham y Sara. Después de esperar un hijo por muchos años, la fe de Sara falló y decidió tomar el asunto en sus propias manos. Así que le ofreció a Abraham su criada Agar como sustituta.

Sin embargo, resultó una trastada colosal que tuvo consecuencias destructivas inimaginables. Usted puede ver en el Medio Oriente cómo los descendientes del hijo de Agar, Ismael, y del hijo de Sara, Isaac, continúan peleando hasta el día de hoy (Génesis 16—17, 21).

No cometa el mismo error. No se precipite adelantándose al tiempo del Señor. La paciencia es un fruto del Espíritu Santo, restringiéndole y permitiéndole que persevere hasta que el Padre cumpla en usted sus buenos propósitos. Él le ayudará a resistir si acude a Él. Sí, es difícil, pero vale absolutamente la pena. Así que espere y disfrute de la plenitud de su bendición.

Señor, es difícil esperar. Fortaléceme con tu Espíritu
y mantenme enfocado en ti. Amén.

En su presencia... confíe en su tiempo.

PRIMER ENFOQUE

«Busquen primeramente el reino de Dios y su justicia,
y todas estas cosas les serán añadidas».
MATEO 6.33, RVC

¿Qué es lo que usted desea por encima de cualquier otra cosa? ¿Es Dios el enfoque de su vida o acaso otras personas y sueños han tomado el lugar de Dios en su corazón?

Sepa que nada puede satisfacerle como Dios. Así que, si está batallando con sentimientos de duda, enojo, celos, temor, desesperanza o amargura, puede ser porque ha permitido que un objetivo o una relación personal se convierta en un ídolo en su vida. En realidad, Isaías 26.3 promete: «Tú guardarás en completa paz a aquel cuyo pensamiento en ti persevera; porque en ti ha confiado». De modo que cuando a usted le falta la paz de Dios, eso evidencia que su enfoque está mal colocado.

Por esto, en su tiempo de oración pida a Dios que le revele cualquier cosa que está impidiéndole experimentar su amor. Esté dispuesto a abandonar lo que sea que esté ocupando el lugar de Dios en su vida y pídale que aliente su deseo de Él, porque cuando usted busque primero a Dios, las bendiciones vendrán. Y no solo Él se le revelará, sino también le usará a usted como bendición para otros.

Señor, revélame cualquier cosa que haya tomado tu lugar en mi vida. Ocupa el trono de mi corazón y sé mi primer enfoque. Amén.

En su presencia... reconózcalo
como su vida.

ÉXITO

El mundo pasa, y sus deseos; pero el que hace la
voluntad de Dios permanece para siempre.

1 JUAN 2.17

Hoy, recuerde que la definición de Dios del éxito puede ser diferente a los estándares por los cuales se mide usted mismo. Tal vez le hayan enseñado desde muy temprano que el poder, la riqueza, la fama, la posición, la belleza y el conocimiento determinan el valor de una persona. Sin embargo, esta creencia es destructiva: inspira orgullo por las cosas que ha logrado y desesperanza en cuanto a los reveses y las desilusiones que haya experimentado. Esa no es una forma de vivir.

Sin embargo, el Padre no le evalúa de acuerdo a estos estándares defectuosos y temporales. Para Él usted era ya importante, digno de amor y valioso, incluso antes de haber nacido. Esto significa que el éxito no es cuestión de probarse a sí mismo, sino de honrarle a Él y llegar a ser todo aquello para lo cual Dios le creó.

Así que en lugar de perseguir lo que resulta fugaz e insatisfactorio para su autoestima, busque los propósitos eternos de Dios para su vida mediante una relación personal íntima con Él. Considere los retos como viniendo de su mano y glorifíquelo en ellos. Y recuerde que los reveses aquí en la tierra son meramente plataformas para alabar a Dios (2 Corintios 12.9–10). Por lo tanto, confíe en Dios y tenga la seguridad de que los que hacen su voluntad siempre triunfan.

Jesús, ayúdame a hacer tu voluntad en todo a fin de
que pueda glorificar tu santo nombre. Amén.

En su presencia... recuerde que
Él define el verdadero éxito.

DEMOSTRACIONES DE PODER

No tengan miedo. Solo quédense quietos y
observen cómo el SEÑOR los rescatará hoy.
ÉXODO 14.13, NTV

¿Está atravesando situaciones en las que se siente absolutamente desvalido para manejarlas por sí mismo? Tal vez se encuentre enfrentando retos vocacionales, físicos, en las relaciones personales o financieros, los cuales hacen que se sienta completamente desvalido y se pregunte: *Dios, ¿por qué has permitido esto?*

Sin dudas los hijos de Israel se sentían de esa manera al estar indefensos entre el ejército egipcio que avanzaba y el infranqueable Mar Rojo. Sin embargo, el Señor no los había abandonado. Estaba enseñándoles una lección que necesitarían repetidas veces al seguirlo: que la debilidad de ellos era simplemente el lugar para exhibir el profundo poder de Dios. Y al quedarse quietos observando, Dios dividió las poderosas aguas del mar y les permitió que pasaran por tierra seca.

Usted no tiene que sentirse temeroso o desvalido. El Señor le acompaña y abre el camino con su mano sabia y omnipotente. Dios ha permitido estas circunstancias con el propósito de demostrar que usted puede contar por completo con él. Así que no tema. Obedezca su dirección y confíe en que Él le librará.

Señor, estoy abrumado con estos retos, pero confiaré en ti.
Gracias por mostrarme tu poder y abrirme un camino. Amén.

En su presencia... alábelo
por su poder potente.

Libertad por su amor

Manténganse, pues, firmes en la libertad con que Cristo nos hizo libres, y no se sometan otra vez al yugo de la esclavitud.

GÁLATAS 5.1, RVC

Dios le ama incondicionalmente, y no le cuida menos cuando usted falla, ni más cuando logra grandes cosas para Él. La devoción de Dios hacia nosotros se basa en su carácter infalible, no en algo que podamos decir o hacer (Romanos 5.8).

Atesore esto en su corazón independientemente de cómo resulte su situación hoy. Si sus circunstancias marchan mal, tal vez se pregunte si Dios está castigándole. Sin embargo, recuerde que Jesús pagó todo el castigo por sus pecados —pasados, presentes y futuros— con su muerte (Romanos 6.23). El Padre le disciplinará para libertarlo de la esclavitud del pecado (Hebreos 12.5–11), pero nunca le condenará (Romanos 8.1).

No tiene que ganarse el amor de Dios ni esforzarse más. Usted es precioso a los ojos del Señor, cubierto por la invaluable sangre de Cristo, y en su interior mora el Espíritu Santo. No esconda su corazón ni tema que no sea lo suficiente bueno para que Él lo cuide. Acepte el amor de Dios, obedézcalo, y permita que le guarde en su maravillosa libertad.

Jesús, gracias por aceptarme por completo. Ayúdame a amarte con mi vida a mi vez. Amén.

❖

En su presencia... confíe en su amor.

El puerto deseado

Cambia la tempestad en sosiego...
Luego se alegran, porque se apaciguaron;
Y así los guía al puerto que deseaban.
Salmos 107.29–30

Los deseos y las metas que Dios ha puesto en su corazón pueden parecer extremadamente distantes. Sin embargo, su Padre celestial tiene la sabiduría y el poder necesarios para llevarle a su destino. Él conoce la manera mejor y más eficaz de conducirle por la senda que lo preparará perfectamente para lo que le espera por delante. No, tal vez no sea el camino que usted hubiera escogido por sí mismo, pero tenga la seguridad de que no hay plan más maravilloso o impactante para su vida que aquel que Dios ha creado para usted.

Algunos dejan de seguir a Dios porque tienen miedo de las tormentas de adversidad que surgen. Sin embargo, esas dificultades son necesarias para que el Padre llegue a los lugares más profundos de su alma y le desarrolle hasta alcanzar su pleno potencial. Él lo hace, no para hacerle daño, sino para hacerle madurar. No como una forma de limitarle, sino de mostrarle lo que es posible y prepararle para sus asombrosos propósitos.

Así que aférrese a Él y confíe en su dirección. Tenga la seguridad absoluta de que Él le llevará a su puerto deseado.

Señor, tú eres mi Comandante fiel, que siempre me diriges
perfectamente. Ayúdame a confiar más en ti. Amén.

**En su presencia... confíe
en su dirección.**

PACIENCIA OBEDIENTE

Guarda silencio ante el Señor, y espera en él...
No te alteres, que eso empeora las cosas.
SALMOS 37.7–8, RVC

Nunca es sabio conocer la voluntad de Dios y descartarla. Si el Padre ha insistido en que usted espere, el único curso sabio es aguardar con paciencia hasta que Él le muestre cómo proceder. Hacerlo de otra manera puede significar demorar sus bendiciones, o peor, perderlas por completo.

El rey Saúl descubrió esto por la vía difícil. Él sabía muy bien que el Señor había designado a Samuel para que hiciera los sacrificios. Sin embargo, con un enorme ejército filisteo dispuesto contra las escasas fuerzas israelitas, dejó que el miedo le ganara. El profeta no había llegado para ofrecer la ofrenda, sus hombres desertaban, los soldados enemigos estaban impacientándose, y Saúl sabía que no podía derrotar a los filisteos sin la ayuda de Dios. Así que desobedeció a Dios y ofreció él mismo el sacrificio. Por su impaciencia, el Señor quitó el reino de sus manos (1 Samuel 13.1–14).

No cometa el mismo error. No actúe guiado por el miedo. Cualquiera que sea la decisión, espere a Dios. Él le mostrará qué hacer y bendecirá su obediente paciencia.

Padre, esperaré por ti. Sé que tú me oyes y responderás
a mis oraciones en tu tiempo perfecto. Amén.

En su presencia... espere con
una expectativa paciente.

COSECHA ETERNA

Los que viven para agradar al Espíritu, del Espíritu,
cosecharán vida eterna. Así que no nos cansemos de hacer
el bien. A su debido tiempo, cosecharemos numerosas
bendiciones si no nos damos por vencidos.
GÁLATAS 6.8–9, NTV

Tal vez se pregunte usted si el tiempo que pasa en oración, leyendo la Palabra de Dios y esperando en la presencia del Señor ejerce algún impacto real. Amigo, lo hace absolutamente. Aunque quizás no se sienta más cerca de Dios, la práctica de estas disciplinas espirituales aumenta la influencia del Padre en su vida, en especial a medida que le obedece.

Sin embargo, como todo lo demás en la vida cristiana, confiar en el Padre le transforma «mediante la renovación de su mente» (Romanos 12.2, NVI) conforme lo busca en un acto de fe. Usted está sembrando semillas del Espíritu invisibles, que luego crecen hasta ser una cosecha asombrosa y eterna de amor, gozo, paz, paciencia, benignidad, bondad, mansedumbre, dominio propio y fe en su vida. A menudo no detecta que el fruto del Espíritu se muestra por medio de usted, pero otros sí lo notan. Y aman al Señor más debido a eso.

Así que no se desespere. Siga buscando a Dios y tenga la confianza de que el tiempo que pasa con Él rinde grandes recompensas eternas.

Señor, gracias por transformarme durante estos tiempos
de quietud. Que mi vida te glorifique siempre. Amén.

❧

En su presencia... confíe en que
Él está transformándole.

EL PROPÓSITO DEL QUEBRANTAMIENTO

Me probará, y saldré como oro.

JOB 23.10

Si usted sigue experimentando el mismo tipo de prueba repetidas veces, eso quiere decir que el Señor le está instruyendo. Muy probablemente usted tenga un patrón de pensamiento o conducta que resulta contrario a lo que es como hijo o hija de Dios, y el Señor debe hacer que eso salga a la superficie para sanarle. Para que usted sea hecho libre, el Señor se enfoca en aspectos del libre albedrío, actitudes destructivas y cualquier cosa en su vida que no le honre.

Anímese. Esto es doloroso por el momento, pero el Padre está libertándole de su autosuficiencia para que Él pueda demostrar su poder soberano y sabiduría por medio de usted. Desdichadamente, es solo mediante el quebrantamiento que usted verdaderamente dejará de depender de sus limitados recursos y empezará a descansar de todo corazón en el Señor.

Por lo tanto, ¿qué hay en su vida que el Señor continúa atendiendo? ¿Qué es lo que le impide confiar en Dios por completo?

Nuestro Dios es un Dios sabio, lleno de amor, y siempre obra para su beneficio máximo. Así que entréguele el control de todo aspecto de su vida y permítale que determine lo que puede subsistir en ella y lo que usted debe dejar.

Padre, no quiero seguir atravesando estas pruebas. Por favor, enséñame y ayúdame a descansar de todo corazón en ti. Amén.

**En su presencia... aprenda
de su quebrantamiento.**

CONVENCIDO ABSOLUTAMENTE

*Yo sé a quién he creído, y estoy seguro que es poderoso
para guardar mi depósito para aquel día.*

2 TIMOTEO 1.12

Confíe en Dios. Crea con cada fibra de su ser que él cumplirá fielmente sus promesas. No se limite a decir: «*Espero* que el Señor acuda en mi auxilio». No se detenga declarando: «Sé que Él *puede* obrarlo todo». Exhiba el nivel más alto de fe al proclamar: «Tengo la certeza *absoluta* de que mi Padre celestial me ayudará. Esto ya es un hecho».

Con una confianza tan profunda en el Señor, no tiene que afanarse. Usted se da cuenta de que puede resistir pase lo que pase debido a quién es Él: su Dios fiel que puede hacer todas las cosas a su favor. ¡Absolutamente nada es imposible para el Señor!

Tal vez se pregunte: *Pero, ¿qué tal si no le entiendo correctamente?* Entonces el Padre con gentileza le corregirá. Él quiere que usted conozca y haga su voluntad, así que no le esconderá sus caminos.

De modo que agradézcale al Señor por responder a sus oraciones y confíe en Él por completo. Sin duda alguna, Él *cumplirá* sus promesas y le cuidará, sin importar lo que suceda.

*Señor, estoy absolutamente seguro de que tú me
ayudarás. ¡Sin ninguna duda, tus promesas son
tanto buenas como ya cumplidas! Amén.*

**En su presencia... crea
en Él por completo.**

Una vida digna

Vivan como es digno del Señor.
Colosenses 1.10, RVC

Usted no debe dudar de su valor como persona. Su vida es importante. El Padre le creó con amor y sabiduría para un propósito. Y debido a que su Espíritu mora en usted, lo que usted dice y hace puede ejercer una influencia enorme en otros. La pregunta es: ¿está dispuesto a vivir de una manera que exalte a Dios?

Ya sea que se dé cuenta o no, su relación con Dios puede motivar a otros a buscar al Señor. Si quienes le conocen a usted pueden ver cuán profundamente Dios le ama, consuela y fortalece, ellos también querrán conocerlo (2 Corintios 4.5–7).

Así que pregúntese a sí mismo: cuando otros le observan al enfrentar las pruebas, ¿presencian ellos su fe en la sabiduría y la provisión del Salvador? ¿Pueden decir que su relación con Dios no es solo de palabras, sino una parte muy real de su vida? ¿Pueden observar la poderosa actividad de Dios a través de la forma en que usted vive a diario?

Siga al Padre obedientemente en fe y demuestre su amor a Cristo a toda persona que encuentra. Él obrará por medio de usted y todos verán lo precioso que verdaderamente es el Salvador en su vida.

Señor, ayúdame a vivir una vida digna de ti. Que otros te conozcan cuando doy testimonio de tu carácter lleno de amor. Amén.

**En su presencia... refleje
su carácter y amor.**

ESCOJA SU PAZ

«La paz os dejo, mi paz os doy; yo no os la doy como el mundo la da. No se turbe vuestro corazón, ni tenga miedo».

JUAN 14.27

Si usted se concentra en lo que puede lograr en lugar de en el poder de Dios, su vida se caracterizará por la derrota y la frustración, en lugar de por la victoria, la paz y el gozo. Tal vez se sienta desalentado en este momento. Tal vez se haya sentido desilusionado por circunstancias que no puede manejar y sueños postergados. Sin embargo, esto es un indicador seguro de que usted está apoyándose en el cimiento errado para su esperanza y seguridad.

Hay solo una fuente de paz verdadera, y es el Señor Dios Todopoderoso, que sustenta el universo entero. La tranquilidad del alma que el Señor da no depende de las circunstancias, sino de su relación personal con Él y su fe en su poder, sabiduría y amor perfectos.

Así que, hoy y todos los días, usted tiene una alternativa. Puede concentrarse en sus limitados recursos y circunstancias negativas, o puede escoger confiar en Dios. Ríndase en cada momento al Señor porque al enfocar su mirada en el Padre podrá enfrentar todos los días con la paz indescriptible que Él da.

Señor Dios, escojo enfocarme en tu sabiduría, poder y amor en lugar de en mis circunstancias. Gracias por ser mi paz. Amén.

En su presencia... halle paz verdadera.

OIGA CORRECTAMENTE

«Por tanto, mi pueblo sabrá mi nombre por esta causa en aquel día; porque yo mismo que hablo, he aquí estaré presente».

ISAÍAS 52.6

A veces la cuestión persistente que continúa acosando su alma es: *¿cómo puedo saber con seguridad que he oído correctamente a Dios?* Usted puede confiar en que el Padre le mostrará su voluntad. Así que durante la oración y el tiempo que pasa en la Palabra de Dios, haga las siguientes preguntas:

Señor, ¿es consistente con las Escrituras lo que he oído? Por favor, muéstrame tu voluntad con claridad por medio de tu Palabra.

Jesús, ¿encaja esto en tu plan general para mi vida?

Dios, ¿es una paz genuina esta que tengo en mi espíritu o estoy pasando por alto algo que tú deseas mostrarme?

Padre, ¿estoy honrándote, obedeciéndote y glorificándote al perseguir esto?

Si el asunto causa división entre usted y el Salvador, ya sabe que no es su voluntad. Así que continúe escuchando al Señor con cuidado y no ignore sus acicates. No permita que la duda, el temor o el pecado le impidan obedecerle. En lugar de eso, continúe buscando su rostro hasta que tenga la confianza absoluta de que ha oído su voz.

Padre, guíame con claridad, poderosa e irresistiblemente a hacer tu voluntad. Por favor, ayúdame a complacerte con mi vida. Amén.

En su presencia... escuche cuidadosamente.

AL FONDO

Y me hizo sacar del pozo de la desesperación...
Puso mis pies sobre peña.
SALMOS 40.2

No es el fin. Dios sabe exactamente lo que está haciendo. A veces el Señor le permitirá que llegue al fondo a fin de separarlo de dependencias destructivas. Es solo cuando Él elimina todo aquello en lo que por lo general usted se apoya, que usted descubre por fin que la única seguridad real está en Jesús.

Este fue el caso para el pueblo de Judá. Su tierra, herencia e historia eran el cimiento de su identidad nacional. Sin embargo, cuando el ejército invasor los deportó a Babilonia y se vieron separados de todo lo que conocían, se dieron cuenta de que su verdadera seguridad estaba solo en Dios. Y una vez que se arrepintieron y el tiempo llegó, el Señor fielmente los llevó de regreso a la tierra que les había prometido.

De manera similar, el Padre quiere hacerle libre de la servidumbre que usted demuestra con respecto a este mundo. Así que, cuando los problemas vengan, recuerde que el curso más inteligente de acción es volverse a Dios. Él tiene en mente lo que es mejor para usted, así que alábelo y confíe en que está usando exactamente lo que se necesita para liberarle y plantar sus pies en terreno sólido.

Señor, tú eres mi protector y proveedor, mi único refugio
genuino. Gracias por salvaguardarme. Amén.

En su presencia... descubra
la verdadera seguridad.

RESTAURE SU PASIÓN

*Dios no nos ha dado un espíritu de timidez, sino
de poder, de amor y de dominio propio.*

2 TIMOTEO 1.7, NVI

Con suficiente presión y desilusiones, la pasión que usted siente por Dios puede disminuir. El apóstol Pablo entendió que Timoteo se hallaba en ese peligro. La persecución contra los creyentes era rampante y los maestros falsos estaban infiltrándose en la iglesia de Timoteo, causando una división terrible. Bajo tal estrés, cualquiera puede cansarse, desanimarse, volverse descreído e incluso cuestionar si los esfuerzos por servir al Señor han sido en vano.

No obstante, Pablo le enseñó a Timoteo cómo mantenerse fuerte, y usted también puede beneficiarse de su consejo (2 Timoteo 1.3–14). ¿Cómo? Primero, reconozca que está atravesando dificultades. Segundo, haga lo que hacía cuando en realidad se sentía apasionado por Dios: estudie su Palabra, alabe al Señor, ejerza sus dones y tenga comunión con creyentes que le animen. Tercero, arrepiéntase de cualquier pecado, admitiendo que necesita a Dios y quiere vivir de una manera que lo honre.

Como Timoteo, avive su pasión por Dios y eche mano del Espíritu de amor, poder y disciplina que se le ha dado. Él no solo restaurará su fuego espiritual, sino que le convertirá en una luz brillante para un mundo que desesperadamente necesita a Dios.

*Señor, te amo. Por favor, restáurame el gozo de tu
salvación y mi pasión por tu presencia. Amén.*

❦

En su presencia... recupere su pasión.

CONFÍE EN EL SILENCIO

«Si crees, verás la gloria de Dios».
JUAN 11.40

Cuando busca desesperadamente ayuda y dirección, el silencio de Dios puede parecerle descorazonador. Se pregunta si Él le habrá olvidado, o si en realidad usted le importa.

Seguramente, mientras Marta y María esperaban que su querido amigo Jesús respondiera a sus ruegos, se sentían cada vez más desesperadas. Su hermano, Lázaro, estaba muriéndose y sabían que Jesús fácilmente podía sanarlo. Si Jesús respondía a tiempo, seguro Lázaro estaría bien. No obstante, Jesús se demoró. Y Lázaro murió.

Sin embargo, no piense que la demora fue porque Jesús no los amaba. Los amaba. Pero cuando finalmente llegó, Él usó la oportunidad para glorificar al Padre y profundizar la fe de ellos al resucitar a Lázaro de entre los muertos (Juan 11.1–45).

De manera similar, el silencio de Dios con usted no es para descorazonarlo, sino para llevarlo a un nuevo nivel de intimidad con Él. Así que no se desespere ni peque. Siga buscándolo apasionadamente, sabiendo que Él le responderá y recompensará su intenso deseo de buscar su voluntad con una revelación mayor de su carácter que la que usted había conocido hasta entonces.

Jesús, confiaré aunque guardes silencio. Quiero tu voluntad más que cualquier otra cosa. Amén.

En su presencia... crea que Él le responderá poderosamente.

Dominio propio en la meditación

Golpeo mi cuerpo y lo someto a servidumbre, no sea que después de haber predicado a otros yo mismo quede eliminado.

1 Corintios 9.27, RVC

El dominio propio es una disciplina necesaria en la meditación. Hay demasiadas cosas que compiten por su atención, y puede ser difícil mantener su enfoque en Dios. Sin embargo, procure hacerlo de todas maneras. Cuando mantener su atención en Él es un problema, acuda al libro de Salmos y pídale a Dios que obre por medio de su Palabra para dirigir su mente. Ore: «Padre, sumérgeme en estos salmos y revélate a mí a través de ellos».

Lea las Escrituras hasta que Dios le hable. No se desaliente si lleva un tiempo. En su momento, Dios dirigirá su mente a su voluntad y sus caminos. Piense en Él. Piérdase en su amor y grandeza. Y cuando le muestre su verdad, anótela por escrito.

Amigo, no hay nada mejor, nada más productivo o que recompense más que alinear su mente con el Padre y meditar en los grandes pensamientos del Dios Todopoderoso.

Así que haga este compromiso y, de manera deliberada, dé pasos cada día para controlar su mente y enfocar su atención en el Señor. Con certeza, Él le hablará poderosamente.

Padre, ayúdame a controlar mis pensamientos y a enfocar mi atención en ti. Me deleito en tu presencia. Amén.

En su presencia... ejerza el dominio propio y enfóquese en Él.

Siempre agradecido

Daré gracias al Señor con todo mi corazón.
SALMOS 9.1, NBLH

Si desea tener un gozo profundo y duradero, es importante que cultive una actitud de agradecimiento. Debe decidir ver lo bueno en cada situación y escoger ser agradecido independientemente de lo que salga mal.

Así que empiece ahora mismo contando sus bendiciones. Piense en lo que le costó a Jesús tener una relación personal con usted. Sea agradecido por el asombroso perdón que le ha sido dado, al eximirlo de sus pecados pasados, presentes y futuros.

Medite en su Dios maravilloso, que jamás le dejará ni le abandonará, sino que le ama, protege y provee siempre para usted. Considere al Espíritu Santo, su Abogado en todo lo que le concierne. Él le fortalece para que sirva con éxito y le da todo lo que necesita para la vida y la piedad.

Finalmente, considere los maravillosos planes que Dios tiene para usted y todos los seres queridos que le ha dado y con quienes comparte la vida.

Usted tiene mucho por lo que estar agradecido. No hay duda alguna de que el Señor merece su alabanza. Así que adore al Señor y dele gracias en toda situación, ya que usted es un hijo de Dios, y verdaderamente «apropiada es para los rectos la alabanza» (Salmos 33.1, NBLH).

¡Señor, estoy muy agradecido contigo! Gracias
por amarme y hacerme tuyo. Amén.

❧

En su presencia... dele
gracias y alábelo.

ENFOQUE DE ÁGUILA

Los que esperan a Jehová tendrán nuevas fuerzas;
levantarán alas como las águilas.

ISAÍAS 40.31

Buscar y obedecer a Dios puede ser difícil, especialmente en un mundo que a menudo es adverso a los creyentes. Así que, cuando usted está cansado de las batallas y simplemente quiere algo de paz, ¿qué hace? ¿Se da por vencido? ¿Hace concesiones? ¿O busca fortaleza en su Creador?

Las Escrituras son claras: si usted quiere remontarse a las alturas, debe apartar la vista de lo que están haciendo los demás y enfocarla en el Padre.

El águila es un ejemplo perfecto. Cuando divisan un pez, las águilas fijan sus ojos en su blanco con asombrosa intensidad. Independientemente de las corrientes del viento o el clima, descienden en picada con poder y precisión, y sus poderosas garras atrapan con éxito su presa.

En cierto sentido, esa es su meta como creyente: fijar su enfoque por completo en Dios. Él le da la fuerza, la precisión y la perseverancia para que usted continúe volando y reciba su recompensa (1 Corintios 9.27).

Así que cuando esté agobiado, recuerde poner sus ojos en el Padre. Con Él, la victoria siempre está a la vista.

Señor, espero en ti. Dame tu energía, fortaleza y enfoque
para que pueda continuar obedeciéndote. Amén.

**En su presencia... adquiera
fortaleza para perseverar.**

JUNIO

PARA EL SEÑOR

Y todo lo que hagáis, hacedlo de corazón, como
para el Señor y no para los hombres; sabiendo
que del Señor recibiréis la recompensa.

COLOSENSES 3.23–24

¿Está siendo llamado a hacer sacrificios que constituyen un reto? Habrá ocasiones en las que tal vez se requiera de usted asuma tareas o responsabilidades que son difíciles o considere «por debajo de su categoría», de modo que quizás se sienta tentado a albergar una actitud negativa. Sin embargo, no ceda. En estos mismos momentos no hay nada más victorioso que pueda hacer que realizar su mejor esfuerzo para el Señor.

Amigo, su marco mental en cuanto a lo que tiene que hacer resulta determinante, afectando directamente su tarea ahora, pero también impactando la eternidad. ¿Por qué? Porque un día usted comparecerá ante la presencia de Jesús y será juzgado por lo que ha hecho y cómo lo ha honrado en lo que Él le dio para que realice.

Mantenga esto presente en su día a día. Tal vez tenga muchas responsabilidades desagradables que atender, pero hágalas con gozo para Dios, sabiendo que Él recompensará su amorosa obediencia. Ese solo cambio de perspectiva producirá un impacto en su día, y también en la eternidad.

Señor, lo que sea que esté llamado a hacer, lo haré con gozo
y excelencia, sabiendo que te estoy sirviendo a ti. Amén.

En su presencia... haga todo
para la gloria de Dios.

DETÉNGASE, MIRE, ESCUCHE

En Dios solamente espera en silencio mi alma;
de Él viene mi salvación.

SALMOS 62.1, LBLA

Al crecer, recordaba a mi maestra de primer grado de primaria recordándonos repetidas veces que nos detuviéramos, miráramos y escucháramos antes de cruzar las vías férreas. Eso fue antes de que tuviéramos luces rojas intermitentes, campanas de advertencia y aquellos largos brazos que bajan e impiden la entrada a las vías del tren.

Por supuesto, su propósito con esta advertencia era nuestra seguridad. Sin embargo, con el correr de los años, a menudo he considerado la sabiduría de sus palabras. Sin duda alguna nuestro impulso a apurarnos, en lugar de evaluar por completo una situación, puede hacernos un daño terrible. Debemos tener cuidado, porque con cada año que pasa parece que la vida se acelera un poco más.

Así que, cuando esté apurado, considere: «¿Qué me estoy perdiendo al moverme con tanta prisa?». Al andar apurado por la vida, tal vez está dejando a un lado lo mejor de lo que Dios tiene para usted, como las bendiciones de su presencia, amistades santas y una familia fuerte, y peor que eso, no estará teniendo en cuenta la voluntad del Señor.

No cometa ese error. Deténgase a esperar en su presencia. Mire buscando su actividad y guía. Y escuche su dirección.

Señor, me detendré, miraré y escucharé tus
instrucciones. Gracias por mantenerme seguro y
guiarme en la vida a lo mejor de ella. Amén.

En su presencia... espere
que Él le dirija.

CÓMO REMONTAR MONTAÑAS

*Todo valle sea alzado, y bájese todo monte y
collado... Y se manifestará la gloria de Jehová.*

ISAÍAS 40.4–5

Cuando usted enfrenta una montaña en su vida, tiene dos opciones: dejarse abrumar o sentirse lleno de energía, porque sabe que su Salvador se le revelará de una manera profunda.

Por supuesto, su primer pensamiento tal vez sea: *Si en realidad estuviera caminando en la voluntad de Dios, no enfrentaría obstáculos, en especial tan enormes como este.* Sin embargo, eso no es así. Usted tiene un enemigo que se le opondrá cada vez que vea que el Señor está haciendo algo grande por medio de su vida. Puede hallarse en el centro del plan de Dios, haciendo exactamente lo que Él dice, y encontrar una montaña de oposición.

Sin embargo, no se enfoque en la montaña. Mire al Dios Todopoderoso que le ama y provee para usted. Él puede manejar con facilidad los problemas que tiene delante (Mateo 21.21). Y si usted responde correctamente, con fe, su relación personal con Dios se fortalecerá y el Señor será glorificado.

¡Así que no se dé por vencido! Mire a Dios y confíe en Él. Se asombrará al ver cómo Él aplana las montañas que tiene delante de usted.

*Señor, gracias por hacerte cargo de la montaña que tengo delante,
pues no es nada para ti. ¡Te alabo, mi Salvador! Amén.*

**En su presencia... observe la
liberación del Salvador.**

SU SALVACIÓN INEXPUGNABLE

Es por gracia generosa (favor divino inmerecido) que ustedes son salvados (librados del castigo y hechos partícipes de la salvación de Cristo) por la fe [de ustedes]. Y esta [salvación] no es de ustedes mismos [de su propia cosecha, no resultó de sus propios esfuerzos], sino que es dádiva de Dios.

EFESIOS 2.8, AMP, TRADUCCIÓN DEL INGLÉS

Recuerde esto hoy cuando dude de su relación personal con el Padre: el enemigo sabe que si puede convencerle de que su salvación es vulnerable, será capaz de hacerle sentir desalentado e ineficaz. Cualquier pensamiento o sentimiento que tenga de que Dios está enojado con usted o de que ya no le ama es una mentira del maligno. ¡No le haga caso!

Su salvación nunca se ha basado en su propia bondad o en cómo se sienta. Más bien, *siempre* se ha basado indefectiblemente en el sacrificio de Jesús en la cruz. Como hijo perdonado y amado del Dios viviente, su posición es innegable, inexpugnable y segura por toda la eternidad.

Amigo, no permita que el enemigo le desaliente. Afírmese en el hecho de su salvación y la perfecta provisión de su maravilloso Salvador.

Señor Jesús, gracias por ser mi Redentor, amarme incondicionalmente y salvarme de forma permanente. ¡Te alabo, mi todo suficiente e inexpugnable Salvador! Amén.

En su presencia... agradezca que su salvación está segura por toda la eternidad.

SU SUPREMO LLAMAMIENTO

Asegúrate de llevar a cabo el ministerio que el Señor te dio.
COLOSENSES 4.17, NTV

¿Siente usted que Dios debe constantemente aguijonearlo para que siga creciendo en su fe? ¿O tal vez ha progresado en su relación con Él, pero no hay mucho fruto y se pregunta qué está sucediendo?

Si es así, puede ser que el Señor le haya llamado a servirle de una manera específica, pero usted se haya negado a hacerlo. Es posible que no esté usando sus talentos para honrarle, o que esté ministrando en asuntos que le hagan sentir cómodo en lugar de realmente obedecer lo que Él le ha pedido que haga.

Tal vez usted tenga sus propias metas, pero recuerde algo: el propósito supremo y más maravilloso que puede abrazar es llevar a cabo fielmente aquello para lo que Dios en específico le creó (Efesios 2.10). Quienes siguen a Dios de esta manera encuentran adversidad, sí, pero también experimentan el poder del Espíritu Santo para obtener dirección, fe, esperanza y fortaleza al hacer la voluntad del Padre.

Eso es la vida en su mejor expresión. Así que no se conforme con algo menos. Asegúrese de llevar a cabo el ministerio que Dios le dio.

Señor, ¿en dónde quisieras que te sirva? Me creaste, ¿para hacer qué? Guíame. Te obedeceré y glorificaré. Amén.

**En su presencia... descubra todo
para lo que usted fue creado.**

DE TODO CORAZÓN

*«Me buscarán y me encontrarán, cuando
me busquen de todo corazón».*
JEREMÍAS 29.13, NVI

No se frustre ni se desaliente cuando parezca difícil buscar al Padre. Tal vez se pregunte por qué Dios simplemente no se da a conocer. Sin embargo, no se desespere, Él está entrenándole para que le halle. ¿Cómo lo hace?

Primero, Dios cultiva su confianza llevándolo más allá de su nivel de comodidad. Romanos 8.24–25 explica: «Porque en esa esperanza fuimos salvados. Pero la esperanza que se ve ya no es esperanza. ¿Quién espera lo que ya tiene? Pero, si esperamos lo que todavía no tenemos, en la espera mostramos nuestra constancia». Por eso el Padre permanece en silencio por un tiempo, para que usted persista en buscarlo y aumente su fe.

Segundo, el Señor le enseña a depender de Él en lugar de en algún apoyo terrenal. Él sostiene todo en el universo con su poder y quiere que usted se percate de ello. Para esto, Él le lleva a un punto en el que tendrá que descansar en Dios para todo, incluso en cuanto al tiempo y la manera por los cuales Él se le revela.

Por lo tanto, manténgase alerta y espere hasta escuchar a su Dios amoroso. Con certeza lo hallará si lo busca de todo corazón.

*Señor, gracias por profundizar mi relación personal
contigo. Te doy todo mi corazón. Amén.*

**En su presencia... de todo
corazón busque su rostro.**

CÓMO DIOS HABLA HOY

«Pondré Mi ley dentro de ellos, y sobre sus corazones
la escribiré. Entonces Yo seré su Dios y ellos serán Mi
pueblo... todos Me conocerán, desde el más pequeño
de ellos hasta el más grande», declara el SEÑOR.

JEREMÍAS 31.33–34, NBLH

¿Anhela usted entablar una comunicación directa y significativa con Dios? ¿Quiere escucharlo y entender su senda para su vida?

El Señor está en el negocio de la comunicación. Y su manera primaria de hablarle es a través de su Palabra.

En la Biblia, usted tiene la completa revelación de Dios, y Él no necesita añadirle nada más. Es la verdad de su carácter y sus caminos desarrollándose en la historia, siendo totalmente inspirada por el Espíritu Santo. Y tal como su Espíritu controló las mentes de los hombres que escribieron sus páginas, Él puede enseñarle y le enseñará a usted la verdad por medio de ella.

Así que cuando enfrente dificultades y reveses, en lugar de buscar el consejo de otros, primero vaya a las Escrituras y oiga directamente a su Salvador. Él quiere hablarle. Disponga su corazón para escucharlo.

Precioso Señor, ayúdame a oír que me hablas
por medio de tu Palabra hoy. Amén.

En su presencia... escuche su
voz mientras lee su Palabra.

CONDUCIDO A LA FUENTE

«¿A quién enviaré, y quién irá por nosotros? Entonces
respondí yo: Heme aquí, envíame a mí».
ISAÍAS 6.8

¿Alguna vez ha hallado que al leer la Biblia o escuchar un sermón en ocasiones Dios le conduce al mismo pasaje bíblico una y otra vez?

Recuerdo una época en la que estaba buscando la voluntad de Dios en cuanto a una decisión que tenía que tomar, y todas las mañanas me descubría leyendo Isaías 6. Transcurría ya la tercera semana de esto cuando me di cuenta de que estaba siendo rebelde con el Señor respecto a lo que me pedía. Una y otra vez, Él no dejaba que me escapara del versículo 8. Cuando finalmente le dije que sí al Señor, Isaías 6 ya no fue prominente en mi meditación matutina.

Una de las experiencias de mayor recompensa en la vida cristiana es enfrentar un reto y meditar en las Escrituras hasta que sabemos que nuestro Padre celestial ha hablado. Por medio de su Palabra Él nos dirige, nos presenta un reto, nos advierte y asegura.

¿Será usted receptivo a lo que Él le está diciendo hoy? Entonces, cerciórese de prestar atención a los versículos que se le presentan una y otra vez.

Padre, gracias por tu Palabra y tu persistencia conmigo
conforme busco oír tu voz y seguir tu dirección. Amén.

En su presencia... permita
que Él lo dirija.

SACRIFICIOS

«Por cuanto... no me has rehusado tu hijo, tu
único, de cierto te bendeciré grandemente».
GÉNESIS 22.16–17, LBLA

Dios nunca le pedirá que sacrifique algo sin darle a cambio una mayor bendición. Aunque por supuesto, en el momento en que Él se lo pide, puede ser difícil recordar eso.

Tal cosa fue cierta para Abraham. Cuando Él y Sara ya habían dejado hacía mucho tiempo atrás la edad de tener hijos, el Señor milagrosamente les proveyó a Isaac. Sin embargo, luego el Señor le ordenó a Abraham algo verdaderamente difícil de hacer: que ofreciera a su único hijo en sacrificio (Génesis 22.1–10).

Abraham decidió obedecer al Señor, confiado en que Dios cumpliría su promesa de proveerle muchos descendientes por medio de Isaac. Aunque no sabía cómo Dios iba a hacerlo, Abraham confió absolutamente en Él, y el Señor libró a Isaac. Debido a que Abraham fue fiel, Dios lo bendijo más allá de toda imaginación.

De modo similar, el Padre puede pedirle que entregue algo importante no para hacerle daño, sino para asegurarse de que su confianza en Él sigue firme. Por difícil que sea, hágalo. Él lo bendecirá de maneras asombrosas que a la vez le sorprenderán y deleitarán.

Señor, no te retendré nada. Lléname de fe y
mantenme siempre obediente. Amén.

En su presencia... confíele
lo que más quiere.

COMPRENDA LA VERDAD

*Quiero conocer a Cristo y experimentar el gran
poder que lo levantó de los muertos.*

FILIPENSES 3.10, NTV

Dios quiere que usted conozca de forma profunda quién es Él. Quiere que usted capte verdaderamente su majestad, santidad, poder, amor, gracia y gozo. Porque cuando usted empieza a captar estas poderosas verdades en cuanto al carácter de Dios, ciertamente es enriquecido, capacitado y fortalecido (1 Corintios 2.9–10).

A pesar de haber sido apedreado, azotado, víctima de naufragios, difamado, rechazado y encarcelado, Pablo escribió que su objetivo máximo en la vida era «conocer a Cristo» (Filipenses 3.10). Y con certeza lo conoció. Este conocimiento lo condujo, animó y fortaleció hasta el último momento. Pablo pudo proclamar: «Pero el Señor estuvo a mi lado, y me dio fuerzas... Y el Señor me librará de toda obra mala, y me preservará para su reino celestial. A Él sea gloria por los siglos de los siglos. Amén» (2 Timoteo 4.17–18).

Cuando usted conoce a Cristo como Libertador, Consolador, Perdonador, Sanador y Príncipe de paz, también puede resistir, porque conoce la verdad de su carácter y la certeza de sus promesas. Así que, insista en conocerle a toda costa.

*Señor, quiero conocerte, todo en cuanto a ti, hasta las mayores
alturas y las mayores profundidades de tu ser. Amén.*

**En su presencia... persevere
en conocerlo.**

LA VERDAD EN CUANTO A USTED

*Cristo nos hizo justos ante Dios; nos hizo puros
y santos y nos liberó del pecado.*

1 CORINTIOS 1.30, NTV

¿Halla usted difícil vencer ciertos pecados o conductas destructivas? Parte de la razón puede ser que aun no haya entendido plenamente todo lo que Cristo ha hecho por usted. Necesita comprender su posición en Cristo antes de que sus acciones puedan cambiar.

Así que, capte esta verdad hoy: en la cruz, no solo sus pecados fueron perdonados, sino que su naturaleza fue transformada. Usted ya no es un pecador, más bien ahora es un santo que a veces deja de buscar a Dios para satisfacer sus necesidades. La diferencia no está solo en cómo el Señor lo percibe, sino en cómo usted se ve a sí mismo.

Si todavía se ve como un individuo pecador, probablemente actuará como tal. No obstante, si capta su identidad como una persona completamente nueva en Cristo, puede comportarse como un hijo de Dios justo y amado.

Dios le ha dado un nuevo comienzo al darle una nueva naturaleza e identidad. Así que abrácela, y libérese de los pecados que ya no le tienen cautivo.

*Señor, gracias por libertarme del pecado. Ayúdame
a recordar mi posición en ti a fin de que siempre
pueda glorificar tu santo nombre. Amén.*

**En su presencia... regocíjese
en su nueva identidad.**

OYENTE AGRESIVO

Los de Berea... Día tras día examinaban las Escrituras
para ver si Pablo y Silas enseñaban la verdad.
HECHOS 17.11, NTV

Hay dos clases de oyentes: pasivos y activos. Un oyente pasivo toma lo que su pastor dice como verdad sin darle mayor consideración. Por otro lado, un oyente activo procura diligentemente saber lo que Dios tiene que decir, y crece mucho más rápido en la fe debido a eso.

Los oyentes activos son aquellos cuyas Biblias están abiertas y tienen la pluma en la mano. En el estudio bíblico demuestran una mente inquisitiva. En la devoción personal, sus cuadernos de notas están repletos de nociones de los caminos de Dios. Siempre están examinando, investigando y comparando lo que han oído con la instrucción previa. Y el Padre bendice sus corazones atentos (Mateo 7.7–8).

Así que, considere, ¿es usted sensible a lo que Dios está diciendo? ¿Persiste en preguntar cómo la lección que le es enseñada se aplica a su propia vida? ¿Toma como verdad lo que oye, o investiga la Palabra de Dios, asegurándose de que los principios que ha aprendido están en línea con las Escrituras? ¿Qué clase de oyente es usted?

Padre, quiero ser un oyente activo que pueda
identificar tu verdad y aplicarla a mi vida. Enséñame
a oírte y andar en tus caminos. Amén.

❀

En su presencia... comprométase
a escuchar activamente.

PAZ VERDADERA

Gedeón construyó allí un altar... y lo llamó «El Señor es la paz».
JUECES 6.24, DHH

No es apaciguando el mal, haciendo acomodos impíos, o echando mano a la falsa seguridad que el mundo ofrece que alguna vez hallará una paz verdadera y duradera. La hallará solo al obedecer a Dios.

Gedeón entendió esto de primera mano. Jueces 21.25 dice: «En estos días... cada uno hacía lo que bien le parecía». Ese comportamiento no le dio tranquilidad a nadie. Por el contrario, los caminos idólatras de los israelitas invitaban a continuos ataques de los ejércitos que los rodeaban. Así que Dios llamó a Gedeón para que le obedeciera y se levantara contra los invasores.

Siendo de la tribu más pequeña y débil, Gedeón sintió que no estaba preparado para el reto. ¿No sería más fácil simplemente llevarse bien con los madianitas opresores?

¿Cuál fue la respuesta del Señor? «Ciertamente yo estaré contigo» (Jueces 6.16). Sí, la posición recta de Gedeón enervaría al enemigo, pero Dios sería su paz duradera y lo llevaría al triunfo.

Lo mismo es cierto para usted. Obedecer al Señor tal vez no sea fácil o popular, pero usted no podrá tener paz de ninguna otra manera. Así que afírmese en el Señor y confíe en que Él será su lugar de reposo.

Señor, guíame, yo te obedeceré. Te alabaré por ser mi paz. Amén.

**En su presencia... halle paz
verdadera y duradera.**

TÓMELE EN SERIO

Los sacerdotes que llevaban el arca del pacto de Jehová,
estuvieron en seco, firmes en medio del Jordán, hasta que
todo el pueblo hubo acabado de pasar el Jordán.
JOSUÉ 3.17

Después de vivir en la esclavitud en Egipto por ser desobedientes y deambular por el desierto durante cuarenta años, el pueblo de Israel se volvió a Dios con un corazón sincero y sumiso. Al acercarse a la tierra prometida por segunda vez, lo hicieron sin quejarse o vacilar. Estaban listos para obedecer, por irrazonables que parecieran los mandamientos de Dios.

Así que cuando el Señor les dijo que llevaran el símbolo más preciado de su presencia, el arca del pacto, hasta la mitad del río Jordán inundado, lo hicieron. Y debido a que obedecieron, Dios dividió las aguas y les permitió pasar en seco.

Cuando usted toma a Dios en serio, Él le bendice por eso. Así que sin importar lo que Él le instruya a hacer hoy, confíe en que lo guiará. Présteles atención a las señales de alerta en su espíritu, obedezca los principios de las Escrituras que Dios le muestre, y avance por fe cuando Él le llama. Tome a Dios en serio, porque las bendiciones siempre siguen cuando usted lo hace.

Padre, quiero vivir en obediencia a tu voluntad
para mi vida. Ayúdame a someterme en cualquier
momento que me llames. Amén.

En su presencia... respete
su autoridad.

INTRANQUILIDAD

Aquella misma noche, el rey no podía dormir, por lo que mandó que le trajeran el libro en que estaban escritos todos los sucesos importantes de la nación, para que se lo leyeran.

ESTER 6.1, DHH

Toda persona, en ocasiones, experimenta un espíritu de intranquilidad. Hay muchas razones para ello, pero una es debido a que estamos haciendo las cosas a nuestra manera en lugar de alinearnos con la voluntad de Dios.

Ester 6 es un bello ejemplo de esto. Sin darse cuenta, el rey Asuero se había dejado engañar para que firmara un edicto para la destrucción de los judíos. Más tarde, el rey no pudo dormir debido a la intranquilidad. Así que ordenó que se le leyeran las crónicas, y mediante ellas descubrió un error que en última instancia llevó a la salvación del pueblo judío.

Amigo, ¿le ha llevado Dios a sentir intranquilidad? Usted no puede identificar con exactitud el motivo y no sabe por qué la agitación está allí, pero tiene una intranquilidad en el corazón que no desaparece.

No se sorprenda, el Padre está activamente buscando su atención. Cuando esta situación se presenta, lo mejor que puede hacer es detenerse y preguntarle al Señor qué está tratando de decirle.

Señor, cuando mi espíritu está intranquilo, recuérdame buscarte. Quiero conocer tu voluntad y saber cómo deseas que proceda. Amén.

❦

En su presencia... responda con obediencia a la inquietud.

CUANDO OTROS HABLAN

*Como un... collar del oro más fino,
es la sabia reprensión en quien sabe recibirla.*
PROVERBIOS 25.12, DHH

La confrontación de Natán con David en 2 Samuel 12 sirve como un ejemplo de cómo Dios nos llama la atención por medio de otros. El Señor le dio a Natán una palabra, una instrucción que David desesperadamente necesitaba oír. Y, debido a que el rey David prestó atención, pudo arrepentirse de su pecado y su comunión con Dios fue restaurada.

Esto también sucede hoy en día. Sabiendo qué es lo que nos atormenta, el Padre nos habla por medio de otra persona con el mensaje exacto que necesitamos oír. Si somos orgullosos o engreídos y nos negamos a recibir la dirección de algunos consejeros sabios, estamos destinados a fracasar. Sin embargo, la reprensión santa conducirá al éxito en la vida si la recibimos de corazón.

Por supuesto que usted no debe escuchar simplemente a cualquiera sin ningún discernimiento. Tenga extremo cuidado en cuanto a quién le aconseja, porque incluso aquellos que tienen las mejores intenciones pueden hacer que se descarríe si ellos no están andando diariamente con el Salvador. Aun cuando Dios habla por medio de otras personas, siempre examine tanto el mensaje como al mensajero con todo cuidado, y asegúrese de que todo se alinea con las Escrituras.

*Señor, por favor, dame el discernimiento para saber
cuándo me estás hablando por medio de otros. Amén.*

❊

**En su presencia... pídale que
identifique a los consejeros santos.**

APRENDA ESPIRITUALMENTE

Mis queridos hijos, les escribo estas cosas, para que no pequen; pero si alguno peca, tenemos un abogado que defiende nuestro caso ante el Padre. Es Jesucristo, el que es verdaderamente justo.

1 JUAN 2.1, NTV

¿Cuál es la alternativa de estar unido a Cristo? Es la desesperanza y el completo desaliento a cada paso. Sin embargo, al recibir a Jesucristo, canjeamos nuestra incompetencia por su competencia y nacemos de nuevo. Tenemos la oportunidad de empezar otra vez con la pizarra limpia. Y como descendencia espiritual de Dios, Él nos enseña a ser victoriosos en todo aspecto de la vida.

Por supuesto, el hecho de que el Señor nos llama sus hijos indica que sabe que tenemos mucho que aprender... y en el proceso de crecer en nuestro conocimiento de Él y sus caminos, ocasionalmente vamos a caer.

Sin embargo, no se desanime. El Padre entiende que usted no va a ser un cristiano perfecto. Usted tropezará y caerá, pero Él no le dejará ni le abandonará. Su gracia es suficiente para usted... ¡cada uno de los días!

Señor Jesús, gracias por ser un Maestro tan
sabio y paciente y por perdonar mi pecado.
Verdaderamente mereces mi alabanza. Amén.

**En su presencia... reciba su
gracia y conozca sus caminos.**

Respuestas incómodas

Así que, para impedir que me volviera orgulloso, se me dio una
espina en mi carne, un mensajero de Satanás para atormentarme.

2 Corintios 12.7, ntv

El Padre siempre responde a sus peticiones. Sin embargo, sus respuestas no siempre vienen de la manera que usted espera o prefiere. El apóstol Pablo entendió esto. El Señor no le quitó la espina como Pablo pidió. Sin embargo, en su tiempo de oración, Pablo recibió una nueva comprensión de la gracia divina y una dependencia más profunda en la fortaleza de Dios.

De manera similar, hay ocasiones en las que Dios capta su atención al guardar silencio, responderle que no o decirle que espere. Durante esas ocasiones, usted es sabio si realiza un examen espiritual de sí mismo. ¿Está pidiendo algo por razones erradas o que estén fuera de la voluntad de Dios? ¿Lo ha desobedecido de alguna manera?

Cuando Dios responde sus oraciones de una forma incómoda, se debe a que Él tiene algo mucho mejor para usted que no quiere que se pierda. Así que, si Él no responde de la manera que espera, como sucedió con Pablo, permítale redirigir su enfoque a los aspectos necesitados de su vida, tales como cultivar su fe y su carácter. Continúe escuchando y espere por cualquier cosa que Él le revele para bendecir su alma.

Señor, ayúdame a oírte con claridad y recibir
tu respuesta con gratitud. Amén.

❧

En su presencia... reciba la
respuesta que le da.

INCLUYA A DIOS

Dichoso el hombre...
que en la ley del SEÑOR se deleita,
y día y noche medita en ella.

SALMOS 1.1–2, NVI

Usted tiene una alternativa todos los días: incluir a Dios en su vida mediante la oración y el tiempo que pasa en su Palabra, o caminar solo. Lo uno en última instancia produce paz, en tanto que lo otro trae ansiedad.

Sin embargo, note que no simplemente se le promete tranquilidad cuando usted medita en las Escrituras, sino que se le asegura que será *bienaventurado*.

Esto se debe a que al meditar profundamente en la Palabra de Dios —analizándola, considerándola a cabalidad y pidiéndole a Dios que le permita comprenderla— su patrón de pensamiento es transformado en el proceso. El Padre le da una sabiduría nada común para sus finanzas, relaciones personales y futuro. Y cuando su mente está llena de los caminos de Dios —de su bondad, voluntad, provisión, poder y principios— usted tiene una paz y fe firmes que ninguna tempestad puede destruir.

Así que tome hoy una decisión: incluya al Señor en su vida al meditar en su Palabra y buscarle en oración.

Padre, ábreme tu Palabra, llenándome de pasión por
las Escrituras y tu santa presencia. Te entrego mi vida y
procuro comprender tu voluntad y tus caminos. Amén.

— ❧ —

En su presencia... permítale que guíe
su vida y le enseñe sus caminos.

CIRCUNSTANCIAS INUSUALES

Y él miró, y vio que la zarza ardía en fuego,
y la zarza no se consumía.

ÉXODO 3.2

Esta experiencia de Moisés demuestra cómo Dios captó la atención de un hombre de voluntad férrea que necesitaba ser quebrantado. Moisés había visto numerosos incendios y matorrales ardiendo, pero nunca había visto una zarza que ardiera en llamas y no se consumiera. Fue cuando detuvo sus planes para investigar el fenómeno más de cerca que Dios le habló.

El Padre a menudo usa circunstancias inusuales para lograr que dirijamos nuestros ojos y corazones a Él. No hay cosa tal como un accidente en la vida de un hijo de Dios, así que debemos aprender a buscar su presencia en cada situación que surja.

La pérdida de un empleo, una enfermedad, las cuentas que son pagadas anónimamente e incluso ciertas emergencias inesperadas no son sorpresas para Él. El Padre sabe exactamente qué es lo que necesita para llamar nuestra atención. Y a menudo es mediante circunstancias altamente inusuales que finalmente damos un paso atrás y notamos lo que Él está haciendo en nuestras vidas.

Señor, ayúdame a ver bajo una nueva luz todas las
circunstancias que surgen. Haz que mi corazón sea receptivo a
lo que tú estás tratando de hacer en mi vida para mi bien.

En su presencia... búsquelo
en toda circunstancia.

FRACASO

*Entonces Josué rompió sus vestidos, y se postró en
tierra sobre su rostro delante del arca de Jehová.*

JOSUÉ 7.6

Habiendo derrotado poco tiempo atrás a la gran ciudad de Jericó, los israelitas se preparaban para tomar Hai, una ciudad pequeña que parecía fácil de conquistar. No obstante, los guerreros israelitas habían desobedecido a Dios y tenían más confianza de la debida en sus propias capacidades. Así que el Señor captó su atención permitiéndoles que fracasaran en su esfuerzo militar contra Hai. Fue un golpe terrible, pero les recordó su dependencia de Dios.

Por supuesto, hay una vasta diferencia entre fallar y ser un fracaso. Una persona se convierte en un fracaso solo si deja de esforzarse. Sin embargo, no tener éxito en un incidente puede en realidad demostrar ser el mejor peldaño para el éxito en su vida si usted dirige su atención a Dios, tal como Josué lo hizo después de la derrota en Hai.

El fracaso de hoy puede en realidad servir para hacerle exitoso mañana si está dispuesto a reconocer sus errores y aprender del Padre celestial. Por eso, dé gracias a Dios por llamarle la atención, perdonarle y enseñarle a responder apropiadamente. Tenga seguridad de que al hacer esto, allana el camino para victorias futuras.

*Padre, gracias por impedir que mi orgullo se interponga en
tus propósitos. Ayúdame a honrarte en todo. Amén.*

En su presencia... aprenda
de sus errores.

COLAPSO FINANCIERO

Así fue empobrecido Israel en gran manera por causa de
Madián, y los hijos de Israel clamaron al Señor.
JUECES 6.6, LBLA

El tema del libro de Jueces es «cada uno hacía lo que bien le parecía» (17.6). Así que, ¿cuándo fue finalmente que los israelitas clamaron al Señor? Cuando Dios les quitó todo recurso material que tenían. El Señor sabía exactamente lo que se necesitaba para captar la atención de ellos: la destrucción de todas sus posesiones.

¿Ha permitido el Padre que sus finanzas se agoten? ¿Le ha quitado algo que es de gran valor para usted? Esto es difícil de soportar, pero el Señor quiere que entienda que Él es su seguridad, no ninguna cosa que posea.

Por supuesto, usted tal vez diga: «¿Pero yo pensé que Dios prometió suplir todas mis necesidades?». Sí, lo hizo (Filipenses 4.19). Y continuará haciéndolo. Sin embargo, sabe que su mayor necesidad es tener una relación personal con Él y escucharlo.

Su bienestar espiritual es mucho más importante que cualquier cosa material. Así que Dios le llevará a una completa dependencia de Él en lugar de permitir que sus posesiones se vuelvan un ídolo destructivo en su vida.

Dios, despójame de la dependencia en mí mismo y el materialismo
a fin de que siempre pueda reposar en tu provisión. Amén.

**En su presencia... halle la
provisión para toda necesidad.**

ÉL USA LA ENFERMEDAD
PARA NUESTRO BIEN

Ezequías enfermó de muerte; y oró a Jehová, quien le respondió.
2 CRÓNICAS 32.24

Los problemas persistentes de salud pueden resultar descorazonadores. Nos drenan físicamente y hacen que nos demos cuenta de lo limitados que somos. Sin embargo, no debemos pasar por alto el hecho de que a veces Dios utiliza la enfermedad para llamar nuestra atención y hacer que nos examinemos a nosotros mismos.

Hace años atravesé esa situación. Estuve en el hospital por varias semanas, y durante ese tiempo Dios me confrontó de una manera maravillosa. Usó mi enfermedad para que enfocara mi atención en su voz y corrigiera mi manera de pensar con respecto a varios asuntos. Si Él hubiera respondido a las oraciones para sanarme, me habría perdido lo que quería decirme. Sin embargo, hoy le doy gracias por esa enfermedad debido a cómo aumentó mi intimidad con Él.

De igual manera, Dios se interesa en usted lo suficiente como para utilizar lo que sea necesario para hacer que escuche lo que Él le está diciendo. El Señor quiere ofrecerle dirección y ayudarle a triunfar en sus planes maravillosos para su vida. Así que escúchelo. Ciertamente, Él le sanará de maneras que nunca imaginó.

Señor, gracias por usar todas mis circunstancias, incluso las enfermedades, para captar mi atención. Sé que lo haces porque me amas y quieres lo mejor para mí. Amén.

En su presencia... préstele atención.

Cómo identificar la voz de Dios

«Mis ovejas oyen mi voz, y yo las conozco, y me siguen».
JUAN 10.27

En ocasiones, buscar la dirección del Señor en relación a alguna decisión puede parecer un proceso agotador. Podemos frustrarnos y confundirnos, y preguntarnos cómo podemos saber con certeza si estamos oyendo la voz de Dios.

Como creyentes que andan en el Espíritu, debería ser fácil para nosotros distinguir si lo que oímos es la voz del Señor, la carne o el diablo, ¿verdad? Sin embargo, sepa que su Pastor constantemente le está enseñando cómo reconocerle cuando Él le llama. Ya sea que usted haya estado con Él por muchos años o que apenas esté aprendiendo sus caminos, puede sentirse alentado, porque su Pastor de corazón tierno le llama de una manera que pueda reconocerlo.

No obstante, puesto que las Escrituras enseñan que todos los creyentes, jóvenes y viejos, deben ser capaces de poder discernir claramente la voz de Dios, es importante que usted deje de hablar a veces y simplemente lo escuche. Quédese callado y quieto. Abra la Palabra de Dios y aprenda a identificar cuándo Él le habla. A la larga, reconocerá su voz y sabrá exactamente qué hacer.

Padre, al hablar contigo, recuérdame detenerme y simplemente escuchar. Quiero oír tu voz por sobre todas las demás. Amén.

***

**En su presencia... practique
la disciplina de escuchar.**

UNA MENTE DEDICADA

«La semilla sembrada en buena tierra es el
que oye la palabra y la entiende».
MATEO 13.23, RVC

Al terreno fértil que menciona este versículo yo lo llamo una *mente dedicada*: aquella que ha sido cultivada está lista para que la semilla eche raíces, y a la larga rinde frutos. Esta persona es enseñable, así que Dios puede instruir a este fiel creyente en cualquier asunto.

Por lo tanto, ¿cómo cultiva usted una mente dedicada?

Escuchando con atención el mensaje de Dios; concentrando sus pensamientos «en todo lo que es verdadero, todo lo honorable, todo lo justo, todo lo puro, todo lo bello y todo lo admirable» (Filipenses 4.8, NTV). Resistiéndose al atiborramiento externo; negándose a propósito a dejar entrar a las distracciones frívolas. Y, finalmente, pidiéndole al Salvador que le ayude a enfocarse en su Palabra y aplicarla a su vida. Esto se puede hacer solo por fe en el Señor Jesucristo, porque Él es el que le capacita para recibir la Palabra en su ser interior.

Amigo, cultive una mente dedicada evaluando su vida a la luz de lo que Dios le dice. Y tenga la seguridad de que cuando usted obedezca su verdad y se someta a su liderazgo, crecerá para ser el creyente productivo y fructífero que anhela ser.

Padre, me dedico a ti, cultiva mi mente con tu verdad. Amén.

En su presencia... cultive su
mente perseverando en Él.

CONQUISTE SUS TEMORES

Busqué al SEÑOR, y Él me respondió,
y me libró de todos mis temores.
SALMOS 34.4, LBLA

La ansiedad puede atraparle en cualquier momento: tal vez surja de su situación o sea un ataque espiritual del enemigo. Sin importar dónde se origine, es absolutamente esencial que cuando se sienta aterrado, acuda directamente al Padre celestial por ayuda.

Pídale a Dios que identifique el temor y lo haga aflorar a la superficie para que usted pueda confesar su presencia. Permítale exponer la causa que yace en la raíz. Por ejemplo, un recelo por la oscuridad puede estar ligado a sentimientos de abandono. Por eso, pida a Dios que le muestre qué es lo que hace que usted responda de la forma que está respondiendo.

Además, confíe en que el Señor le ayudará a conquistar su temor; no se limite a aceptarlo. La ansiedad le impide llegar a ser todo lo que Dios desea que usted sea, así que Él está comprometido a desarraigarla. Por lo tanto, ande con confianza en la sanidad del Señor.

Finalmente, enfrente su temor guardando en su corazón las Escrituras y reconociendo la presencia del Señor con usted en todo momento. Él está a su lado donde quiera que va; así que confíe en que Él le ayuda, le protege y le provee en cada paso del camino.

Señor, ayúdame a identificar cualquier temor que haya
en mí y a enfrentarlo con tu fuerza y poder. Amén.

En su presencia... viva libre del temor.

UN ESPÍRITU DE CONTENTAMIENTO

He aprendido a contentarme, cualquiera que sea mi situación.

FILIPENSES 4.11

Si alguien tuvo una buena razón para quejarse de la vida, ese fue el apóstol Pablo. Él sufrió azotes brutales, naufragios, prisiones, enfermedades y vivía en constante peligro. Se la pasó sin dormir, comer ni beber agua en incontables ocasiones, eso sin mencionar que a menudo fue criticado y acusado falsamente. Y como todos nosotros, batallaba de continuo con el pecado.

Así que, ¿cómo pudo Pablo hallar paz, gozo y contentamiento en circunstancias tan terribles? Rindiéndose totalmente a Jesús y recibiendo fortaleza, consuelo y seguridad del Espíritu del Dios viviente.

Todo lo que Cristo ofrece también está disponible para usted, independientemente de sus circunstancias. Al entregarse a Jesús de manera creciente, el poder de su Espíritu se vuelve más evidente en su vida, y tiene un mayor deseo de obedecerle y reflejar su carácter. Y mientras más se someta a Él, más madurará su fe, lo cual siempre resulta en una paz mayor.

Pablo aprendió a contentarse en todas las circunstancias al aprender a confiar por completo en Dios. Usted también puede lograr eso. Así que, ¿en qué punto se halla usted en este proceso de aprendizaje?

Jesús, te obedeceré en cada situación, sabiendo que tú eres mayor que cualquier dificultad que enfrente. Amén.

En su presencia... descubra el verdadero contentamiento en cada circunstancia.

ENTREGUÉMOSLE NUESTRA ANSIEDAD

Pongan todas sus preocupaciones y ansiedades en las manos de Dios, porque él cuida de ustedes.

1 PEDRO 5.7, NTV

Los problemas son inevitables en la vida; ellos están entretejidos en la trama de nuestra vida cada día. Así que con razón batallamos con la ansiedad, a veces hasta el punto de dejarnos emocionalmente lisiados e impedirnos disfrutar del gozo y la satisfacción.

Sin embargo, Dios no nos creó para que manejemos con nuestras propias fuerzas los problemas de este mundo, y es por eso que nos dice que le entreguemos nuestras cargas y le permitamos que nos cuide.

¿Cómo se hace esto? ¿Cómo le entrega uno los problemas al Señor? Empiece simplemente hablando con su Padre celestial. ¿Por qué? Porque la oración aleja su enfoque del problema y lo pone en aquel que puede manejarlo, proveyéndole la solución y revelándole el siguiente paso a seguir.

Así que reconozca su ansiedad y su necesidad de la paz de Dios. Confiese cualquier pecado que usted piense que pueda estar asociado con sus temores. Dígale al Señor: «Necesito tu ayuda, presencia, consuelo, provisión y dirección». Luego alce su mirada al Padre celestial y tenga la confianza de que Él, en efecto, le cuidará.

Padre, te entrego mis ansiedades y te pido que me bendigas con tu consuelo y provisión divinos. Amén.

❈

En su presencia... entréguele a Dios sus preocupaciones.

CONOZCA LA VOZ DE DIOS

«Las ovejas le siguen, porque conocen su voz».
JUAN 10.4

¿Sabe usted cómo se capacita a los investigadores para que reconozcan el dinero falso? Estudiando con diligencia la moneda verdadera, el objeto real. Luego, cuando aquellos se comparan con el dinero estándar, los billetes falsos se destacan.

De la misma manera, la mejor forma de conocer la voz del Señor es estudiando las palabras que Él declaró a todas las generaciones: leyendo la Santa Biblia.

Hay varios principios que puede aplicarse a lo que esté oyendo para medir si se trata de Dios, pero lo más básico e importante es si el mensaje está en conflicto con las Escrituras. El Padre celestial no le dirá nada que esté en contra de lo que Él ya ha dejado registrado para toda la humanidad.

Por consiguiente, la mejor manera de reconocer la voz de Dios es llegando a conocerle a Él. Dedíquele tiempo a su Palabra y sumérjase en su verdad, porque al hacerlo podrá distinguir entre la dirección de Dios y los mensajes que el mundo, el enemigo o su carne le están dando. Usted conocerá la voz del Señor y con seguridad Él le dirigirá bien.

Padre Dios, gracias por tu Palabra y la dirección que
ella me da. Imprímela en mi corazón de manera que
pueda discernir tu voz y las demás. Amén.

———— ❀ ————

En su presencia... estudie la Palabra
de Dios y escuche su voz.

Riquezas inagotables

Mi oración es que los ojos de vuestro corazón sean iluminados,
para que sepáis cuál es la esperanza de su llamamiento,
cuáles son las riquezas de la gloria de su herencia.
Efesios 1.18, lbla

¿En qué piensa cuando oye la palabra *heredero*? ¿Trae a su mente imágenes de riqueza que se trasmiten por generaciones? Tal vez le recuerda a algún ser querido que ha fallecido.

La verdad es que no muchos heredan vastas propiedades o reciben grandes regalos de parientes ricos. Sin embargo, cuando Jesús llega a ser su Salvador, Él le hace coheredero de todas las riquezas inmensurables de Dios (Romanos 8.16–17). Él quiere ser su plenitud y provisión abundante en cada aspecto de su vida.

¿Necesita fortaleza? Dios tiene todo el poder y le da energía necesaria para cada tarea. ¿Le falta sabiduría? Él provee un discernimiento y una perspectiva que pueden atravesar incluso la niebla más densa de confusión. ¿Está usted buscando contentamiento? Jesús le da la paz que sobrepasa todo entendimiento humano.

La riqueza material puede agotarse o ser robada. Sin embargo, la herencia que tiene en Cristo es inmutable e inagotable para siempre. Por eso, acepte lo rico que verdaderamente es usted en Él.

Jesús, estoy agradecido por la herencia que me has
dado. ¡Tú eres todo lo que necesito! Amén

En su presencia... acepte su
provisión abundante.

JULIO

GUIADO POR EL ESPÍRITU SANTO

Y nosotros hemos recibido... el Espíritu que viene de Dios, para que conozcamos lo que Dios nos ha dado gratuitamente.
1 CORINTIOS 2.12, LBLA

¿Sabía que, como creyente, el Espíritu Santo mora en usted? ¿Y que el Espíritu, que conoce la mente de Dios, le comunica cada verdad que Él quiere que usted oiga? En el momento en que recibe a Cristo como su Salvador, el Espíritu Santo empieza a enseñarle la verdad de quién es Él.

Pablo dice esto claramente en 1 Corintios 2.12: «Nosotros hemos recibido... el Espíritu que viene de Dios, para que conozcamos lo que Dios nos ha dado gratuitamente» (LBLA). La palabra griega que se traduce «conozcamos» es *oida*, que significa «plenitud de conocimiento».

Entregados a la vida egoísta, los no creyentes son absolutamente incapaces de entender las cosas de Dios y por consiguiente no comprenden por qué hacen lo que hacen. Sin embargo, usted tiene la mente de Cristo (1 Corintios 2.16), y Él le ofrece toda la perspectiva que necesita. Así que comprométase a escuchar la dirección del Espíritu y tenga la confianza de que Él se la revelará.

Padre celestial, gracias por la dádiva de tu Espíritu Santo que me guía y me llena de tu conocimiento. Amén.

***

**En su presencia... sométase
a su liderazgo.**

VICTORIA SOBRE EL PECADO

Dios... no permitirá que la tentación sea mayor de lo que puedan soportar. Cuando sean tentados, él les mostrará una salida.

1 CORINTIOS 10.13, NTV

¿Se da usted cuenta de la victoria que tiene debido a Jesús? Como creyente, usted tiene todo lo necesario para triunfar sobre el pecado. ¿Cómo lo logra?

Primero, admita cuando algo es una tentación y reconozca que Dios puede librarlo de eso. Cuando está dispuesto a aceptar su vulnerabilidad y escoge depender del Señor, usted ha dado un paso importante hacia la victoria.

Segundo, mire la imagen completa. Hágase algunas preguntas. *¿Cómo puede afectar esto mi futuro? ¿Me distraerá de la voluntad de Dios?*

Finalmente, recuerde las promesas del Padre y enfoque su mente en lo que honra a Dios. Las tentaciones a menudo son poderosas, porque apelan a sus ansiedades. No permita que sus desilusiones y reveses le lleven a pecar. Confíe en que Dios puede cumplir su palabra y lo hará.

Cuando sienta el atractivo del pecado, conquístelo buscando al Salvador. No será fácil, y a veces la liberación llevará tiempo. No obstante, siempre trate de honrar al Señor y Él con certeza le enseñará cómo vencer.

Señor, tú conoces mis luchas, pero tengo confianza en que me ayudarás a vencerlas. Gracias por la victoria. Amén.

En su presencia... triunfe sobre la tentación.

SIMPLEMENTE PIDA

No tienen lo que desean porque no se lo piden a Dios.
SANTIAGO 4.2, NTV

¿Habla con el Padre celestial acerca de aquel deseo que arde en su corazón? Usted no tiene que avergonzarse o pensar que eso que anhela es demasiado insignificante para que Él lo note. Dios se interesa en usted y en todo lo que atañe a su vida. Sin embargo, se perderá sus bendiciones si se niega a abrirle su corazón por completo.

Así que hable con Dios como con un amigo, cuéntele sus esperanzas y deseos más íntimos. Mientras más específico sea en cuanto a sus metas y anhelos, mejor puede verlo obrando en su situación.

El Padre puede decirle que sí a su petición de inmediato, o puede instruirlo a esperar el tiempo perfecto. También puede mostrarle que lo que está pidiéndole no encaja en el plan que Él ha trazado para su vida y tiene para usted algo mucho mejor.

Aunque Dios tal vez no siempre responda de la manera en que usted piensa que debe hacerlo, lo más importante es que entienda que Él está dispuesto y esperando para responder. Así que hable con su Padre celestial y tenga la seguridad de que Él le ama y le oye.

*Señor, gracias por escucharme y oír mi
corazón. Verdaderamente eres mi Proveedor
fiel, amante y sabio. Amén.*

❊

En su presencia... pida con libertad.

ORE POR LA NACIÓN

Bienaventurada la nación cuyo Dios es el SEÑOR.

SALMOS 33.12, LBLA

Nuestra nación siempre necesita oración. En las buenas y en las malas, en la guerra y en la paz, en temporadas de abundancia desbordante o de gran necesidad, siempre es importante que intercedamos por nuestro país.

¿Por qué? Primero, porque nuestros conciudadanos necesitan recibir a Jesús como su Salvador. Si deseamos que nuestra nación se caracterice por tener familias consagradas, dirigentes sabios y capaces, y comunidades fuertes, debemos orar por nuestros conciudadanos para que entronicen al Señor en sus hogares y corazones.

Segundo, necesitamos el favor del Padre y su protección contra amenazas tales como ataques terroristas, desastres naturales, epidemias y recesiones económicas. Si deseamos que nuestro país sea seguro, productivo y fuerte, necesitamos la provisión divina de Dios.

Así que arrodíllese hoy delante del Señor, busque su rostro, arrepiéntase de sus pecados, y pídale que bendiga a la nación. Solo el Señor puede transformar verdaderamente nuestro país. Y Él ha prometido hacerlo cuando pedimos de acuerdo a su voluntad y actuamos en obediencia a Él (2 Crónicas 7.14).

Señor, hoy te pido por mi país. Que mis
conciudadanos te reciban como Salvador y tu
nombre sea exaltado en toda esta tierra. Amén.

❧

En su presencia... pídale a
Dios que sane a la nación.

RECUPERACIÓN DEL RECHAZO

Aunque mi padre y mi madre me abandonen,
el SEÑOR me mantendrá cerca.

SALMOS 27.10, NTV

Cuando otros son crueles e insensibles, ¿acaso sus críticas lo angustian profundamente, atizando ciertos sentimientos dolorosos de que no vale nada? ¿Alguna vez se atormenta con pensamientos tales como *Nunca seré lo suficiente bueno* o *Nadie jamás me querrá*? Si es así, es probable que esté batallando con el rechazo. Y cuando interioriza las brutales palabras de otros y cree las mentiras que dicen sobre usted, eso puede herirlo profundamente.

Sin embargo, como creyente le pertenece al Dios Todopoderoso, quien le ama incondicionalmente, le acepta por completo y le capacita para realizar grandes cosas. Y debido a que su Espíritu Santo mora en usted, tiene un Ayudador poderoso en toda situación.

Así que, ¿cuál es la mejor manera de superar sus sentimientos de rechazo? Crea lo que las Escrituras dicen de usted y agradézcale a Dios por lo que Él le creó para ser. Afirme la verdad con sus palabras: «Señor, gracias por hacerme digno, aceptado y competente por medio de Jesús». Con seguridad Él sanará sus heridas y le dará un sentido de valía que siempre tuvo la intención de que usted disfrutara cuando le creó.

Jesús, tú eres quien me haces digno. Gracias por amarme
y darle a mi vida propósito y significado. Amén.

En su presencia... descubra
su verdadera valía.

Supere la apatía

Y todo lo que hacéis, sea de palabra o de hecho, hacedlo todo en el nombre del Señor Jesús, dando gracias a Dios Padre por medio de él.

COLOSENSES 3.17

Cuando la apatía se nos presenta, puede ser difícil sentirse motivado. Uno tiene mucho que hacer, pero simplemente no se siente con ganas de actuar. ¿Por qué la desesperanza y el hastío lo impactan tan profundamente?

Muchas respuestas son posibles. Tal vez esté enfrentando presiones abrumadoras y usted simplemente quiere darse por vencido. Tal vez no se encuentra donde el Señor quiere que esté. Puede ser incluso que esté disgustado consigo mismo por lo que es en la vida. Sin embargo, dese cuenta de que no tiene que permitir que el desaliento le gobierne. En lugar de eso, puede renovar su pasión haciendo lo que se le presente por delante para la gloria de Dios (Colosenses 3.17).

Resulta totalmente imposible estar en donde el Padre lo quiere —haciendo lo mejor que pueda y dando gracias con un corazón agradecido— y aburrirse. Así que cuando se sienta descorazonado, recuerde que alcanzar el potencial de Dios para su vida es más cuestión de *lo que usted es* que de *lo que está haciendo*; es más acerca de glorificar a Dios que de errores o presiones pasados.

Por consiguiente, cierre sus ojos, concéntrese en Dios y agradézcale por todo lo que pueda venir a su mente. Sin duda alguna Él le inspirará.

Señor, por favor, motívame e inspírame. Por favor, ayúdame a servirte de forma apasionada y agradecida. Amén.

En su presencia... sea inspirado.

CIRCUNSTANCIAS IMPOSIBLES

Y el Señor me librará de toda obra mala, y me preservará para
su reino celestial. A él sea gloria por los siglos de los siglos.
2 TIMOTEO 4.18

El apóstol Pablo se acercaba al final de su vida en una celda. Así que podía haber sentido lástima de sí mismo. Sin embargo, en lugar de eso, animó a sus amigos a confiar en Dios, incluso cuando sus propias circunstancias parecían muy lúgubres. ¿Cómo pudo hacer esto?

Paz es la última emoción del mundo que Pablo *debe* haber estado sintiendo, pero Él se sentía inconmoviblemente seguro en su fe debido a su relación personal profunda e íntima con el Señor. A pesar de los sufrimientos del apóstol, la verdad fundamental que sabía era que el poder, la sabiduría y la paz sobrenaturales de Dios —aunque imposibles de captar racionalmente— podían conducirle a través de las pruebas de la vida.

Esto también es cierto para usted. Dios está a su lado, obrando en usted y su situación de una manera que supera su capacidad de comprensión. Y la promesa de su cuidado soberano —sin que importen sus circunstancias— es todo lo que usted realmente necesita para superar cualquier cosa que esté enfrentando. Así que confíe en que Él le sostendrá, como sostuvo a Pablo.

Padre, sin que importen mis circunstancias, confío en tu paz,
poder y sabiduría infalibles y tu presencia permanente. Amén.

**En su presencia... invítelo a
guardar su corazón y su mente.**

ENFOQUE SU MENTE

Piensen en las cosas del cielo, no en las de la tierra.
COLOSENSES 3.2, DHH

Si usted se pregunta por qué le es tan difícil controlar sus pensamientos y mantener su fe, recuerde que su mente refleja aquello que la alimenta. Por ejemplo, si constantemente está participando de un entretenimiento basado en el conflicto o la violencia, la cólera caracterizará su interacción con otras personas. Si siempre está dando lugar a pensamientos de temor, confiar en Dios le será muy difícil.

Así que si desea llegar a ser todo aquello para lo cual el Padre le creó, debe llenar su mente con los caminos y principios de Dios y su Palabra. Debe pedirle a Dios que le ayude a discernir todo lo que entra en su mente cada día y a escoger que la verdad de Dios tenga precedencia. Se trata de un acto de su voluntad.

Esto puede parecer difícil, pero es el esfuerzo de mayor recompensa que acometerá, porque le permitirá conocer mejor a Dios y disfrutar lo principal de la vida. Así que, no espere. Empiece a refinar sus pensamientos hoy. Y aprópiese de todo lo que Jesús le ha dado al enfocar su mente en Él.

Jesús, quiero honrarte. Por favor, revélame y elimina
los pensamientos que no te agradan. Amén.

En su presencia... enfóquese en los caminos, principios y el infalible carácter de Dios.

SU ESPERANZA VIVA

Hemos puesto nuestra esperanza en el
Dios vivo, que es el Salvador.
1 TIMOTEO 4.10, RVC

Usted tiene una esperanza viva en Jesucristo. Atesore hoy esta verdad en su corazón, aunque todo lo que le rodea parezca desesperado y sus sueños aparentemente se hayan desvanecido. Sin que importen sus circunstancias presentes, puede animarse debido al conocimiento de que su Salvador es el Vencedor que ha derrotado todo enemigo suyo (Apocalipsis 17.14). Él le ayudará y continuará peleando por usted independientemente de las circunstancias que surjan.

Esto constituye la fortaleza y el gozo de su vida cristiana: siempre es posible vivir sobreponiéndose al presente debido a que su futuro está seguro. Usted tiene una herencia incorruptible, un Defensor inamovible, y el amor infalible de su Dios. Por lo tanto, debe escoger creer en sus promesas (2 Corintios 1.20).

Si ha experimentado una pérdida, no pierda la esperanza. Esta derrota es solo momentánea y lo que es verdaderamente importante nunca se le podrá quitar. Concéntrese en su esperanza viva. Ponga sus ojos en Cristo, su Señor y Salvador, y espere que él le conduzca a la victoria.

Señor Jesús, tú eres un Guerrero poderoso, mi Salvador
triunfante y mi Esperanza viva. Nunca fallarás. Ayúdame
a aferrarme a ti ahora y para siempre. Amén.

❧

En su presencia... permita que
Él restaure su esperanza.

EL PODER DE LA PALABRA

Cristo amó a la iglesia. Él entregó su vida por ella
a fin de hacerla santa y limpia al lavarla mediante
la purificación de la palabra de Dios.

EFESIOS 5.25–26, NTV

¿Alguna vez ha dejado de leer la Biblia porque hace que se sienta incómodo? Dios a menudo obra por medio de su Palabra para revelar aspectos de su corazón que quiere sanar, y eso no siempre es fácil (Hebreos 4.12). No obstante, las Escrituras son esenciales para el bienestar de su alma. El Espíritu Santo le habla a través de ellas para ayudarlo a avanzar espiritual, emocional y relacionalmente.

Por supuesto, usted puede verse tentado a ignorar o descartar la lectura de la Palabra de Dios porque contradice su manera de pensar. Sin embargo, no lo haga. El Padre lleva a cabo su obra más transformadora en usted a medida que medita en su verdad (Romanos 12.2).

Así que si tiene algún deseo de Dios; algún anhelo de sanidad; algún anhelo de una vida llena de significado, esperanza y gozo... entonces abra las Escrituras, beba sus palabras que dan vida y haga lo que ellas dicen. El Señor no solo entiende quién es usted, sino que le ayudará a ver cómo su vida puede ser más satisfactoria, saludable y significativa.

Señor, transfórmame de acuerdo a tu maravillosa
Palabra sobrenatural y que da vida. Quiero conocerte
a ti y la vida abundante que tú ofreces. Amén.

En su presencia... permita que la
Palabra de Dios le transforme.

HECHOS CONFORME A LA VERDAD

Porque a los que antes conoció, también los predestinó para
que fuesen hechos conformes a la imagen de su Hijo, para
que él sea el primogénito entre muchos hermanos.

ROMANOS 8.29

Dios quiere conformar a cada uno de sus hijos a semejanza de su imagen. Él lo hace revelándose por medio de su Palabra. A medida que somos confrontados con la verdad en cuanto al carácter de Dios, tenemos una alternativa: rehusar adaptarnos al molde de Dios, o rendirnos a Él y ser conformados a su imagen. Sin embargo, cuando nos sujetamos a su señorío, nos sometemos a Dios y aplicamos su verdad a nuestras vidas, Él nos libera y revela su gloria por medio de nosotros.

Usted ha sido llamado a escuchar al Padre a fin de comprender sus caminos y ser moldeado y conformado a su verdad. Dios no habla simplemente para entretenerle, Él se comunica a fin de que usted pueda ser más como Jesús.

De modo que considere algo hoy, ¿está usted resistiéndose a ser conformado por Dios, o está siendo moldeado y conformado a su verdad? Comprométase no meramente a oír su Palabra, sino a obedecerla. No permita simplemente que las Escrituras entren por sus ojos, sino aférrese a ellas de modo que gobiernen su corazón.

Señor, enséñame a oír y abrazar tu Palabra de modo
que pueda ser conformado a tu semejanza. Amén.

En su presencia... sea
conformado a su verdad.

UNA ORACIÓN PIDIENDO DIRECCIÓN

Guíame con tu verdad y enséñame,
porque tú eres el Dios que me salva.
Todo el día pongo en ti mi esperanza.

SALMOS 25.5, NTV

El Padre le ha dado el poderoso don de decidir, la capacidad de seleccionar la dirección de su vida. En realidad, todos los días usted enfrenta una serie continua de opciones: algunas que honran al Señor y otras que no lo hacen. Algunas que conducen a la vida abundante de Dios, y otras que le alejan de ella y le llevan a la destrucción.

Una de las decisiones más poderosas y transformadoras de vida que puede tomar es invitar a Dios para que le guíe, confiando en que todo lo que Él permite en su vida es con el propósito de desarrollar su carácter y llevarlo a su libertad.

Amigo, el plan de Dios para usted es incuestionablemente el mejor. La pregunta es: ¿le permitirá que le dirija? Si es así, eleve esta oración:

Señor, transfórmame y obra por medio de mí de cualquier manera que quieras. Creo que formarás tu carácter en mí, me moldearás a tu semejanza mediante mis circunstancias, y me dirigirás a lo mejor de la vida. Gracias, querido Jesús. Amén.

Señor, gracias por reemplazar mi desdicha con gozo, mis temores con fe, mi debilidad con tu fuerza, y mis maneras egoístas con una devoción agradecida a ti. Amén.

En su presencia... confíele su vida.

SILENCIO EN LA MEDITACIÓN

*Cuando fueres a la casa de Dios, guarda
tu pie; y acércate más para oír.*
ECLESIASTÉS 5.1

Cuando ora, ¿es usted el único que habla? Que Dios le hable a su corazón es una experiencia asombrosa y que puede perderse si monopoliza la conversación y nunca se detiene a escuchar.

Sin embargo, cuando usted se queda callado, el Señor lo transforma, cambiando su manera de pensar y conformándole a sus caminos. ¿Cómo lo hace? Él puede recordarle un pasaje importante de las Escrituras, revelarle una verdad bíblica para que la aplique, exponer un pecado no confesado, o traer a su mente a alguien que necesita su ministerio. En otras palabras, Él dirigirá sus caminos (Proverbios 3.6).

Por eso es tan importante que se quede sentado ante Dios en silencio y le permita derramarse en usted. Él le revelará su voluntad y le dará paz en su ser interior.

Amigo, sentarse callado ante Dios hace posible que Él le hable a su corazón con claridad, de manera positiva e inequívoca, mostrándole qué hacer. Usted sabrá que el Señor verdaderamente le ha hablado, y esa es la definición de la vida en su mejor expresión.

*Señor, permaneceré en silencio y escucharé tu voz.
Háblame, Padre. Tu siervo escucha. Amén.*

❈

**En su presencia... guarde silencio
y dele tiempo a que le responda.**

LISTO PARA EL CAMBIO

*No os conforméis a los deseos que antes teníais
estando en vuestra ignorancia; sino, como aquel que
os llamó es santo, sed también vosotros santos.*

1 PEDRO 1.14–15

¿Percibe usted alguna cosa en su vida que necesita cambiar? ¿Hay asuntos que simplemente no están funcionando bien? ¿Está usted dispuesto a decir: «Señor, quiero exaltarte. Ya me he hastiado de mis propios caminos y deseo vivir según los tuyos»?

Si es así, pídale a Dios que identifique los asuntos en que usted peca, es egocéntrico, y está luchando en lugar de mantenerse enfocado en Cristo y tener la victoria. Sin importar lo que él traiga a su mente, reconozca que tiene razón y tome la decisión de alejarse de sus propios caminos. Él le mostrará cómo al leer las Escrituras.

Conforme Dios le revela principios en su Palabra, aplíquelos a su vida —incluso cuando parezcan no tener sentido alguno— y confíe en que Él bendecirá su obediencia.

Responda a todas las preguntas, dilemas y retos que encuentre diciendo: «Señor Jesús, ¿qué quieres que haga? Deseo obedecerte». Hacer eso no solo transformará su vida, sino que cultivará la intimidad más maravillosa, profunda e indescriptible entre usted y el Salvador.

*Jesús, por favor, revélame si hay algo en mi vida
que te desagrada. Muéstrame el camino que
debo seguir. Quiero obedecerte. Amén.*

❧

**En su presencia... permítale
a Dios que lo transforme.**

CUANDO USTED ES DÉBIL

«Creo; ayuda mi incredulidad».
MARCOS 9.24

Hoy usted quizás sienta que su esperanza ha fallado, su fe se ha desvanecido. Está tratando de aferrarse a las promesas de Dios, pero el dolor continúa volviendo una y otra vez, y usted se pregunta si en realidad Dios intervendrá a su favor cuando se siente tan débil.

Sin embargo, entienda algo: el hecho de que acuda al Padre es evidencia de la fe necesaria para la victoria. Usted todavía cree que Él tiene las respuestas y le ayudará (Hebreos 11.6). ¡Muy bien!

El enfoque de su fe nunca debe estar en cuán fuerte es usted, sino en su completa dependencia de Dios, quien tiene bajo su control el resultado (2 Corintios 12.9). Las preguntas siempre son: ¿confiará en Él incluso en esto? ¿Escogerá creer, por confuso o agonizante que sea, que Él sigue siendo soberano y hará que «todas las cosas cooperen para el bien de quienes lo aman» (Romanos 8.28, NTV)?

Amigo, usted no tiene que ser fuerte, solamente tiene que ser de Dios (2 Timoteo 2.13). Así que declare su confianza en el Señor y obedézcale. Crea; porque Él con seguridad le pondrá fin a su incredulidad.

Señor, confiaré en ti. Tú eres la fortaleza de mi corazón y
mi porción para siempre. Gracias por ayudarme. Amén.

En su presencia... aférrese a Él por fe.

PRUEBA DE FE

En lo cual ustedes se regocijan grandemente, aunque ahora, por
un poco de tiempo si es necesario, sean afligidos con diversas
pruebas... para que la prueba de la fe de ustedes, más preciosa
que el oro que perece, aunque probado por fuego, sea hallada que
resulta en alabanza, gloria y honor en la revelación de Jesucristo.

1 PEDRO 1.6–7, NBLH

A veces enfrentará situaciones que son más grandes que usted, las cuales le harán sentir como si no tuviera respuestas o recursos para continuar. Todo en usted dice: «¡Ríndete!». Sin embargo, no lo haga.

Usted se halla en plena prueba de fe. Dios no está castigándole ni se ha olvidado de usted. Por el contrario, él está proveyéndole una oportunidad para que crezca espiritualmente y crea en Él para cosas mayores.

Así que tome la decisión de creer en el Señor a pesar de todo. No mire a sus circunstancias ni les preste atención a las opiniones de otros. Escuche al Padre celestial.

Abra la Palabra de Dios y confíe en lo que dice. Él está enseñándole que Jesús realmente es suficiente para cubrir toda necesidad que usted tenga. No hay reto demasiado abrumador ni abismo demasiado profundo que impida que Él pueda librarlo. Así que espere que el Señor demuestre ser fiel en su dificultad.

Señor, no puedo vencer esto; pero tú si puedes.
De modo que confiaré en ti. Amén.

❖

En su presencia... crea que Él será fiel.

LOS REQUISITOS

«Así alumbre vuestra luz delante de los hombres,
para que vean vuestras buenas obras, y glorifiquen
a vuestro Padre que está en los cielos».
MATEO 5.16

Cuando se sienta inadecuado para servir a Dios o llevar a cabo sus mandatos, recuerde que lo que Él espera de usted es diferente de lo que usted piensa. Usted puede pensar que Él está buscando carisma, capacidad de persuasión y una mente brillante. Sin embargo, todo lo que Él realmente requiere es:

Sensibilidad al Espíritu Santo. Esté atento y sea obediente a sus estímulos.

Servicio. Glorifíquelo con humildad y edifique a otros en lugar de promoverse a sí mismo.

Sacrificio. Entréguese completamente por amor al nombre de Dios en lugar de a lo que usted pueda conseguir.

Negación propia. Busque el reino de Dios y sus metas en lugar de las suyas propias.

Sufrimiento. Sígalo obedientemente, aunque eso signifique dolor y persecución, sabiendo que usted está sirviendo a los propósitos eternos de Dios.

En otras palabras, el Salvador quiere utilizar su vida como plataforma para su poder. Así que cuando Él le llame, no se preocupe por si tiene suficiente ingenio, talento o hermosura. Simplemente obedézcale de todo corazón. Con certeza, Él se magnificará por medio de usted.

Señor, gracias por escogerme para servirte. Que
mi vida te glorifique en todo. Amén.

❀

En su presencia... refleje su gloria.

El poder de su Palabra

Porque la palabra de la cruz es locura a los que se pierden; pero a los que se salvan, esto es, a nosotros, es poder de Dios.

1 Corintios 1.18

¿Ha experimentado en su vida el poder de la Palabra de Dios? ¿Ha visto cómo el Padre la usa para sostener su alma y transformar su vida? No es solo cuando sana alguna enfermedad o provee para sus necesidades de una manera sobrenatural que Dios obra en su favor. A menudo los mayores milagros que Él hace incluyen liberarle de fortalezas y conductas destructivas.

Sin embargo, dese cuenta de que Dios vierte su verdad milagrosa en su vida no solo para libertarle, sino también como testimonio para los que no lo conocen. Sus seres queridos no creyentes ven el poder del Salvador en su vida y eso les inspira a creer en Jesús y ser salvos.

Así que dedique tiempo a las Escrituras y testifique con fidelidad sobre el amor de Dios, buscando las maneras en que Él exhibe su poder en su vida. Pídale al Padre que le use de forma poderosa como su representante ante aquellos que lo rodean. Y luego observe cómo Él usa su Palabra para obrar milagrosamente por medio de usted.

Jesús, usa tu Palabra poderosamente en mi vida y ayúdame a ser un testigo fiel de tu amor salvador. Amén.

**En su presencia... permita que
su Palabra obre con poder.**

¿CUALQUIER COSA?

«Si algo pidiereis en mi nombre, yo lo haré».
JUAN 14.14

¿Responderá Dios a ese profundo deseo de su corazón que usted repetidas veces ha llevado ante su trono? ¿En realidad le ayudará? Jesús pone solo una condición para responder a su petición: que sea hecha *en su nombre*. Sin embargo, esto no significa meramente añadir la frase «en el nombre de Jesús» al final de toda oración.

Cuando Jesús habló con sus discípulos, ellos entendieron que su nombre significaba su carácter. Así que orar «en el nombre de Jesús» quería decir que debían conformar sus peticiones a la misión, los valores y la voluntad del Señor.

¿Cómo hace usted eso? ¿Cómo puede asegurarse de que sus oraciones se alinean con el carácter de Cristo? Apóyese en el Espíritu Santo. Romanos 8.26 explica: «Y de igual manera el Espíritu nos ayuda en nuestra debilidad; pues qué hemos de pedir como conviene, no lo sabemos, pero el Espíritu mismo intercede por nosotros con gemidos indecibles».

Orar en el nombre de Jesús requiere la ayuda del Espíritu Santo. Así que permita que el Espíritu de Cristo guíe sus palabras y conforme los deseos de su corazón a la voluntad de Jesús. Y tenga la seguridad de que Él lo escucha y le responderá.

Espíritu Santo, gracias por guiar mis oraciones.
Alinea mi corazón con la voluntad de Dios y
ayúdame a andar en tus caminos. Amén.

—————————— ❀ ——————————

**En su presencia... ore con
esperanza y valor.**

TIEMPO CON DIOS

«Buscad a Jehová, y vivid».
AMÓS 5.6

¿Desea usted liberación del estrés que está atravesando? ¿Quisiera que algo tranquilizara sus temores o le diera una perspectiva fresca de sus luchas? Si es así, meditar en la Palabra de Dios puede revolucionar su vida.

El Padre quiere que usted se relacione con Él, que guarde silencio en su presencia a fin de poder hablarle y enseñarle sus caminos. Desdichadamente, se perderá la actividad, la dirección y la intervención de Dios en sus circunstancias si no aprovecha la oportunidad para escucharlo y conocerle mediante su Palabra.

Por supuesto que la vida es ajetreada y tal vez usted piense que en realidad no tiene tiempo para quedarse sentado en su presencia. Sin embargo, dese cuenta de que cuando deja a un lado su relación personal con Dios, pierde mucho más. Pierde gozo, paz, poder, amor y sabiduría... e incluso el mismo propósito para el que fue creado.

El Padre le ama íntimamente, con una profundidad imposible de medir. Así que dedíquele tiempo y permítale que pueda contar con todo lo que usted es. No tenga duda alguna de que hallará todo aquello que ha estado anhelando encontrar.

Padre, ayúdame a conocerte. Enséñame tus caminos para
que pueda amarte más y obedecerte fielmente. Amén.

❈

En su presencia... aprenda de Él.

CLAME A DIOS

¡Ten misericordia de mí, oh Dios, ten misericordia!
En ti busco protección...
Clamo al Dios Altísimo,
a Dios, quien cumplirá su propósito para mí.
SALMOS 57.1–2, NTV

¿Hay obstáculos o dificultades que parecen impedirle que cumpla los propósitos de Dios para su vida? Tal vez usted se ha preocupado, ha planeado y se ha esforzado, pero en última instancia no ha logrado lo que desea y la desesperanza empieza a surgir. Si es así, es tiempo de que deje de *hacer* y empiece a *clamar*.

El Señor su Dios es soberano. Él puede ablandar los corazones que usted jamás podría tocar, cambiar las circunstancias que están fuera de su control, proveer recursos que ni siquiera soñaría obtener y desenredar los enredos que parecen insolucionables. Dios está esperando que clame a Él por liberación.

Acepte que es el puro orgullo lo que le mantiene apoyándose en sí mismo en lugar de depender de su Padre celestial y obedecerle. Él quiere ser su fuerza, su vida y su todo. Deje de tratar de imaginarse cómo resolver las cosas. Arrodíllese delante de Él y ponga en sus manos todas sus preocupaciones. Dios no le fallará.

Señor, tú eres mi única esperanza y ayuda. Cuento contigo,
Padre. Guíame por el camino que debo seguir. Amén.

En su presencia... confíe en Él a fin de que cumpla sus propósitos para usted.

GRACIA PARA PERDONAR

Ámense los unos a los otros profundamente,
porque el amor cubre multitud de pecados.
1 PEDRO 4.8, NVI

Cada vez que alguien le hace daño, es común que piense en lo que le han hecho y acaricie sus sentimientos heridos. Esto es normal, pero no es la voluntad de Dios para usted. El Padre quiere que perdone. Y le da un ejemplo asombroso del perdón por medio de David.

Si alguien alguna vez tuvo derecho a estar enfadado, ese fue David. En su juventud salvó a Israel de los filisteos al matar al gigante Goliat. Sirvió fielmente en la corte del rey Saúl, tocando música para calmar el espíritu atormentado del rey y expresándole siempre su lealtad inquebrantable. David no hizo nada malo. Sin embargo, Saúl tenía tanta envidia de Él que procuraba matarlo.

¿Se amargó David? No. Comprendió que así como había recibido la gracia de Dios, Él también debía extenderla, por mucho que Saúl lo aborreciera. Y el Señor bendijo a David debido a eso.

De manera similar, usted es llamado a perdonar tan generosamente como Cristo le ha perdonado a usted. Así que no permita que el resentimiento le consuma. En lugar de eso, como David, permita que la gracia caracterice sus relaciones personales. Porque, con certeza, «el amor nunca deja de ser» (1 Corintios 13.8).

Jesús, por favor, ayúdame a perdonar generosamente. Llena
mi corazón de amor a fin de que pueda honrarte. Amén.

**En su presencia... acepte
y extienda gracia.**

EXCUSAS

Oí tu voz en el huerto, y tuve miedo, porque
estaba desnudo; y me escondí.

GÉNESIS 3.10

¿Por qué Dios llamó a Adán después de que comió del fruto prohibido? ¿Acaso el Señor no sabía dónde estaba Adán? Por supuesto que lo sabía. Sin embargo, Adán estaba escondiéndose por el temor y la vergüenza, tal como muchos de nosotros nos retraemos emocional y espiritualmente luego de haber desobedecido al Padre.

No obstante, entienda algo. Dios no le hizo a Adán preguntas para recabar información. Más bien, lo hizo para recibir una respuesta, para revelar los pensamientos que impulsaban las decisiones de Adán. Y Él hace lo mismo con nosotros.

Desdichadamente, como Adán y Eva antes de nosotros, a menudo damos excusas. Tratamos de racionalizar nuestra desobediencia en lugar de aceptar la misericordia y la sanidad que el Señor ofrece tan generosamente (1 Juan 1.9).

Sin embargo, el Padre quiere que usted acuda a Él a fin de que pueda liberarle de la vergüenza y el dolor que le agobian.

Dios conoce su pasado, futuro, personalidad, heridas y todo lo que le hace ser lo que es... y aun así le ama. Así que no se esconda de Él. Vuélvase al Señor. Busque su maravillosa presencia, y permita que le sane para vivir.

Padre, he estado escondiendo aspectos de mi vida
debido a mi vergüenza. Por favor, libérame y
restáurame el gozo de tu salvación. Amén.

En su presencia... reciba perdón y sanidad.

LAS CONSECUENCIAS DE LA DESOBEDIENCIA

Entonces el Señor lo sacó del huerto de Edén, para
que cultivara la tierra, de la cual fue tomado.
GÉNESIS 3.23, RVC

Cuando Adán y Eva cedieron a la tentación, perdieron su intimidad con Dios y su hogar en el huerto del Edén. La adversidad empezó a acosarlos. En última instancia, todo su sufrimiento se debió a una única causa: no obedecieron al Padre. Y la humanidad ha estado pagando el terrible precio desde entonces.

De manera similar, cuando usted no se somete a Dios, siempre sufrirá las consecuencias. Por eso es absolutamente crucial que aprenda a escuchar al Señor y a acatar su dirección, ya que eso puede determinar la diferencia entre la vida en su mejor y su peor forma para usted.

Por consiguiente, cada vez que se prepare para hacer planes o proceder en alguna empresa, busque al Padre y comprométase a andar en su voluntad. Sea lo suficientemente sabio y cauto como para detenerse, presentarse ante el Padre y clamar: «Señor, guíame. Te obedeceré». Él con certeza le dirá la verdad, le dirigirá en la dirección correcta, y le ahorrará un montón de sufrimientos.

Señor, si me dirijo en la dirección errada, por favor,
muéstramelo. Quiero andar en tu voluntad. Amén.

En su presencia... busque su voluntad
y comprométase a obedecerlo.

PRIMERO

*Yo estimo como pérdida todas las cosas en vista del
incomparable valor de conocer a Cristo Jesús, mi Señor.*
FILIPENSES 3.8, LBLA

¿Qué es lo que consume sus pensamientos hoy? ¿Qué ocupa el lugar supremo de prominencia en su vida? Su respuesta dirá mucho en cuanto a lo que es verdaderamente importante para usted.

Sin embargo, tenga presente que las frustraciones y el desaliento que enfrenta a menudo tienen más que ver con lo que está buscando que con cualquier otra cosa. Tal vez desea que le amen y le respeten, que le aprecien y acepten tal como es. Tal vez anhela sentirse saludable, seguro y libre de cargas. Así que persigue las metas, los objetivos y a las personas que parecen responder a su necesidad más profunda.

No obstante, las prioridades equivocadas lo privarán de la paz, la energía y el gozo. Es solo Dios quien merece el lugar de honor más alto en su vida. ¿Pasa usted tiempo con Él a diario, buscando su rostro y profundizando su intimidad con Él? ¿Lo busca con mayor pasión que cualquier otra cosa?

Si no es así, usted se desilusionará. Nada es tan maravilloso ni digno como el Señor. Y nada puede satisfacer su alma como Él.

*Señor, quiero que seas el primero en mi vida. Purifícame
de cualquier cosa que no sirva a tu voluntad o que
no me ayude a seguirte fielmente. Amén.*

En su presencia... declare
que Él es el primero.

CONOZCA LA VOLUNTAD DE DIOS

Pedimos que Dios les haga conocer plenamente su voluntad
con toda sabiduría y comprensión espiritual.

COLOSENSES 1.9, NVI

¿Encuentra usted que conocer la voluntad de Dios es al parecer una lucha constante? ¿Sopesa los pros y los contras de sus decisiones buscando señales de la dirección de Dios, pero después continúa preguntándose si verdaderamente está haciendo elecciones que honran al Señor?

Entender la voluntad de Dios para su vida no es algo tan ambiguo como pudiera pensar. El Señor *quiere* que usted lo obedezca y anhela dirigir su senda. Así que cuando anda con Él, le provee la sabiduría que necesita en cada paso.

Sin embargo, ¿cómo se asegura usted de que está en íntima comunión con el Padre celestial? Primero, entréguese a Él por completo, comprendiendo que es su hijo amado y que Dios jamás le hará descarriar. Segundo, niéguese a dejarse amoldar por los estándares del mundo o a seguir sus estrategias para conseguir sus metas. Tercero, sea transformado al permitir que el Espíritu Santo cambie su manera de pensar.

Finalmente, confíe en que el Dios que lo salvó puede enseñarle el camino que debe seguir. Él no le fallará. Confíe en Él.

Señor, háblame fuertemente por medio de tu Espíritu. Enséñame
tu voluntad para que pueda andar en tus caminos. Amén.

**En su presencia... confíe
en que Él le guía.**

Cuente con Él

El que no escatimó ni a su propio Hijo, sino que lo entregó por todos nosotros, ¿cómo no nos dará también con él todas las cosas?

Romanos 8.32

Usted puede depender de Dios. Puede contar con su provisión de amor como un hecho, porque sabe cuánto Él dio para resolver el problema más grave que usted tiene, que es el pecado que lo separaba de su presencia (Isaías 59.2).

El Padre entendía su profunda necesidad de tener una relación personal con Él, así que dio nada menos que a aquel cuyo nombre es «sobre todo nombre que se nombra» (Efesios 1.21), su Hijo unigénito, Jesús. Si Él dio a su propio Hijo precioso para que usted pudiera conocerlo, ¿por qué duda que quiera ayudarle con cualquier cosa que enfrente? Por supuesto que su problema le importa a Dios, ya que significa mucho para usted.

La verdad del asunto es que el Dios de toda la creación, el gran YO SOY, el Rey de reyes y Señor de señores *le ama* y está comprometido con usted de todo corazón. Así que escúchelo y confíe en que Él le ayudará con lo que sea que usted necesite hoy.

Señor Jesús, gracias por salvarme. Gracias por esta prueba y por mostrarme tu gran provisión mediante ella. Amén.

En su presencia... apóyese en Él por completo.

ÉL LO HARÁ

«Yo soy el Dios Todopoderoso; anda delante de mí y sé perfecto. Y pondré mi pacto entre mí y ti, y te multiplicaré en gran manera».
GÉNESIS 17.1–2

No se pierda la palabra decisiva en el pacto entre el Señor y Abraham: «pondré». Desde el principio, Dios asumió la plena responsabilidad de cumplir su promesa. Dependía de Él darle a Abraham un hijo y multiplicar sus descendientes.

¿Le ha pedido usted al Padre celestial que le ayude en algún asunto? ¿Está su respuesta llevando más tiempo del que esperaba? ¿Parece imposible la consecución de lo que añora? No cometa el terrible error de tomar las cosas en sus propias manos. Sara lo hizo al ofrecerle a su sierva Agar a Abraham, e Israel todavía sufre debido a la impaciencia de ella.

Por el contrario, recuerde que Él es el «Dios que todo lo hace para» usted (Salmos 57.2, LBLA). La única responsabilidad de Abraham era seguir al Señor obedientemente, y lo mismo es verdad para nosotros.

Así que deje de tratar de manejarlo todo por cuenta propia. Eso es responsabilidad de Dios. Confíe en que el Padre tiene maravillosos planes para su vida y Él hará que se cumplan.

Señor, gracias por asumir completamente la responsabilidad. Ayúdame a caminar en obediencia y a confiar en tu plan perfecto. Amén.

En su presencia... confíe en que Él cumplirá sus promesas.

CUANDO SIENTE SED

Mi alma tiene sed de Dios, del Dios vivo.
SALMOS 42.2

¿Se siente desalentado, con sed y débil, como si Dios hubiera partición incorrecta y usted estuviera meramente sobreviviendo? A veces el Padre permite que enfrente una temporada en la que se siente derrotado y espiritualmente agotado para atraerle más a Él.

Aunque tal vez piense que las experiencias del desierto de la vida lo alejarán del Salvador, en realidad pueden hacer que su fe en Él madure grandemente. Como un niño perdido que busca a sus padres, usted busca a Dios desesperadamente, afinando su oído esperando oír su voz y anhelando su presencia.

Usted también desecha cualquier cosa que le pudiera impedir hallarlo. En realidad, es más que probable que descubra que cuando no siente la presencia del Padre, se debe a que sin intención se enfocó en algo que no es Él. Usted se distrajo y ya no está bebiendo de su maravillosa presencia. Dios no es su primera prioridad, así que Él despierta en usted una sed por sentirle.

Por lo tanto, vuélvase al Señor y disfrute de comunión con Él. Puede llevar tiempo reconstruir su relación personal, pero tenga la seguridad de que los que buscan a Dios «serán saciados» (Mateo 5.6).

Señor, tengo sed de tu maravillosa presencia. Restaura nuestra comunión y ayúdame a disfrutar de tu amor. Amén.

En su presencia... su sed será saciada.

SUPERE LA FE DEFECTUOSA

La justicia de Dios se revela por fe y para fe, como
está escrito: Mas el justo por la fe vivirá.

ROMANOS 1.17

La mayor barrera para su fe no son sus circunstancias, su pasado, ni las acciones de nadie. Su mayor barrera es su falta de fe en la soberanía, la sabiduría y el amor de Dios. Usted no confía en Él, y eso impide que el poder divino fluya en su vida.

Así que, ¿cómo puede superar la fe defectuosa? Primero, pídale al Señor que le ayude a enfocarse tanto en Él que, cuando las dificultades surjan, usted de inmediato busque su ayuda. Dios le ayudará a lograr esto a medida que pase tiempo con Él y medite a diario en su Palabra.

Segundo, abandone su deseo de controlar las cosas. Soltar el control asusta, no hay dudas de eso. Sin embargo, siempre que el Padre le llame a que le siga por fe, Él promete respaldarle en cada paso del camino. Él asume por completo la responsabilidad de satisfacer sus necesidades y está listo para equiparle ante cualquier cosa que ocurra.

Así que supere su fe defectuosa abandonando su necesidad de dirigir sus circunstancias y confiando en su soberano Salvador. Obedezca a Dios y déjele a Él las consecuencias. Con seguridad él le bendecirá.

Padre, fortalece mi fe. Ayúdame a confiar en
ti por completo cada vez que surjan problemas
y a mantener mis ojos fijos en ti. Amén.

━━━ ✦ ━━━

En su presencia... fortalezca su fe.

CAUSA PARA LA FE

Corramos con paciencia la carrera que tenemos por delante,
puestos los ojos en Jesús, el autor y consumador de la fe.
HEBREOS 12.1–2

Cuando usted batalle con su fe en alguna situación en particular, recuerde: puede poner su confianza en Jesús debido a quién es Él y lo que ha hecho.

Él es su Salvador, Señor, Dador de vida, Protector, Proveedor, Consejero, Sustentador y Redentor. Él lo sabe todo sobre su vida, incluso detalles que usted mismo no conoce.

Debido a que el Señor Dios es omnisciente y omnipotente, siempre sabe lo que es absolutamente mejor para usted. Y debido a que le ama, puede confiar plenamente en que Él fielmente le proveerá.

Su maravilloso Salvador ha perdonado todos sus pecados (Colosenses 1.13–14), le ha hecho completo (Colosenses 2.10), y le ha dado todo lo que necesita para la vida y la piedad (2 Pedro 1.3). Él es absolutamente soberano, insondablemente sabio y le cuida a la perfección.

Usted puede confiar en que Jesús guiará sus pasos. Así que ponga su fe absoluta en el Señor, confiando en que Dios hará honor a su confianza en Él y le llevará a la vida en su mejor expresión.

Señor Jesús, pongo mis ojos en ti con la confianza de
que me guiarás de la mejor manera posible. Amén.

En su presencia... fije sus ojos
en Él y sea lleno de fe.

AGOSTO

ÉL LLENA LAS BRECHAS

«Mi gracia es todo lo que necesitas; mi poder actúa mejor en la
debilidad». Así que ahora me alegra jactarme de mis debilidades,
para que el poder de Cristo pueda actuar a través de mí.

2 CORINTIOS 12.9, NTV

Cuando usted batalla con alguna carga pesada, ¿no es maravilloso que alguien se ofrezca a ayudarle o insista en que descanse mientras Él se encarga de las cosas por un tiempo? Esto es lo que sucede en su vida en el momento en que recibe a Cristo y se mantiene en una relación personal con Él. Jesús asegura que conforme usted crece en Él, obrará en usted su perfección. No tiene que luchar, esforzarse o agotarse. Él obrará en usted... a su tiempo, usando sus métodos, y todo para cumplir sus propósitos.

Amigo, anímese. Nadie puede ser el mejor siempre. Nadie lo hace bien todas las veces. Sin embargo, es en sus tiempos de debilidad y fracaso que usted tiene la mayor capacidad para crecer.

Cuando no logra cumplir con las expectativas, está en la posición perfecta para confiar en que Dios cubrirá sus fallas. Así que anímese y descanse en que Él le ayudará a triunfar.

Padre celestial, ayúdame a ver mis tiempos de debilidad
como oportunidades para crecer en ti. Amén.

En su presencia... su
gracia lo completa.

ESCUCHE CON PACIENCIA

«Éstos son los que con corazón bueno y recto retienen
la palabra oída, y dan fruto con perseverancia».
LUCAS 8.15

En ninguna parte de las Escrituras Dios le dice a alguien que se apure para tomar una decisión. Aunque puede haber ocasiones en que usted necesita escucharlo pronto, el Señor nunca le pide que se precipite hacia adelante a ciegas.

Satanás, por otro lado, siempre le urge a actuar de inmediato, porque desea llevarle a la destrucción. El enemigo sabe que si usted da un paso atrás y piensa lo suficiente en cuanto a una decisión, tomará una mejor alternativa, trastornando su plan final.

Amigo, si siente un impulso abrumador de actuar espontáneamente, tome las riendas. Esté dispuesto a escuchar a Dios persistentemente y con paciencia, aun cuando hacerlo exija más de su fe. Su amoroso Padre celestial ha prometido hablarle a su corazón, así que puede esperar que lo hará fielmente.

Simplemente, comprenda que Dios con toda probabilidad no le dirá todo en el momento en que usted desea la información. En lugar de eso, le guiará un paso a la vez, esperando hasta que todos los detalles estén en los lugares apropiados para su bien, y entonces le instruirá en cuanto a cómo proceder.

Padre, que tu Espíritu obre paciencia en mí a fin de que
pueda esperar con gozo tu instrucción. Amén.

❀

En su presencia... escúchelo
con paciencia.

PURIFICACIÓN

Crea en mí, oh Dios, un corazón limpio,
Y renueva un espíritu recto dentro de mí.
SALMOS 51.10

Cuando Dios señala aspectos de su vida que necesitan un cambio, se debe a que le ama. Él quiere limpiarle para que sea lleno de su vida y gozo.

Sin embargo, sepa que estas son las mismas ocasiones en que se verá tentado a huir del Padre, imaginándose que está enfadado con usted y ya no le ama. No lo haga. Manténgase en el curso y cultive su relación personal con Él.

Cuando usted está dispuesto a sentarse ante el Señor y permitirle que deje al descubierto su corazón, su vida será transformada. Él elimina de su vida cualquier cosa que no esté edificándole espiritualmente. Así que sin importar lo que Él traiga a su mente hoy, lo mejor que puede hacer es admitirlo, confesarlo, arrepentirse de eso y corregirlo. Esa es la forma segura de mantener viva y saludable su comunión dulce con el Padre.

No ignore a Dios ni racionalice sus acciones, porque eso solo atrofiará su crecimiento. Más bien, humíllese ante el Señor, confiese sus transgresiones y pídale que le limpie. Y tenga la seguridad de que Dios nunca le alejará de él.

Señor, límpiame a fin de que pueda disfrutar de una comunión ininterrumpida contigo. Gracias por perdonarme. Amén.

❊

En su presencia... sea limpiado.

SU GRAN AMOR

Mirad cuál amor nos ha dado el Padre, para
que seamos llamados hijos de Dios.

1 JUAN 3.1

Nadie le ama de manera más íntima e incondicional que Dios. El Señor le creó para que tenga una relación personal con Él: para que le glorifique, tenga comunión con Él y sea su hijo amado para siempre.

Él quiere que reconozca cuán profunda e incondicionalmente se interesa por su vida. No hay nada que usted pueda hacer que lo sorprenda o desilusione, porque Él lo sabe todo y nunca le asombran sus acciones. Aunque Él no aprueba el pecado y puede instarlo a que se arrepienta de la conducta impía, siempre le invita a que vuelva a su presencia y lé acepta cuando usted se arrepiente (1 Juan 1.9).

Por consiguiente, si tropieza, siempre recuerde que puede tener un Abogado ante el Padre, Jesucristo, que oye sus oraciones pidiendo perdón y se interesa cuando usted está sufriendo. Dios puede disciplinarle cuando cede a la tentación, pero nunca le retirará su amor. Usted es su hijo. Esta verdad nunca cambia. Y debido a que Él es justo, amoroso y firme, con certeza nunca le fallará.

Señor, gracias por perdonarme. ¡Pase lo que pase, tu
amor es eterno y estoy muy agradecido! Amén.

❊

En su presencia... usted es
amado profundamente.

ARRAIGADO

«Pero no tiene raíz en sí... pues al venir la aflicción o la
persecución por causa de la palabra, luego tropieza».

MATEO 13.21

Amigo, ¿hay asuntos en su vida en los que, debido a su dolor por el pasado y su deseo de protegerse, usted no permite que la Palabra de Dios se establezca? Si es así, es probable que cuando surjan las tormentas de la vida, se quede completamente devastado, pues no tiene nada sólido a qué anclarse (Mateo 7.24–27).

Por eso es tan crucial que constantemente renueve su entendimiento y permita que el Señor «are el terreno» de su corazón a fin de que la Palabra de Dios pueda echar raíces profundas en usted y sepa lo que cree sin titubear.

Así que pídale hoy al Padre celestial que le revele lo que está impidiendo que reciba su Palabra, aquellos aspectos que usted se niega a confiarle. Tal vez ya sepa cuáles son, porque constantemente le están causando problemas. Sin embargo, reconozca los terrenos pedregosos y comprométase a aplicar a su vida la verdad de Dios. Será difícil, amigo, pero vale la pena, porque allí es donde empieza su verdadera sanidad.

Padre, por favor, revélame los aspectos en donde las Escrituras
no han echado raíces. Haz de tu Palabra el cimiento de
mi vida para que pueda glorificar tu nombre. Amén.

En su presencia... permita
que su verdad eche raíz.

ORE CON FE

«Te pido que todos sean uno, así como tú y yo somos uno,
es decir, como tú estás en mí, Padre, y yo estoy en ti».
JUAN 17.21, NTV

Jesús a menudo acudió al Padre con asuntos y peticiones; y como Él, se nos alienta a que le demos a conocer a Dios nuestras peticiones en cada circunstancia. Debemos llevar al Señor nuestras necesidades específicas con valentía, no con timidez (Hebreos 4.16).

Por medio de Cristo su espíritu ha quedado unido para siempre a aquel que tiene todas las respuestas, todas las soluciones, toda la provisión y todas las bendiciones. Por consiguiente, su mente debe concentrarse en el Dios que le salva, libra, sana, redime y restaura, independientemente de sus circunstancias. Él multiplica sus recursos, provee de maneras que usted ni siquiera puede imaginarse, y es muy capaz de obrar milagrosamente a su favor.

¡Así que ore! Dirija su atención al Padre celestial, que lo sabe todo, lo controla todo, tiene todo el poder y es todo amor. Recibirá ayuda para que sea uno con Dios por medio del Espíritu y ande conforme a su voluntad. ¡Gracias sean dadas al Señor Jesús, cuyo sacrificio supremo nos permite ahora esta clase de acceso a Dios!

Señor Jesús, gracias por hacerme uno contigo y darme
acceso ilimitado a tu trono de gracia. Amén.

En su presencia... tenga confianza en la oración.

UN COMPAÑERO ÍNTIMO

Acérquense a Dios, y Dios se acercará a ustedes.
SANTIAGO 4.8, NTV

Dios quiere entablar con usted una relación íntima; sin embargo, ¿desea usted lo mismo? Los momentos íntimos que pasa con el Salvador, adorándolo, percibiendo su cercanía, y expresándole su amor, son las mismas ocasiones en que él se le revela. En realidad, Éxodo 33.11 afirma que Dios tuvo conversaciones con Moisés «como habla cualquiera a su compañero». La palabra *compañero* aquí significa «amigo íntimo». Esta es la clase de relación que Él desea tener con usted también.

El Señor nunca quiso que tan solo supiera algo *acerca* de Él, sino que conociera sus caminos y su amor incondicional por usted a un nivel profundamente personal al avanzar por la vida y que le viera como su compañero infalible y amigo maravilloso.

Así que, acérquese al Padre en comunión. Al hacerlo, confiará en Él más profundamente y le contará con más franqueza sobre los sentimientos y retos que enfrenta. Y llegará a conocerle como Moisés lo conoció: como un amigo verdaderamente íntimo, digno de confianza, que le ama, le provee, y sabe lo que es mejor para usted.

Señor, atráeme más a ti. Que tu dulce Espíritu
guíe todos mis caminos. Amén.

En su presencia... acérquese
a Él con confianza.

DONES POR DISEÑO

A cada uno de nosotros se nos da un don espiritual
para que nos ayudemos mutuamente.

1 CORINTIOS 12.7, NTV

Dios no improvisa, sino que planea. Así como Él estratégicamente formó a la creación, también le diseñó a usted con todo cuidado y le dio todo lo que necesita para llevar a cabo un propósito específico.

El Padre le ha dotado de dones y talentos distintivos para cumplir su papel especial en la edificación del cuerpo de Cristo. El Señor hace esto no solo para bendecir a otros y glorificar su nombre, sino para ayudarle a usted a sentirse aceptado, necesitado y digno, haciéndole una parte integral de su obra.

Por lo tanto, ¿qué tenía Dios en mente cuando le creó a usted, planeó su propósito y le dio sus dones espirituales? Una cosa es segura: si usted se lo pregunta, no solo se lo dirá, sino que también le revelará el lugar donde quiere que le sirva.

Así que honre a su Padre celestial sometiéndose a su plan y ejerciendo sus dones al servicio de otros creyentes. Ese es el camino para el que usted fue creado y la forma en que disfrutará de la profundidad del gozo, la paz y la satisfacción de Dios.

Padre, gracias por los dones que me has dado y el plan maravilloso
que tienes para mi vida. Ayúdame a servirte fielmente. Amén.

En su presencia... ejerza los
dones que le ha dado.

LA IMPORTANCIA DE LA COMUNIÓN

*No dejando de congregarnos, como algunos tienen
por costumbre, sino exhortándonos; y tanto más,
cuanto veis que aquel día se acerca.*

HEBREOS 10.25

¿Alguna vez ha cuestionado la necesidad de estar en comunión con otros creyentes? Tal vez alguien en la iglesia le haya herido haciéndole sentir que no encajaba. Sin importar cuál fuera la razón, está perdiéndose una amistad genuina, adoración, respaldo, oportunidades para el servicio, aliento, instrucción en su fe, y el amor que el Señor quiere mostrarle por medio de otros creyentes.

Nadie puede «marchar solo» espiritualmente, y eso es así por diseño. Dios reúne a su pueblo en una comunidad de fe y comunión a fin de que podamos ministrarnos los unos a otros y hallar la fuerza y el valor que necesitamos para llevar las cargas diarias (Gálatas 6.2).

De modo que, si no pertenece a una iglesia, pídale al Padre que le guíe a una donde Él sepa que usted prosperará. Únase a algún grupo pequeño de estudio bíblico. Lo importante que debe recordar es: no trate de caminar solo.

*Señor, quiero servirte y honrarte en todo lo que hago, y sé que
eso significa amar y servir a otros creyentes. Ayúdame a ser
obediente sin importar a dónde tu Espíritu me guíe. Amén.*

**En su presencia... halle el lugar
donde servir y tener comunión.**

ACÉRQUESE A DIOS

Te ruego que me muestres ahora tu camino, para
que te conozca, y halle gracia en tus ojos.
ÉXODO 33.13

Moisés amaba y adoraba a Dios. Él buscó tener con Dios una relación personal que iba mucho más profundo que simplemente creer que el Señor existe: quería vivir de una manera que honrara a su Creador. Así que Moisés oró y buscó su rostro. Y el Señor honró grandemente a Moisés (Éxodo 33.19–23).

Aprenda del ejemplo de Moisés. Disponga su corazón para buscar los caminos de Dios y experimentar una bendición extraordinaria. Al entender cómo el Señor piensa y opera, se asombrará por la manera inconcebiblemente asombrosa en que Él obra en su vida y las insondables profundidades de su amor por usted.

A la larga, tendrá una intimidad con el Salvador que nunca imaginó. Como lo hizo por Moisés, esto revolucionará de forma absoluta su vida. Sin lugar a dudas, su deseo de agradarle aumentará. Aprenderá a descansar en el hecho de que Él es Dios y está obrando. No obstante, también tendrá las herramientas apropiadas para vivir una vida abundante: una vida que es completa, gloriosa, llena de favor y maravillosamente eterna.

Señor, quiero entender tus caminos. Muéstrame quién
eres a fin de que pueda hallar favor a tus ojos. Amén.

En su presencia... usted
descubrirá sus caminos.

SUMISIÓN EN LA MEDITACIÓN

¡Humíllense ante el Señor, y él los exaltará!
SANTIAGO 4.10, RVC

Si hay rebelión en su corazón y usted insiste en salirse con la suya, es muy probable que encuentre difícil meditar. Usted no querrá estar a solas con Dios, ya que Él pondrá al descubierto asuntos de su vida que preferiría mantener ocultos. Cada vez que acuda ante el Señor, Él insistirá en que enfrente ese pecado. A la larga usted deberá concordar con Él y tener su relación personal restaurada, o dejará por completo de acudir a Dios.

Cuando usted se niega a lidiar con un problema que Dios ha señalado, no pierde su posición con Él, sino que sigue siendo salvo. Sin embargo, su comunión con el Señor queda interrumpida.

No se pierda de la relación personal con el Padre debido al pecado y el orgullo. Arrepiéntase. Acepte que usted ha obrado mal y Él tiene razón. Permítale que le libre de esa fortaleza. Y disfrute las maravillosas recompensas de pasar tiempo a solas con Dios, pensando en Él, obedeciéndole y alabando su santo nombre.

¡Señor, perdóname mis pecados! No quiero que nada
se interponga entre nosotros. Gracias por perdonarme
y atraerme de nuevo a tu presencia. Amén.

En su presencia... confiese cualquier rebelión y corra a sus brazos.

La intimidad es esencial

«Clama a mí, y yo te responderé; te daré a conocer
cosas grandes y maravillosas que tú no conoces».

JEREMÍAS 33.3, RVC

En algún momento todos batallamos con la cuestión de por qué Dios nos permite sufrir, y nos preguntamos si acaso es porque ya no nos ama. Sin embargo, la verdad es que algunas de las más grandes lecciones que aprendemos son resultado de la adversidad. Durante esos tiempos dolorosos, si nos aferramos al Padre celestial, obtendremos conocimientos valiosos sobre su corazón y mente.

Cuando atraviese por pruebas dese cuenta de que Dios no quiere lastimarle (Lamentaciones 3.32–33). Más bien, Él tiene grandes cosas que desea enseñarle: lecciones que, desdichadamente, se pueden aprender solo mediante la tristeza (Hebreos 5.8). Así que cuando surjan los problemas, quédese quieto y pídale al Señor que le muestre lo que usted puede aprender por medio de la situación.

Su Salvador está aquí, en estos momentos y justo a su lado. Su amoroso Padre celestial le está llamando, pidiéndole que se acerque y conozca sus caminos. Así que clame a Dios. Él le responderá. Y le enseñará cosas grandes y maravillosas que usted necesita saber.

Padre, ¿qué quieres que aprenda mediante esto que me parte
el corazón? Enséñame, Señor mío, que yo te oigo. Amén.

**En su presencia... clame a Él
y espere que responda.**

Escuche

*Escucha con atención, pueblo de Israel, y asegúrate
de obedecer. Entonces todo te saldrá bien.*

Deuteronomio 6.3, ntv

¿Por qué ir a la iglesia, leer la Biblia o asistir a conferencias cristianas? Pues para oír lo que el Padre le está diciendo.

Y si el Señor le enviara una carta personalizada, dirigida a usted: *Querido (su nombre)*, y firmada: *YHWY Dios*, ¿la pondría a un lado y la leería después del noticiero nocturno? Por supuesto que no. Abriría la carta con reverencia, la leería atentamente y tal vez la volvería a leer a menudo.

Por desdicha, hay muchos creyentes que nunca le dan en realidad un segundo pensamiento a lo que el Señor les está diciendo. Son oyentes pasivos: no intervienen en el proceso de escuchar ni son transformados en su interior. De manera triste, se pierden el gozo y el poder de la vida cristiana.

Felizmente, usted no tiene que ser así. Usted tiene una carta personal de Dios en las palabras de la Biblia, y ellas lo transformarán conforme las aplica a su vida. De modo que no deje pasar más tiempo. Abra la Palabra y escuche al Padre con pasión.

*¡Padre, quiero conocerte! Enséñame a ser un oyente
activo y aumenta mi amor por tu Palabra. Amén.*

**En su presencia... aplique a
su vida la verdad de Dios.**

NINGÚN OTRO LO HARÁ

«Mi Señor eres tú.
Fuera de ti, no poseo bien alguno».
SALMOS 16.2, NVI

En el corazón de todo hombre y mujer hay un lugar que solo Dios es capaz de llenar. Nosotros podemos tratar de satisfacer nuestros anhelos con diferentes cosas, pero mientras no lleguemos al punto de rendirnos por completo a Él, seguiremos siendo vulnerables a los pensamientos de temor, el descontento, los deseos egoístas, así como al orgullo y la lujuria.

No obstante, cuando usted tiene comunión con Dios, Él empieza a transformar la misma esencia de su ser, cambiando su enfoque de sí mismo a Cristo. Él ocupa el trono de su corazón, conformándole a su carácter, libertándole de sus fortalezas de pecado, y rodeándole de su cuidado eterno.

Hablando pragmáticamente, usted no puede experimentar esto a menos que busque de forma activa andar en los caminos de Dios y se rinda a Él. Mientras que lo mantenga alejado, no podrá conocerlo. Esto se debe a que las relaciones personales permanentes, incluyendo la suya con el Señor, solo pueden existir y crecer mediante la intimidad mutua.

La única relación personal que puede saciar sus anhelos, sostenerle en las dificultades y darle paz es la relación personal que tiene con Dios. No lo aleje de ninguna manera.

Padre, ocupa el trono de mi corazón y hazme
un instrumento para tu gloria. Amén.

❊

En su presencia... permanezca
por completo en su amor.

IRRAZONABLE

«Mis pensamientos no son vuestros pensamientos, ni
vuestros caminos mis caminos», dijo Jehová.

ISAÍAS 55.8

A veces Dios requerirá de usted algo que no tiene sentido. Por ejemplo, Jesús dijo que si alguien le golpea en una mejilla, debe volverse y ofrecerle la otra (Mateo 5.39). Eso no es exactamente razonable.

El Salvador también dijo que si alguien le ordena que vaya con él una milla, alegremente debe acompañarlo dos, dando por encima y más allá de lo que se le ha pedido, incluso si es inconveniente para usted (v. 41). Tal cosa no es tampoco necesariamente práctica. Sin embargo, la sabiduría de Jesús excede por un gran margen a la del mundo, y a menudo Él hizo lo opuesto de lo que la gente esperaba debido a que entendía las realidades espirituales que los demás no veían debido a su extrema limitación.

Eso no quiere decir que el Señor no utilice la sabiduría humana, porque sí lo hace. No obstante, muy a menudo Él le pedirá que acometa objetivos que parecen ilógicos para su mente racional. Cuando esto ocurra, tenga presente que Dios tiene un propósito, es sabio y absolutamente soberano. Sus caminos son mucho más altos que los suyos. Con seguridad él le bendecirá conforme usted confía en Él y lo obedece.

Padre, equípame y endereza mis sendas para
que pueda participar en tu obra. Amén.

En su presencia... crea que Dios está
dirigiéndole con sabiduría y poder.

FIEL EN TODO

«El que es fiel en lo muy poco, también en lo más es fiel».
LUCAS 16.10

Habrá oportunidades hoy para que usted tome atajos y haga menos que lo mejor... y usted tal vez tenga un millón de razones por las que deba hacerlo así. Sin embargo, sepa que cada vez que escoge desechar las oportunidades de honrar a Dios, está separándose a sí mismo de las mejores bendiciones de Dios. Sin embargo, si lo glorifica incluso en los asuntos menores, Él recompensará su fidelidad.

Por ejemplo, cuando los hermanos de José lo vendieron como esclavo (Génesis 37), Él sirvió en la casa de Potifar, fue acusado falsamente y lo encerraron en la cárcel (Génesis 39). Con todo, se negó a compadecerse a sí mismo. Por el contrario, escogió hacer absolutamente el mejor trabajo posible: no solo para bendecir al guardián de la cárcel, sino para honrar a Dios. Y el Señor a la larga usó su dedicación para designarlo como segundo al mando en Egipto (Génesis 40—41).

No mire a sus circunstancias ni trate de buscar atajos. Desempéñese lo mejor posible dondequiera que Dios le haya colocado y confíe en que Él le ensalzará (1 Pedro 5.5–6). En cualquier lugar que esté, trabaje con excelencia, y confíe en que Dios le dirigirá por la senda de la bendición.

*Señor, ayúdame a hacer lo mejor que pueda para que
tú siempre seas glorificado en mi vida. Amén.*

En su presencia... sea fiel.

Ore con agradecimiento

Señor, qué bueno es agradecerte
y entonarte canciones de alabanza, Dios Altísimo.
Salmos 92.1, PDT

¿Ora usted a Dios con agradecimiento en su corazón? ¿Se acerca al trono de la gracia con alabanza? Si es así, probablemente halle que hacer eso le lleva a la presencia de Dios de una manera como ninguna otra cosa pueda hacerlo. Usted pasará de preocuparse por sus problemas a exaltar a aquel que puede resolver cualquier cosa que le preocupe. Y es en esos momentos de adoración que el Padre le da la inconmovible seguridad de que todo es para bien.

Por lo tanto, en estos mismos momentos, alábelo. Dele gracias a Dios porque Él tiene el poder para resolver sus problemas, sabiduría para saber lo que es mejor para usted, y misericordia para perdonar sus fallas. Adore al Señor por su amor, su maravilloso propósito para su vida, y por proveerle de un hogar en el cielo.

Sin dudas usted tendrá más razones para expresar su aprecio. Sin embargo, una cosa es segura: no hay sustituto para el agradecimiento y la alabanza que brota de su relación íntima con el Padre celestial. Por eso, no espere. Adore al Señor por quién es Él en estos mismos momentos.

Tú eres mi Salvador, Redentor, Guerrero victorioso, Sanador,
Libertador y Consejero. ¡Gracias por amarme, mi Señor y mi Dios!

En su presencia... alabe a Dios
con un corazón agradecido.

ESCOJA SEGUIR

«Si alguno quiere venir en pos de mí, niéguese
a sí mismo, y tome su cruz, y sígame».
MATEO 16.24

¿Se halla en alguna situación que no es lo mejor de Dios para usted? ¿Está enfrentando las consecuencias de sus decisiones y preguntándose si acaso Dios alguna vez volverá a ayudarle?

Aunque el Padre siempre provee con gusto la sabiduría y la perspectiva que usted necesita, Él espera para responderle hasta que esté en una posición de someterse a su dirección. En otras palabras, Él quiere que usted esté dispuesto a hacer lo que Él le dice.

Si lo piensa, Jesús se puso a disposición de los discípulos, pero ellos tenían que *escoger* seguirle y obedecer sus mandatos. Algunos que oyeron al Salvador hablar se fueron sin experimentar ningún cambio. Sin embargo, los que se sometieron a su liderazgo experimentaron una transformación dramática.

Usted tiene la misma oportunidad hoy. Así que preséntese ante el Señor —sabiendo que Él le ama y acepta por completo— y haga lo que Él dice. Tenga la seguridad de que conforme Dios obra en su corazón, *habrá* cambios: algunos de ellos dolorosos, algunos que le deleitarán, pero todos con un propósito.

Padre, confío en tu obrar en mi vida. Ayúdame
con tu gracia a someterme a cualquier cambio u
oportunidades que pongas delante de mí. Amén.

En su presencia... permítale
que guíe sus pasos.

INCONMOVIBLE

A Jehová he puesto siempre delante de mí;
Porque está a mi diestra, no seré conmovido.

SALMOS 16.8

¿Alguna vez se ha preguntado por qué María no tuvo miedo de arriesgarse a la vergüenza pública para obedecer a Dios? ¿O por qué el apóstol Pablo no abandonó su fe cuando atravesó un severo sufrimiento? ¿O cómo David no solo sobrevivió, sino que *prosperó* durante los años en que el rey Saúl lo perseguía?

Mediante pruebas, dificultades, adversidades y profundas aflicciones, hombres y mujeres como María, Pablo y David aprendieron los caminos de Dios. Hallaron que el amor del Señor nunca cambia y que Él es completamente digno de confianza. Su presencia maravillosa y permanente los mantuvo fieles incluso cuando el mundo se derrumbaba a su alrededor.

De manera similar, al conocer sus caminos, usted tendrá todo lo que necesita para permanecer firme en su fe en cada recodo del camino. Cuando entienda, así como ellos lo entendieron, el poder que es suyo en Cristo, no estará tan temeroso. Se dará cuenta de que cualquiera cosa que venga a su encuentro primero pasa por las manos amorosas de su Salvador. Y su amor, poder, fortaleza y cuidados permanentes fortalecerán su alma en tiempos de grandes angustias, independientemente de las pruebas que surjan.

Padre, tú estás continuamente a mi lado.
Debido a que me sostienes, no seré conmovido.
Gracias por sostenerme firme. Amén.

───────── ❀ ─────────

En su presencia... usted tiene su
poder para permanecer firme.

BUSQUE LA DIRECCIÓN DE DIOS

Estos conocimientos provienen también del Señor de los ejércitos.
Sus consejos son maravillosos, y grande es su sabiduría.
ISAÍAS 28.29, RVC

¿Confía en que Dios lo guía de una manera que es provechosa, una que es absolutamente la mejor para usted? Si es como muchos creyentes, dirá que sí, pero sus acciones tal vez cuenten una historia diferente.

A menudo decimos que creemos que el Señor es omnisciente y sabe lo que es mejor para nosotros, pero luego buscamos el consejo de quienes nos rodean. El orgullo o nuestra negativa a aceptar el plan de Dios pueden resultar en desdicha y lamento.

Sin embargo, solo una Persona tiene el conocimiento absoluto, y es el Señor. Él ha prometido proveernos toda la dirección que necesitamos. Usted puede afanarse, angustiarse y esforzarse por un asunto que Dios ya ha resuelto... y continuar sintiéndose desdichado. No obstante, si dispone su corazón para confiar en Dios, Él le ayudará a obedecerle en cada ocasión. Él le guiará paso a paso, aun cuando no vea su mano omnipotente.

Señor, la próxima vez que empiece a acudir a mis amigos
en busca de dirección, ¡detenme! Quiero primero oírte
a ti para saber que mi senda es segura. Amén.

**En su presencia... acepte que
el plan de Dios es el mejor.**

SU PLENO POTENCIAL

«Antes de formarte en el vientre, ya te había elegido;
antes de que nacieras, ya te había apartado».
JEREMÍAS 1.5, NVI

Muchos se preguntan: *Dios, ¿realmente puedes usarme? ¿En realidad puedes hacer algo con mi vida?*

¡Claro que Él puede! No importa que sea joven o ya mayor, el Padre tiene maravillosos planes para usted y está —incluso en estos momentos— entrenándole por medio de su Espíritu.

¿Cómo puede saber esto con certeza? Porque en Cristo usted es un hijo amado de Dios. A usted se le ha dado la oportunidad espiritual milagrosa de tener una relación personal con el Dios del universo. Y debido a eso —no a su fuerza, inteligencia o talentos, sino a su relación personal con Dios— Él puede obrar por medio de usted de maneras asombrosas que entusiasmarán su alma.

Tal vez no entienda por qué el Señor lo dirige por cierto camino, pero si está dispuesto a obedecerlo y conocer sus caminos, aprenderá algo sobre el corazón de Dios. Entonces su Espíritu lo capacitará para que lleve a cabo todas las buenas obras que Él planeó que usted realizara, incluso desde antes que naciera.

Padre, moldéame, dirígeme y úsame para cumplir el
propósito que tú tienes para mí en esta vida. Amén.

En su presencia... descubra
su pleno potencial.

LOS CAMINOS DE DIOS

Bienaventurados los que guardan mis caminos.
PROVERBIOS 8.32

A veces, cuando Dios se revela a usted, puede moverse en su vida de una manera milagrosa. Sin embargo, note que Él no solo quiere que entienda su naturaleza divina y omnipotente, sino que también desea enseñarle en cuanto a sus atributos y carácter, de modo que usted desee lo mismo que Él.

Esto quiere decir que Dios le muestra no solo cómo hacer buenas obras, sino también cómo dedicarse por completo a Cristo y sus propósitos. Sí, hay una diferencia. Usted puede realizar obras de benevolencia sin siquiera amar a los que sirve. No obstante, cuando recibe la influencia del Espíritu del Dios viviente, siente un amor profundo y apasionado por las almas, el cual trasciende las necesidades físicas de las personas o la forma en que usted responde a ellas.

Como ve, cuando Dios obra en su vida, produce una transformación eterna. Él le eleva, le prepara para su servicio, y le da una mayor comprensión de por qué dio tanto para redimir a la humanidad. Conocer quién es Él de una manera tan profunda transformará su vida, le inspirará para servir a otros, y le proporcionará un sentido de paz y seguridad mayor de lo que este mundo jamás puede darle.

Señor, por favor, alinea mis deseos con los tuyos a medida
que cultivo mi comunión contigo hoy. Amén.

En su presencia... experimente
y refleje su amor.

PAZ POR MEDIO DE LA OBEDIENCIA

Escucharé lo que hablará Jehová Dios;
Porque hablará paz a su pueblo.
SALMOS 85.8

Hay algo que puedo decirle con certeza, y es que nunca he conocido a alguien que haya lamentado obedecer a Dios. Tristemente, demasiados viven en una tempestad debido a que están huyendo de Dios. Piensan que si beben lo suficiente, embotan su dolor con drogas, adquieren mucho dinero, o tienen las relaciones personales correctas, de alguna manera podrán silenciar las oleadas rugientes de temor que llevan dentro. Pero se equivocan. Tal vez logren bloquear la tormenta por un tiempo, pero esta siempre regresa con su venganza.

Sin embargo, cuando usted expresa un verdadero deseo de que el Señor le ayude, algo en su interior es transformado. Dios le lleva a un nivel más profundo de intimidad con Él y le transforma, cambiando su misma naturaleza para acallar la tempestad que usted tiene dentro.

No se puede hallar verdadero gozo y satisfacción simplemente con saber algo sobre el Salvador. Más bien usted los encuentra al conocer sus caminos, andar en comunión con Él a diario, y pedirle que haga que los deseos de Dios sean los suyos. Así que no huya de Él. Obedézcalo y permítale que declare paz en su vida.

Jesús, mantenme cerca de ti de modo que pueda seguir tu
dirección y aprender más en cuanto a tus caminos. Amén.

En su presencia... confíe en Él
para que acalle las tormentas.

AFÉRRESE A ÉL

El Señor es mi pastor, nada me falta.
SALMOS 23.1, NVI

A veces los caminos de Dios pueden parecer desconcertantes. Una razón es nuestra falta de comprensión de cómo Él obra. Otra razón es nuestro deseo de que se nos libre rápidamente de los problemas, los corazones rotos o las desilusiones. Podemos aceptar el reto cuando aparece el problema, pero después de que pasa un tiempo, estamos listos para ser liberados de nuestro dolor. Desdichadamente, el enemigo puede aprovechar la oportunidad para tentarnos a pensar que el Señor no está obrando a favor nuestro, así que acabamos cuestionando la sabiduría de Dios.

Sin embargo, cuando conocemos a alguien de manera íntima, sabemos lo que a esa persona le gusta, cómo responde, cuán profundamente nos ama y si en verdad podemos confiar en ella. Lo mismo es cierto en nuestra relación personal con el Salvador.

Amigo, cuando entienda *por qué* Jesús hace ciertas cosas en su vida, tendrá una verdadera noción de cuán grandemente él se interesa por usted. Dios le ama de un modo profundo, más allá de lo que usted pueda imaginarse. Y si continuamente se aferra a Él en los tiempos problemáticos, descubrirá la profundidad de su amor de maneras superiores a lo que el ser humano puede expresar.

Señor, me aferraré a ti. Gracias por la oportunidad de conocerte y amarte más allá de lo que las palabras pueden expresar. Amén.

En su presencia... procure entender la profundidad de los deseos de Dios para usted.

TIEMPO CON DIOS

Te desea mi alma,
En verdad mi espíritu dentro de mí
Te busca con diligencia.

ISAÍAS 26.9, NBLH

¿Desea usted más tiempo con el Señor, pero parece que no puede lograrlo? Los días se le escurren, y cuando se da cuenta, es tiempo de empezar todo de nuevo.

Se nos ordena buscar al Salvador, tener el deseo de conocerlo a Él y sus caminos. También se nos asegura que si lo buscamos, lo hallaremos. Sin embargo, esto no sucede porque sí, sino que debemos hacer de Jesús una prioridad. Un horario exigente y una vida personal atareada no es excusa. Debemos tener cuidado de no perseguir metas urgentes o inmediatas y a la vez perdernos lo que es absolutamente esencial para nuestra salud espiritual y, en última instancia, nuestro éxito duradero: la intimidad con Dios.

Así que fíjese límites, sin permitir que nada interrumpa el tiempo que ha dedicado al Padre celestial. Él le enseñará en cuanto a su naturaleza y su cuidado eterno, y le dará la fuerza para enfrentar los retos de la vida. Entonces, cuando los problemas surjan, los retos aumenten, o las angustias se profundicen, instintivamente acudirá a Él en busca de sabiduría y dirección, con la confianza de que Dios le proveerá solo lo que es absolutamente mejor para usted.

Señor, ayúdame a separar un tiempo para pasarlo contigo. Amén.

En su presencia... haga de
Dios una prioridad.

NO SE LO PIERDA

«Marta, ¡estás preocupada y tan inquieta con todos los detalles!
Hay una sola cosa por la que vale la pena preocuparse».
LUCAS 10.41–42, NTV

En el pasaje de hoy, el propósito de Jesús no era desalentar a Marta, ya que Él entendía su deseo de preparar una excelente comida para los presentes. Sin embargo, Jesús quería recalcar un punto en cuanto a nuestra comunión con Dios. Marta estaba tan distraída con sus obligaciones que no pudo captar la importancia de simplemente *estar* con el Salvador. Su servicio era muy importante, pero palidecía en comparación con lo crucial que resultaba que ella experimentara la presencia de Dios.

¿Es usted culpable de actuar del mismo modo? ¿Se enfoca tanto en lo que debe hacer que no nota a la persona para quien está haciéndolo? El Espíritu Santo se le acerca, pero usted puede bloquear la comunión con él al dedicarse a demasiadas actividades, incluyendo las que son buenas.

De modo que disponga su corazón para tener comunión con Jesús hoy. Ciertamente, leer y estudiar su Palabra, así como dedicarse a la oración sincera y a la adoración, son cosas muy importantes para conocerlo. Sin embargo, estar a solas con Él y experimentar su presencia también son prácticas cruciales. Recuerde que su Salvador lo ama. Acuda a Él, guarde silencio y acérquese.

¡Señor, estoy muy agradecido contigo! Atráeme más cerca y
bendíceme con el conocimiento de tu presencia. Amén.

❀

En su presencia... conózcalo.

UN VISTAZO DEL CIELO

«Digno eres... porque tú fuiste inmolado, y con tu sangre nos has redimido para Dios, de todo linaje y lengua y pueblo y nación».

APOCALIPSIS 5.9

¿Anhela usted tener un vistazo del cielo? El Señor le permitió al apóstol Juan ver las glorias del cielo, y lo que Él descubrió fue que primero y primordialmente es un lugar de alabanza a aquel que compró nuestra salvación.

Por supuesto, cuando Juan vio a su Salvador resucitado, se sintió abrumado por el deseo de adorar. Y no estaba solo. Juan informó que vio miríadas de ángeles, seres vivientes y ancianos que decían: «Digno es el Cordero inmolado de recibir... la honra, la gloria y la alabanza» (Apocalipsis 5.12, RVC).

Mantenga esto en su corazón hoy al pensar en su Salvador. Cuando usted sea llamado a comparecer en su presencia, todo lo demás —incluso los problemas que parecen abrumadores hoy— serán pequeños e insignificantes en comparación. Habrá solo un deseo en su corazón: postrarse y adorar a su Salvador.

Amigo, usted puede disfrutar de un vistazo del cielo aquí y ahora. Entre en la presencia de Dios con un corazón agradecido y lleno de adoración al meditar en la bondad que Él le muestra.

Jesús, gracias por tu salvación y bondad para mí.
Te adoro, mi amado Redentor. Amén.

❀

En su presencia... adórelo
sin reservas.

NADA COMO ÉL

El Señor da fuerza a su pueblo;
el Señor bendice a su pueblo con paz.
SALMOS 29.11, DHH

A veces las personas vacilan al cultivar una profunda relación con el Señor debido a que piensan que él les exigirá sacrificios dolorosos. Dan por sentado que tienen problemas porque el Padre no se preocupa por ellos o que los está castigando. Sin embargo, una vez que se someten a Él, la presión que sentían desaparece. Comprenden que pueden confiar en el Señor y que Él solo quiere lo que es absolutamente mejor para ellos.

Dios es Dios. No hay nadie como Él, y no tiene que acosarnos para recalcar su punto o captar nuestra atención. Dios puede permitir que los problemas vengan como resultado del pecado, o como una manera de enseñarnos más acerca de Él. Sin embargo, el Padre también entiende que si nunca atravesamos tiempos de adversidad, nos perderemos uno de los aspectos más importantes de su amor: su capacidad de obrar en nuestras vidas de las maneras que más lo necesitamos... librándonos de la esclavitud espiritual, ayudándonos a descansar en su sabiduría y poder perfectos, y enseñándonos que nada puede tocar nuestras vidas aparte de sus propósitos divinos.

Señor, gracias por amarme, enseñarme, proveer para mí y
protegerme. Sé que eres verdaderamente bueno. Amén.

❖

En su presencia... sepa
que Él es bueno.

ENCRUCIJADAS

Bienaventurado el hombre que puso en Jehová su confianza.

SALMOS 40.4

¿Se halla en una encrucijada, preguntándose si en realidad puede confiar en Dios? Él le está guiando en una dirección en particular y externamente tal vez usted diga: «Creo que Dios me ayudará». Sin embargo, muy adentro, se preocupa por si en realidad Él intervendrá a su favor.

Tal vez se encuentre al borde de una bendición y lo único que le separa de aquello que su corazón desea es un paso de fe. Por supuesto, Dios entiende que se sienta inquieto por el futuro. Sabe que confiar más en Él es un proceso, el cual a menudo resulta largo y todo un reto. ¡Pero usted puede lograrlo! Usted puede poner por completo su fe en el Señor, sabiendo que Él nunca ha dejado de cumplir sus promesas, ni una sola de ellas (Josué 21.45).

Tal vez no entienda por completo lo que le espera por delante, ya que los caminos de Dios están más allá de su capacidad humana de comprensión (Isaías 55.8). Sin embargo, tenga la seguridad de que su Espíritu Santo está allí para guiarle a cada paso del camino (Juan 16.13). Así que siga su dirección, avance por fe, y reciba todo lo que Él tiene para usted.

Dios, gracias por darme tu Espíritu Santo para guiarme
y ayudarme a entender tus caminos. Amén.

En su presencia... halle
sabiduría y dirección.

LA TOMA DE DECISIONES IMPORTANTES

Por tu nombre me guiarás y me encaminarás.
SALMOS 31.3

¿Sabía que el Señor tiene en su corazón los mejores intereses para usted a cada segundo de su vida? No hay un momento en que Él deje de interesarse en su persona o no obre para proveer solo lo mejor para usted. En Salmos 16.11 le garantiza mostrarle la senda de la vida conforme le sigue. Luego, en Salmos 32.8, Dios promete instruirle en el camino que debe seguir y guiarle con sus ojos puestos sobre usted.

En tanto que nosotros podemos ver solo el presente, el Señor ve el principio, el intermedio y el fin. ¿Por qué, entonces, no le pedimos que nos guíe, no solo en las decisiones importantes, sino también en nuestras elecciones diarias?

Así que considere lo siguiente: ¿somete usted sus decisiones al Padre y se regocija en el hecho de que él le ha dado su Espíritu Santo como Navegante en su búsqueda de dirección? Si es así, en lugar de decirle lo que usted quiere hacer, adopte la práctica de preguntarle primero a Él. Y confíe en que el Señor le dirigirá a bendiciones que son mejores de las que usted pudo imaginar.

Dios, gracias por guiar mis decisiones,
sean grandes o pequeñas. Amén.

**En su presencia... acuda a Él
para todas las decisiones.**

AME MEDIANTE EL PERDÓN

«Sus muchos pecados le son perdonados, porque amó mucho».
LUCAS 7.47

Hay muchas razones por las que las personas no experimentan el amor de Dios, y una de ellas es la falta de perdón. Cuando no perdonamos, una barrera de amargura se levanta e impide que el amor de Dios nos llene.

¿Alberga usted algún resentimiento? Entonces está haciéndose daño a sí mismo sin razón alguna. Jesús vino para poner en libertad a los cautivos (Lucas 4.18), y lo hizo por medio de su amor en la cruz. Él vino, no para hacerle daño, sino para sanar sus heridas. Él le llama a que perdone a los que le han lastimado, ya que eso es una parte crucial de liberarle por completo.

Él le pide que tenga una noción precisa de todo lo que le ha sido perdonado a fin de que pueda entender a otros (Lucas 7.47). Usted pecó debido al dolor, la ignorancia, el temor y el deseo de protegerse (Lucas 23.34). Lo mismo es verdad con respecto a los que le han hecho daño: ellos pecaron debido a la ignorancia, y posiblemente no podían conocer el pleno efecto que sus acciones ejercerían sobre usted.

No siga cautivo de su hostilidad. Muéstreles una misericordia como la de Cristo a los que le ofendieron y sea libre de la prisión. Porque entonces a su vez podrá experimentar plenamente el amor de Dios.

Jesús, dame la fuerza para perdonar para que pueda
experimentar paz y amarte por completo. Amén.

En su presencia... escoja el perdón.

Septiembre

LA INUTILIDAD DEL REMORDIMIENTO

*Si confesamos nuestros pecados, él es fiel y justo para
perdonar nuestros pecados, y limpiarnos de toda maldad.*

1 JUAN 1.9

¿Hay algo en su vida que le produzca vergüenza? ¿Hay algún recuerdo o decisiones que tomó y esconde de otros debido a lo mucho que le abochornan?

Tal vez ha tratado de huir de esos pecados, pero el tiempo no le ha sanado. Usted todavía siente la desgracia. Los sentimientos mordaces del remordimiento y la indignidad no desaparecen.

Dios nunca se propuso que usted viva de esa manera. Cuando Él le perdona, lo hace de tal forma que elimina para siempre su terrible vergüenza (Salmos 103.12). El pecado ya no es parte de quién es. Usted está limpio, redimido: una persona que es amada y valiosa.

Así que no se atasque en el pasado. No permita que los recuerdos de sus fracasos le impidan hacer aquello para lo cual su Padre celestial le creó. Pídale a Dios que le perdone.

Luego, perdónese a sí mismo y abrace su verdadera identidad en Cristo: alguien perdonado, limpiado y un instrumento poderoso de su gracia.

*¡Señor Jesús, gracias por tu perdón y gracia! Puedo avanzar sin
remordimientos, porque tú, mi Salvador, me haces nuevo. Amén.*

❈

**En su presencia... es en donde
usted es hecho nuevo.**

UNA VIDA CENTRADA EN CRISTO

Para mí, vivir significa vivir para Cristo.
FILIPENSES 1.21, NTV

Cuando el Señor no responde a sus oraciones de la manera que espera, ¿acepta usted su voluntad? ¿O se enfada, duda de Él y cuestiona su carácter? Cuando las circunstancias se vuelven negativas, ¿de inmediato lo acusa de no amarlo? ¿O expresa su confianza en que su Dios soberano, sabio y amante ha permitido la adversidad con un propósito: para su bien y la gloria de Dios?

Estas preguntas tienen la intención de evaluar si hay algún egocentrismo en su vida, para determinar si usted se preocupa más por sus deseos y metas que por la voluntad de Dios.

Si es así, no se sorprenda ni se desaliente. Esto es parte de la naturaleza de pecado que el Padre está erradicando de su vida. Dios quiere que confíe en Él por completo, con la fe absoluta de que le provee todo lo mejor para usted, independientemente de lo que suceda. Y su meta final es llevarle al punto en el que diga: «Lo que Dios quiere es lo que yo quiero. Lo que a Él le agrada es lo que deseo. Porque para mí, vivir significa exaltar a Cristo, mi Salvador».

Jesús, gracias por salvarme y limpiarme del egocentrismo.
Ayúdame a vivir de tal manera que te refleje
a ti y tus deseos. Amén.

❦

**En su presencia... dedíquele
su vida a Cristo.**

Ansiedad

«No se preocupen por su vida».
Mateo 6.25, nvi

¿Se ha convertido la ansiedad en una forma de vida para usted? ¿Vive en un estado constante de incertidumbre y preocupación? El temor surge cada vez que usted responde a un problema o una situación difícil con sus propios recursos, sin acudir primero a Dios buscando su ayuda y su poder.

El Señor le da el don de libre albedrío; usted puede escoger qué hacer, cómo sentirse, en qué pensar, e incluso cómo responder al enfrentar un problema.

Con esto en mente, el Padre puede permitir que una situación abrumadora surja en su vida con el fin de desarrollar y fortalecer su fe, hacerle madurar espiritualmente, o cambiar un mal hábito o una actitud negativa. Mediante sus circunstancias, Él le da la oportunidad de buscarlo, confiar en Él, obedecerlo y poner en sus manos capaces todas sus preocupaciones.

Su ansiedad es una indicación de que necesita a Dios. Cada vez que sienta que el temor está surgiendo en usted, acuda a su Padre Todopoderoso, infinitamente sabio. Dé gracias a Dios porque Él está obrando, enseñándole a confiar más en Él, obedézcale fielmente, y reciba más de sus bendiciones.

Padre, no me afanaré, porque tú estás conmigo. Gracias
por libertarme de la esclavitud del temor. Amén.

**En su presencia... halle
libertad de la ansiedad.**

ESCUCHE CON CONFIANZA

«Sigue pidiendo y recibirás lo que pides; sigue buscando
y encontrarás; sigue llamando, y la puerta se te abrirá.
Pues todo el que pide, recibe; todo el que busca, encuentra;
y a todo el que llama, se le abrirá la puerta».

MATEO 7.7–8, NTV

Cuando quiera oír de Dios en relación con algún asunto, escuche con confianza y sepa que Él le revelará todo lo que necesite saber para poder seguir la senda que tiene por delante. Él siempre responde teniendo en mente lo que es mejor para usted. Tal vez no siempre le conteste de la manera que usted prefiere, pero Dios le comunica lo que es esencial para que ande con Él.

¿Le ocultaría usted a sus hijos una información que necesitan para obedecer sus instrucciones? ¿Les diría: «Esto es lo que quiero que hagan», y entonces no les daría una dirección clara? Por supuesto que no. Pues su Padre celestial tampoco lo hace (Mateo 7.11).

Confíe en Él por completo, tanto en cuanto a instrucción como provisión.

Señor, confío en que tú sabes lo que es mejor para mí. Por eso,
confiaré en tus decisiones, tu instrucción y tu provisión. Amén.

En su presencia... tenga
confianza en Él.

OBEDEZCA DE TODAS MANERAS

Maestro, toda la noche hemos estado trabajando, y nada hemos pescado; mas en tu palabra echaré la red.

LUCAS 5.5

Hoy, reconozca que los caminos de Dios no son sus caminos, lo que significa que probablemente Él no le dirigirá de la manera en que usted piensa (Isaías 55.8–9). Si su sentido común bastara a fin de seguirle exitosamente, no habría razón para que el Espíritu de Dios more en usted o su Palabra le guíe. Sin embargo, no basta. Los planes del Padre siempre confundirán su entendimiento (Proverbios 3.5–6).

Esto fue lo que le pasó a Pedro, que trabajó toda la noche y no pescó nada. Cuando Jesús le indicó que volviera a adentrarse en el mar de Galilea, se mostró reticente. Después de todo, estaba cansado, acababa de limpiar sus redes, y Jesús no era pescador. Hablando con franqueza, lo que el Salvador le pidió no tenía sentido desde la perspectiva humana.

Felizmente, Pedro obedeció a Jesús de todas maneras, y eso cambió su vida para siempre (Lucas 5.1–11).

Lo mismo será verdad para usted cuando se someta al Señor. Haga lo que Él dice aunque su dirección parezca ilógica. Porque cuando usted hace las cosas a la manera del Señor, obtiene los resultados que Él ha previsto. Y esos son milagros que no querrá perderse.

Señor, te obedeceré. No entiendo tus planes, pero reconozco que tu camino siempre es mejor. Amén.

❀

**En su presencia...
obedézcale sin temor.**

En cuanto a la sumisión

Inclinen su oído [sométanse y consientan a la voluntad divina] y vengan a mí; escuchen, y su alma revivirá.
Isaías 55.3, AMP, traducción del inglés

Hoy, incluso antes de empezar a escuchar al Padre, decida ser sumiso. A menudo el Señor puede instruirle de manera desafiante para libertarlo de la esclavitud y que su fe crezca. Así que no se sorprenda de que responder en obediencia a Él a veces resulte difícil. Él le pide que trabaje en contra de los mismos patrones que lo tienen cautivo, y eso duele.

Sin embargo, obedezca de todas maneras, dándose cuenta de que su Padre entiende las luchas que libra. Él sabía de sus heridas y fortalezas espirituales antes de que usted siquiera viniera a escucharle, y sabe exactamente cómo librarle del dolor que siente.

Así que confíe hoy en que su Salvador obra para su bienestar. Usted tal vez no entienda cómo o por qué Dios está instruyéndole que haga algo, pero puede tener la certeza absoluta de que las bendiciones resultarán si lo obedece. Así que sea sumiso y dependa de Él para que le guíe.

Señor, me someto a ti a diario, a fin de pueda oír, confiar y obedecerte, incluso cuando no lo entienda. Amén.

**En su presencia... sométase
a su autoridad.**

DECISIONES PRECIPITADAS

Los pensamientos del diligente ciertamente
tienden a la abundancia; mas todo el que se apresura
alocadamente, de cierto va a la pobreza.
PROVERBIOS 21.5

Cuando usted trate de tomar una decisión apurado o sin pedirle dirección a Dios, Satanás estará justo a su lado diciéndole: «¡Adelante! ¡Te irá bien! ¡No te preocupes!». Y, convenientemente, dejará fuera toda mención de las consecuencias. Esto se debe a que Satanás quiere que usted fracase; su meta última es destruirle.

Sin embargo, el Padre siempre se preocupa por las ramificaciones de sus acciones. Al mirar hacia atrás en nuestra vida, ¿cuántos de nosotros, si hubiéramos considerado las consecuencias de nuestras decisiones, habríamos tomado la misma decisión? Con seguridad todos tenemos unas cuantas decisiones que quisiéramos poder tomar de nuevo.

Por otra parte, siempre que Dios habla, tiene en mente su futuro. Por eso es que Él le anima a preguntarse: «Si tomo esta decisión, ¿qué le sucederá a mi familia, mi trabajo o mi andar con el Señor?». Como ve, su amoroso Salvador no es simplemente el Dios del hoy; Él también reina sobre el mañana. Y cuando usted lo sigue, Él se asegura de que su futuro sea brillante y lleno de esperanza (Jeremías 29.11). Escúchelo.

Señor, ayúdame a buscar primero tu consejo. Gracias
por bendecirme y guardarme del mal. Amén.

**En su presencia... espere con
paciencia su respuesta.**

PAZ TRASCENDENTE

Y la paz de Dios, que sobrepasa todo entendimiento, guardará
vuestros corazones y vuestros pensamientos en Cristo Jesús.

FILIPENSES 4.7

Cuando Dios habla, uno de los resultados que predominan será un sentido innegable de paz en su espíritu. Usted tal vez no se sienta tranquilo al principio cuando se acerca a Él. En realidad, puede estar lleno de conflictos y caos. Sin embargo, mientras más lo escuche, más se tranquilizará su espíritu. Usted empezará a poseer lo que el apóstol Pablo llamó una tranquilidad «que sobrepasa todo entendimiento». Es una calma que le rodea como una fortaleza e impide que se deje abrumar por la ansiedad, el afán y la frustración.

Ahora bien, vale la pena mencionar que usted nunca tendrá la paz de Dios en lo que respecta a la desobediencia en su vida. Puede justificar mentalmente lo que está haciendo, pero nunca convencerá a su espíritu, y eso le impedirá ejercer su fe.

Por el contrario, cuando la paz de Dios venga a usted, lo sabrá sin ninguna duda. Tendrá la confianza de que su Padre ha hablado. Usted lo escuchará y le creerá. Y estará tranquilo, porque sabrá que Él cumplirá lo que le dice.

Padre Dios, mantén mi mente y mi corazón fijos en ti para
que pueda experimentar la plenitud de tu paz. Amén.

En su presencia... busque su paz.

MEDITACIÓN

El rey David entró y se sentó delante del SEÑOR y oró.
2 SAMUEL 7.18, NTV

Note la frase de hoy: «David... se sentó delante del SEÑOR». Esto significa que David estaba meditando, concentrado en los caminos y carácter del Padre. Y también tiene sentido que usted lo haga. Como un hombre conforme al corazón de Dios, David quería conocer la voluntad del Señor para su vida. Y en gran medida, Dios se la reveló a medida que David persistentemente meditaba delante de Él, y lo bendijo grandemente.

De igual manera, la meditación debe ser una prioridad diaria para todos los creyentes. Por supuesto, es la disciplina que Satanás persistentemente nos impedirá que desarrollemos debido a todo lo que el Señor realiza por medio de ella. Sin embargo, es de inmenso valor para poder conocer al Padre, que lo escuchemos con precisión y andemos en su voluntad. Así que, piense en lo siguiente. ¿Qué dilema le ha confundido hoy? ¿Qué necesidad debe atender o qué tarea vacila en acometer? Dedique un tiempo para meditar en Dios y su Palabra, y Él con certeza le mostrará qué hacer.

*Señor, ayúdame a hacer de mi tiempo contigo mi
primera prioridad cada día, y mantén mi mente
fija en todo lo que me enseñas. Amén.*

En su presencia... concéntrese en Él.

PAZ CON OTROS

Apártate del mal, y haz el bien;
Busca la paz, y síguela.
SALMOS 34.14

Las Escrituras instruyen: «Procuren vivir en paz con todos» (Hebreos 12.14, RVC). Sin embargo, esto no significa hacer concesiones en cuanto a sus creencias o actuar de una manera pecaminosa que deshonre a Dios. Por el contrario, significa practicar una comunicación amorosa y santa, así como una actitud de perdón.

¿Cómo lo hace? En oración, usted procura entender los propósitos de los demás, especialmente cuando sus palabras o acciones le confunden o le alteran. ¿Por qué? Porque es demasiado fácil entender mal las intenciones de las personas. Por eso debe siempre darles a otros el beneficio de la duda. Usted no sabe qué los motiva para responder cómo lo hacen.

Buscar la paz con todas las personas no es fácil, y la única manera de lograrlo es buscando la comprensión del Padre en cuanto a quiénes son ellos, las cargas que llevan y los conflictos que libran, en lugar de apoyarse en su propia noción limitada (1 Juan 4.20).

Por lo tanto, al avanzar en su día, asegúrese de que su corazón está bien con Dios y que no está actuando debido a su herida o su cólera. Más bien, trate a los demás con amor, porque «el amor cubrirá multitud de pecados» (1 Pedro 4.8) y es la senda segura a la paz.

Señor, ayúdame a expresar siempre amor y ser un
pacificador que te dé a ti el honor y la gloria. Amén.

❦

En su presencia... busque
cómo Dios ve a los demás.

RESPUESTA A LA CRÍTICA

*«Dios los bendice a ustedes cuando la gente les hace burla y
los persigue y miente acerca de ustedes y dice toda clase de
cosas malas en su contra porque son mis seguidores».*
MATEO 5.11, NTV

No hay escape a la crítica ni a las heridas que esta puede causar. Sin embargo, los momentos de censura pueden ser oportunidades para que usted experimente el poder de Dios a fin de responder de una manera que honre al Señor.

La verdad es que vivir en obediencia al Salvador, hará que otros le persigan por hacerlo. Sin embargo, en lugar de desquitarse, las Escrituras le exhortan a responder haciendo el bien, orando y perdonando a los que le atacan, con la esperanza de que ellos «volviendo en sí, escapen del lazo del diablo, habiendo estado cautivos de Él para hacer su voluntad» (2 Timoteo 2.26, LBLA).

Esto no es fácil, pero usted puede confiar en que Dios obra por medio de su obediencia. Él promete vengarle, sanarle y darle una comprensión más profunda de todo lo que Jesús hizo por usted.

Así que, cuando otros lo critiquen, no se desaliente ni se desquite. Regocíjese de que esta es una oportunidad para que el Padre se revele poderosamente, tanto a usted como a los que le acusan.

*Señor, siempre que las personas me persigan o critiquen,
ayúdame a responder de una manera que te glorifique
a ti y los lleve a ellos al arrepentimiento. Amén.*

**En su presencia... perdone
a los que le persiguen.**

RESTAURE LAS RELACIONES PERSONALES

«Si ustedes perdonan a los otros sus ofensas, también
su Padre celestial los perdonará a ustedes».
MATEO 6.14, RVC

¿Lo ha lastimado algún ser querido? Si usted no lidia con el problema de forma rápida, es probable que la amargura eche raíz muy profundamente en su espíritu, y eso nunca es bueno. Esto produce esclavitud emocional, conduce a unas relaciones personales rotas, y le impide experimentar el gozo y la libertad para la que Dios le creó. Además, puede tener un efecto paralizador en cada aspecto de su vida.

Por supuesto, la peor consecuencia de la falta de perdón es que erosiona su comunión con Dios. Él proveyó el sacrificio supremo por sus pecados mediante la muerte de Cristo en la cruz, y usted ha sido llamado a demostrar su agradecimiento al extender gracia y perdón a otros. Cuando usted se niega a hacerlo, no está reflejando el carácter de Cristo, lo que a su vez impide su relación personal con Él.

No albergue una falta de perdón. Tenga un corazón bondadoso con aquel que le ofendió —tal como Jesús lo tuvo con usted— y permítale a Cristo que restaure sus relaciones. Dios le dará incluso un amor más profundo por esa persona y una apreciación más honda de lo que Cristo hizo por usted en el Calvario.

Padre, ayúdame a perdonar y a aceptar el perdón. Quiero
demostrar a otros tu amor y glorificarte a ti. Amén.

❧

En su presencia... procure ser
tan perdonador como Él lo es.

EL TEMOR DEL SEÑOR

El temor del SEÑOR es la base del verdadero conocimiento.
PROVERBIOS 1.7, NTV

Cuando usted lee en la Biblia la frase «el temor del SEÑOR», la misma implica un respeto grande hacia Él, dándose cuenta de que Dios gobierna toda la creación y es absolutamente justo. Tener esta asombrosa comprensión de su soberanía y mostrar reverencia por su carácter produce humildad y obediencia.

Dios nunca quiso que le tuviera miedo. Por el contrario, Él le ama y provee lo mejor para usted.

Sin embargo, Él en efecto espera que obedezca sus instrucciones. Como ve, surgirán temores que le impedirán hacer lo que le pide: proclamar el evangelio, ayudar a los necesitados y someterse a su voluntad. Sin embargo, el temor del Señor, su respeto por Él, debe motivarle a obedecerlo de todas maneras.

Así que, sin importar qué lo llama a hacer hoy, hágalo, aunque tenga temor. Permita que su reverencia por Él supere sus ansiedades terrenales. Tome la decisión de que va a creer en su Dios amoroso, que siempre está disponible para usted y controla su vida en todo momento.

Padre, ayúdame a vencer mis temores y confiar en ti.
Ayúdame a obedecerte en cada paso del camino. Amén.

**En su presencia... respete
su santo nombre.**

ESCÚCHELO

¿Quién de ustedes teme al Señor y oye la voz de su
siervo?... que confíe en el nombre del Señor.

ISAÍAS 50.10, RVC

¿Está escuchando atentamente al Señor para que pueda percibir incluso sus susurros más suaves? ¿O debe Él siempre usar medidas extraordinarias para captar y mantener su interés?

Ciertamente, la mayoría estaría de acuerdo en que es mucho mejor ser receptivos al tierno llamado del Padre que esperar hasta que Él tenga que gritar. Sin embargo, a menudo nuestra insensibilidad al Señor lo obliga a usar métodos que exigen nuestra atención indivisa.

El punto es que Dios le *está* hablando, incluso en estos momentos. Él está constantemente atrayéndole a su presencia para que experimente una relación íntima. Sin embargo, la pregunta es: ¿está escuchándolo?

No ignore a su Salvador. Él tiene grandes cosas para mostrarle. Lea su Palabra para descubrir su voluntad y permitir que el Espíritu Santo hable a su corazón. Él desea guiarle (Salmos 48.14), consolarlo (Juan 14.16) y protegerlo (Génesis 19.17–26); enseñarle obediencia (Josué 6.18–19); y expresarle su amor indeclinable (Juan 16.27). Así que no permita que los incesantes ruidos de la vida apaguen su voz. Escúchelo.

Señor, afina mis oídos a fin de que todo lo que necesites
para captar mi atención sea un susurro. Amén.

---- ✤ ----

En su presencia... escuche
atentamente su susurro.

Unidad del Espíritu

Hagan todo lo posible por mantenerse unidos en el Espíritu.
Efesios 4.3, ntv

La estructura del cuerpo humano es compleja e interminablemente fascinante. Todos los componentes del cuerpo trabajan juntos en una armonía hermosa, intrincada, que sobrepasa todo entendimiento. Cuando algo anda mal con alguna parte, todo el organismo se ve afectado.

Esa es también la manera en que funciona el cuerpo de Cristo. Como creyentes, todos trabajamos juntos y operamos como una unidad cuando nos sometemos al liderazgo del Espíritu Santo y reconocemos a Jesús como nuestra Cabeza. Sin embargo, cuando una parte del cuerpo está lesionada o sufriendo, todo el cuerpo padece.

Por eso no podemos ignorar cuando otros creyentes están en angustia (Hebreos 3.13). En lugar de eso, las Escrituras presentan el reto de ser «amables unos con otros, misericordiosos, perdonándose unos a otros» (Efesios 4.32, nblh). En otras palabras, que expresemos el fruto del Espíritu a fin de que la unidad pueda ser restaurada (Gálatas 5.22–23).

¿Sabe usted de algún creyente que pudiera estar necesitando un poco de amor y consejos santos? Entonces aproveche la oportunidad para ministrar a su hermano o hermana en Cristo, y al hacerlo así, edificar al cuerpo para la gloria de Dios.

Padre, por tu Espíritu, úneme en unidad,
amor y servicio a tu iglesia. Amén.

❧

En su presencia... manténgase en unidad con otros creyentes.

Verdadera victoria

Esta es la victoria que ha vencido al mundo, nuestra fe.

1 Juan 5.4

Cuando la vida nos hunde en el dolor y la confusión, nuestra respuesta a los conflictos revelará cuán maduros somos en nuestra relación personal con Cristo. Por supuesto, lo que el Señor desea ver es nuestra confianza inquebrantable en Él, pase lo que pase. Esta es la medida de la verdadera victoria: nuestra fe que no vacila. Nos damos cuenta de que, como hijos de nuestro Dios soberano, nunca somos víctimas de nuestras circunstancias. Él está en control y a la larga usará lo que sea que toque nuestras vidas para nuestro bien y su gloria.

Ese es el objetivo. Sin embargo, es algo más fácil de decir que de hacer. Si nos alejamos en nuestra devoción a Dios, los acontecimientos trágicos que se presentan pueden dejarnos devastados.

No permita que las tormentas en su vida le desalienten, más bien aférrese al Señor e invítelo a que le llene de su fortaleza y esperanza. Aférrese firmemente a Él y a las promesas que le ha dado... cueste lo que cueste y sin importar cuáles sean las circunstancias. Tenga fe hasta el fin, porque usted sabe que con Dios podrá aguantar cualquier cosa que se presente en la vida y salir triunfante.

Señor, me aferro a tu promesa de que
tu obrarás en mi favor. Amén.

**En su presencia... espere una
victoria verdadera y duradera.**

PLANIFICADO POR DIOS

En Dios está mi salvación y mi gloria;
En Dios está mi roca fuerte, y mi refugio.

SALMOS 62.7

Los pensamientos de fracaso casi siempre atizarán sentimientos de ansiedad y temor: *Si fracaso, ¿qué pensarán otros de mí?* No obstante, dese cuenta de que a veces Dios planifica el fracaso con un propósito: para que usted reconozca que necesita confiar en el Señor en cada aspecto de su vida. Ya sea que su fracaso tenga que ver con un pecado en particular que parece imposible de vencer, una relación personal desastrosa, o una aventura fracasada en el ministerio o los negocios, este le ayudará a entender cuán absolutamente dependiente debe ser usted del Señor en cada detalle.

Por supuesto, a menudo esta es una lección dura de aprender. Como seres humanos caídos, pecadores, solemos avanzar confiando en nuestras propias fuerzas, incluso cuando estamos intentando hacer algo en el nombre del Salvador. Sin embargo, cuando lo hacemos así, el fracaso es inminente.

No cometa ese error. Aprenda la valiosa lección y dependa de Dios en todo lo que hace. Cuando usted confíe en Dios para su éxito, experimentará una libertad y paz increíbles. Y alcanzar ese punto hará que todo fracaso valga la pena.

Señor, ayúdame a depender completamente de ti. Gracias
por conducirme siempre a la victoria. Amén.

En su presencia... reconozca
su dependencia de Él.

EL JUEGO DE ECHAR LA CULPA

La tentación viene de nuestros propios deseos,
los cuales nos seducen y nos arrastran.

SANTIAGO 1.14, NTV

Cuando Dios interrogó a Adán en el huerto, este demostró una respuesta común al pecado: le echó la culpa a otro (Génesis 3.12). Trató de decir que Eva era responsable por su acto de rebelión. ¡Cuán a menudo seguimos empleando esa táctica hoy, acusando a otros en lugar de admitir nuestra necesidad del perdón del Señor!

En la raíz de esto, por supuesto, está nuestra culpabilidad por nuestras maldades y el deseo de protegernos del castigo. Con desesperación, intentamos echarle la culpa a cualquiera que esté disponible fácilmente. Sin embargo, esto solo nos mantiene prisioneros de nuestras transgresiones.

Sepa que nadie puede obligarle a pecar, y que no puede engañar a Dios. Sí, otra persona puede producir las circunstancias que hacen más fácil que usted se descarríe, pero en última instancia, la forma en que reacciona es responsabilidad suya. Como Jesús lo hizo, siempre puede *escoger* responder de una manera consagrada, porque su Espíritu Santo mora en usted.

Así que hoy, en lugar de jugar el juego de echarle la culpa a otros, confiésele a Dios sus pecados. Él está listo para perdonarle y le conducirá a la libertad cuando admita su necesidad.

Señor, gracias por no condenarme, sino guiarme
a la verdad y la libertad. Amén.

———————— ❧ ————————

En su presencia... sea franco
y busque el perdón.

Sanidad para nuestras heridas

Sean bondadosos y compasivos unos con otros, y perdónense
mutuamente, así como Dios los perdonó a ustedes en Cristo.
Efesios 4.32, nvi

Ya sea que se trate de un conductor que le corta el paso en el tráfico, un amigo que le traiciona, un jefe que le pasa por alto, o un ser amado que le hace sentirse inferior, siempre habrá en su vida alguien que necesite su perdón. Tristemente, a veces las profundas raíces de la herida prevalecen y la amargura se afianza en su espíritu, haciendo que la reconciliación resulte muy difícil.

Sin embargo, cuando usted recuerda la inmensa deuda que Cristo le ha perdonado, es mucho más fácil perdonar. Jesús generosamente cancela su deuda de pecado y le sana debido a su incomparable amor por usted. Sin embargo, Él también le enseña a perdonar a otros, porque entiende cuán absolutamente devastadora puede ser la amargura. El Señor no quiere que esté encarcelado, sino desea que experimente la libertad perfecta que Él compró para usted en la cruz.

Por consiguiente, en agradecimiento a Jesús por su gran dádiva de la salvación, refleje a otros la gracia que se le ha mostrado a usted. Nunca se parecerá más a su Salvador que cuando hace lo que Él hizo por usted: perdonar.

Señor, concédeme la valentía de abandonar mi resentimiento
para que pueda reflejar tu gracia y perdonar. Amén.

En su presencia... perdone a otros.

Supere el perfeccionismo

Que toda la gloria sea para Dios, quien es poderoso
para evitar que caigan, y para llevarlos sin mancha
y con gran alegría a su gloriosa presencia.

Judas v. 24, ntv

Si usted batalla con el perfeccionismo, anímese con el versículo de hoy: se está evaluando a sí mismo con el estándar errado. Usted no tiene que sentirse indigno. No tiene que triunfar a toda costa. Jesús le hace adecuado. Por ello, lea las siguientes verdades en voz alta: *Nadie puede vivir a la altura de la perfección de Dios o hacer lo correcto todo el tiempo. Nadie puede vivir una vida totalmente libre de pecado o escapar de toda tentación. Jesús ha pagado mis deudas, así que estoy limpio y puedo tener gran gozo.*

Viviendo en un mundo caído, experimentará tentaciones y luchas, incluyendo el impulso de darse por vencido o rechazar la Palabra de Dios. Sin embargo, las buenas nuevas son que no tiene que vivir con un espíritu de ineptitud.

Usted está cubierto con la identidad de Jesús. Esto significa que cuando el Padre le mira, ve las fortalezas de Cristo, su perfección y su bondad inmutables. Y eso es todo lo que realmente necesita.

Padre, ayúdame a abandonar mis temores
reconociendo la perfección inmaculada que se
logra por medio de tu Hijo, Jesús. Amén.

En su presencia... acepte que usted
está limpio y seguro para siempre.

Conflicto con la carne

*Porque el ocuparse de la carne es muerte, pero
el ocuparse del Espíritu es vida y paz.*

Romanos 8.6

Dios nunca le pedirá que haga algo que gratifique a la carne, que haga simplemente lo que se le antoje sin pensar en el futuro. Sí, Él quiere que usted disfrute de la vida, pero de una manera que le agrade a Él y le dé a usted una satisfacción íntegra, no de un modo que a la larga le destruya.

Por ello, sea cauto y sabio. Si lo que oye lo impulsa a cultivar su naturaleza de pecado, no es de Dios. El Espíritu Santo en usted siempre hablará de manera que resulte en «frutos de justicia» (Filipenses 1.11), y no en indulgencias de la carne. En realidad, su vieja naturaleza sensual constantemente está en guerra contra el Espíritu que mora en usted, y debe esforzarse con toda conciencia para mantenerla sujeta bajo su control (Romanos 8.13).

Por lo tanto, fije su mente en satisfacer los anhelos del Espíritu. Su voz le edificará, elevará, y le guiará por la senda de la voluntad de Dios. Confíe en Él, obedezca a su Espíritu, y viva.

*Señor, guíame. Quiero obedecer hoy a tu Espíritu,
no a mi carne. Revélame dónde no te he seguido
para que pueda arrepentirme y vivir. Amén.*

**En su presencia... sea
sensible a su Espíritu.**

Confíe en las promesas de Dios

No ha faltado ni una sola palabra de todas
las promesas maravillosas que hizo.

1 Reyes 8.56, ntv

Dios siempre cumple su palabra. Si le ha hecho a usted una promesa específica, puede tener la certeza de que la cumplirá. Tal vez no sea de acuerdo al calendario o las expectativas que usted tenga, pero siempre se ajustará a la voluntad divina para su vida.

Muchas veces las personas se desilusionan con Dios porque no lo ven obrando. Se dan cuenta de que está dirigiéndolos en una cierta dirección para que confíen en Él, anden íntimamente junto a Él por fe, y crean que cumplirá su promesa. Sin embargo, cuando nada cambia, surgen circunstancias adversas, o las condiciones se mueven en la dirección opuesta, se dejan ganar por el pánico y ceden a los pensamientos de derrota.

Si usted se halla en esa situación, anímese. El tiempo de espera y lo que parecen ser impedimentos a la promesa de Dios son simplemente oportunidades para edificar su testimonio de fe. El Señor no ha fallado ni lo ha olvidado. Simplemente está operando en lo invisible, obrando todo de una manera demasiado maravillosa para explicarla con palabras.

Por lo tanto, tranquilícese. Dios nunca se ha retractado de sus promesas ni nunca lo hará. El momento del cumplimiento se acerca. Alabe su nombre.

Padre, sé que tú siempre cumplirás las promesas que me has
hecho, por eso esperaré en ti y con esperanza. Amén.

En su presencia... confíe
en sus promesas.

LIBERACIÓN ASEGURADA

¡Oh Señor Jehová! he aquí que tú hiciste el cielo
y la tierra con tu gran poder, y con tu brazo
extendido, ni hay nada que sea difícil para ti.
JEREMÍAS 32.17

Estando confinado en la cárcel, el profeta Jeremías se aferraba a una sola esperanza: la promesa del Señor de que Él libraría a Judá de su cautiverio y llevaría al pueblo de regreso a la tierra después de setenta años.

Esto parecía imposible, por supuesto. Aun cuando los judíos habían sido restaurados a la tierra prometida después de su esclavitud en Egipto, parecía nada factible que sucediera de nuevo. Ningún otro pueblo jamás había recuperado con éxito sus territorios después de tantas aflicciones y tanto tiempo lejos, especialmente una nación tan pequeña y débil como Judá.

Sin embargo, *Dios* había hecho una promesa. Y debido a que nunca les había fallado antes, Jeremías sabía que el Señor sería fiel en cumplirla. Y ciertamente, después de setenta años, el pueblo fue liberado de manera sobrenatural para que volviera a su nación.

Así que anímese. Dios puede hacer cualquier cosa en su vida, incluso lo que parece absolutamente imposible. Confíe en que Él cumple su palabra independientemente de lo difícil que puedan parecer sus circunstancias.

¡Padre, confío en ti! Nada es demasiado difícil
para ti. Gracias por librarme. Amén.

En su presencia... aprecie
quien Él es realmente.

ESTADO DE PAZ

Él redimirá en paz mi alma de la guerra contra mí.
SALMOS 55.18

¿Cuándo fue la última vez que usted sintió una paz profunda en su corazón? ¿Cuánto tiempo duró esa tranquilidad? Aunque Dios promete una paz duradera, podemos preguntarnos: ¿en realidad *puedo sentir seguridad permanente en mi espíritu?*

La palabra griega que se traduce «paz», *eirene*, significa «atar junto» algo que ha estado roto o desunido. Esta es una excelente ilustración de cómo nosotros —que tan a menudo nos sentimos vacíos o desconectados unos de otros y de Dios— podemos hallar un camino hacia la unidad y la integridad. La paz del Señor viene a nosotros cuando estamos unidos a Él por fe.

Esta palabra griega, *eirene,* también se refiere a un sentido predominante de quietud y reposo en el corazón de la persona, que permanece imperturbable, sin afanarse. La paz significa estar tranquilo, sereno y en calma. Representa un estado real del alma cuando usted está inmerso en el amor y la presencia del Padre.

Por eso, busque al Señor y disfrute de la seguridad que Él le ofrece. Permita que la paz de Dios sea la norma para que usted viva día tras día.

Precioso Señor, gracias por tu paz que supera todos problemas,
liga mi alma a ti, y me conduce a tu perfecto reposo. Amén.

**En su presencia... permanezca
en el espíritu de su paz.**

BUSQUE SU DIRECCIÓN

Señálame cualquier cosa en mí que te ofenda
y guíame por el camino de la vida eterna.
SALMOS 139.24, NTV

Cuando usted busca la dirección de Dios con respecto a algún asunto, ¿tiene dificultades para percibir lo que Él quiere que haga en determinadas ocasiones? ¿Acaso sus emociones se han vuelto tan dominantes que es difícil percibir la dirección de Dios?

Si es así, entonces ore y pídale al Señor que le señale promesas en las Escrituras a las cuales aferrarse cuando su fe enfrente un desafío. No reaccione de inmediato a las situaciones cuando surjan. En lugar de ello, dedique tiempo para buscar al Padre abriendo su Palabra y pidiéndole que le proporcione un entendimiento de sus circunstancias. Cuando lo haga, Dios le dará versículos que serán un apoyo para su alma. A su tiempo, usted empezará a ver cómo Él le está dirigiendo.

Continúe poniendo el asunto delante del Señor hasta que esté seguro no solo de la senda, sino de haber llegado al destino.

Dios conoce su corazón y se da cuenta de lo profundo de sus sentimientos con respecto a la situación que tiene en su mente hoy. Usted puede confiar en que Él le guía sabiamente, aun cuando el camino no esté claro. Así que tenga fe en su capacidad para enseñarle.

Señor, revélame los versículos a los que quieres que me
aferre y ayúdame a oír claramente tu voz. Amén.

❖

En su presencia... confíe
en su dirección.

LLÉVELOS A LA CRUZ

Quien llevó él mismo nuestros pecados en su cuerpo sobre el
madero, para que nosotros, estando muertos a los pecados,
vivamos a la justicia; y por cuya herida fuisteis sanados.
1 PEDRO 2.24

Como creyentes, Jesús nos comisionó para que continuemos su obra en la tierra, proclamando las buenas nuevas de la salvación que Él proveyó para nosotros en la cruz (Mateo 28.19). Sin embargo, obedecer este mandamiento no siempre es fácil, especialmente cuando hallamos a personas cuyo estilo de vida resulta cuestionable para nosotros. A menudo parece más razonable entablar amistad con los que comparten nuestros valores y principios morales.

No obstante, recuerde que Jesús ministró a aquellos a quienes la sociedad evadía. Él explicó: «No he venido a llamar a justos, sino a pecadores» (Marcos 2.17).

Recuerde que el pecado esclaviza a sus víctimas. Con la desesperanza y la confusión como compañeras constantes, el cautivo no conoce el camino a la libertad, pero los creyentes sí, y debemos darles el mensaje de esperanza.

Así que, al hallar hoy a aquellos que necesitan la gracia de Dios, diríjalos con ternura a la cruz. Jesús ministró a los necesitados, adictos y desvalidos para que pudieran ser liberados de las garras del pecado. Y debido a que nosotros somos del Señor, también debemos hacer lo mismo.

Padre, obra por medio de mí para llevar
a otros a tu salvación. Amén.

En su presencia... refleje a
otros el amor de Dios.

El valor de la derrota

Él reserva la prosperidad para los rectos.
Proverbios 2.7, LBLA

¿Cuántas veces ha tratado usted de hacer lo correcto, pero de todas maneras ha fallado? Tal vez se encontraba en una situación en la que nadie ganaba. Tal vez sus emociones socavaron lo que estaba tratando de lograr. Puede incluso haber pensado que estaba siguiendo el curso de acción correcto, pero simplemente se hallaba equivocado. Cuando esto suceda, no se condene a sí mismo. Esta experiencia puede enseñarle lecciones invaluables en cuanto a la victoria.

Por ejemplo, algunas veces Dios programa la derrota porque desea que usted dependa de él y no de sus propios talentos, destrezas, recursos y poder. De igual manera, el quebrantamiento resulta esencial para que el Señor cumpla sus propósitos en su vida. Él quebrantará su libre albedrío y le enseñará a perseguir los objetivos de Dios, no los suyos propios. Finalmente, el fracaso expone sus debilidades y puntos débiles. Usted le permite al Señor que obre, porque se da cuenta de que sus mejores esfuerzos nunca se comparan con lo que Él puede hacer.

La derrota no es el final; es la manera que Dios utiliza para dirigirlo al verdadero éxito. Así que no se desaliente. En lugar de eso, aprenda de Él y confíe en que el Señor le conducirá por la senda a la victoria suprema.

Señor, ayúdame a recordar que la derrota es simplemente una señal que me dirige a la victoria suprema por medio de ti. Amén.

**En su presencia... halle la
victoria en la derrota.**

Verdadera justicia

Porque Jehová ama la rectitud,
Y no desampara a sus santos.
Salmos 37.28

¿Hay alguien que Dios ha traído a su mente y a quien necesita perdonar? Tal vez se preocupe de que si perdona a esa persona, el Señor será demasiado clemente con ella, y eso no sería justo.

Los sentimientos conflictivos con los que batalla no son nuevos. A lo largo de toda la historia las personas se han visto frente al reto de perdonar como Cristo perdonó. En realidad, uno de los ejemplos más insólitos es la manera en que la iglesia primitiva perdonó a Pablo, pues antes de que fuera salvado, él había perseguido con crueldad a los cristianos (Hechos 8.1–3).

Sin embargo, después de que Pablo se entregó a Cristo, Dios le presentó un reto a la iglesia, es decir, a las mismas personas a quienes Pablo había aterrorizado, para que lo recibieran con amor (Hechos 9.10–16). Felizmente, las personas de la iglesia primitiva obedecieron a Dios y lo perdonaron, liberando a Pablo para que llegara a ser un testigo poderoso.

Usted también debe perdonar. No hay manera de decir lo que Dios quiere hacer por medio de usted y de la persona que le ha hecho daño. Lo único que necesita saber es que mientras albergue una falta de perdón, usted no será libre. Así que no tenga miedo de dejar que Dios lidie con la situación. El plan de justicia divina para quien le ofendió puede sorprenderle.

Padre, este es un recordatorio útil para que yo venza el mal
con el bien, para que perdone como tú perdonas. Amén.

En su presencia... déjele a Él toda retribución.

CONVIERTA LOS OBSTÁCULOS EN VICTORIAS

«Griten con todas sus fuerzas, porque el
Señor les ha entregado la ciudad».
JOSUÉ 6.16, RVC

Cuando Josué observó las fortificaciones de Jericó, se dio cuenta de que tomar la ciudad no sería tarea fácil, especialmente con las murallas aparentemente impenetrables que tenía frente a él.

Sin embargo, Dios le prometió a Josué que Israel triunfaría, y él le creyó. Y por todas las generaciones venideras, los hijos de Israel preguntarían sobre la conquista en Jericó, a lo cual sus padres responderían que fue mediante gritos y toques de trompeta que las murallas fueron destruidas, porque el poder del Señor estaba con ellos. No fueron necesarios arietes ni estrategias de guerra... solo la obediencia (Josué 6).

¿Hay algún problema que impida su progreso hoy? La lección para usted es que Dios le mostrará cómo vencer cualquier obstáculo por medio del poder divino. Tal vez no sea de la forma que usted espera; pero con toda seguridad los métodos del Padre le sorprenderán. Dios sabe exactamente lo que se necesita para llevarle al triunfo. Por ello, haga justo lo que Él dice. Luego grite sus alabanzas y confíe en que Dios le dará la victoria.

Señor, te entrego todos mis obstáculos, porque sé que solo
tú puedes llevarme a la victoria sobre ellos. Amén.

━━━━━━━━━━ ⚬⚬⚬ ━━━━━━━━━━

En su presencia... alábelo
por llevarle al triunfo.

CORRIJA SU VISIÓN DE SÍ MISMO

Esto es una señal del justo juicio de Dios y muestra que él los ha juzgado dignos de entrar en su reino.
2 TESALONICENSES 1.5, DHH

¿Alguna vez usted duda de que sea realmente digno, atractivo, aceptable o competente? ¿Alguna vez ha sentido como si no cumpliera las expectativas para que otros puedan considerarle de valor?

Esos sentimientos de ineptitud son simplemente eso: sentimientos, no hechos. Y estos evitan que perciba quién es usted realmente en Cristo. Por eso siempre debe basar sus opiniones en lo que la Palabra de Dios dice en cuanto a su persona.

El juicio del Señor sobre quién es usted y lo que vale resulta más preciso que aquello que usted piensa de sí mismo, porque la perspectiva de Dios es eterna. Él no le evalúa recurriendo a asuntos temporales, tales como a quién conoce, dónde vive, su título, sus ingresos o su aspecto. Por el contrario, Él le ve a través de la sangre de Cristo y desea que le busque de todo corazón.

Así que aparte su enfoque de lo que piensa —o de lo que otros piensan— y acepte lo que el Padre dice de usted. Sin duda su autoestima automáticamente mejorará, porque la opinión de Dios es la única que realmente cuenta... para siempre.

¡Señor Jesús, en ti y solo en ti soy digno! Gracias por hacerme merecedor. Amén.

**En su presencia... entienda
su verdadero valor.**

OCTUBRE

¿HA ESTADO USTED CON JESÚS?

*Al ver la osadía con que hablaban Pedro y Juan, y al darse
cuenta de que eran gente sin estudios ni preparación, quedaron
asombrados y reconocieron que habían estado con Jesús.*

HECHOS 4.13, NVI

¿Es su pasión obedecer al Señor? ¿O meramente participa en actividades cristianas porque «es lo correcto»?

Su Padre celestial quiere que le obedezca por amor, gozo y gratitud, no por obligación. Él desea derramarse en usted, brillar a través de su persona, y darle un amor genuino por todo lo que está haciendo para que se una a Él en la misión de su reino.

Eso es lo que la gente vio en Pedro y Juan: dos hombres que sirvieron con gozo, sabiduría y poder que no eran propios. Resultaba obvio que el Salvador estaba obrando por medio de ellos.

De manera similar, cuando usted hace de su tiempo a solas con Cristo la prioridad, eso afecta e influye cada faceta de su vida: el Señor le da su energía, sabiduría y fortaleza para que cumpla los propósitos de Dios y le hace fructífero para su reino.

Por consiguiente, pase tiempo con Él. Pronto las personas reconocerán que usted también «ha estado con Jesús».

*Señor, mi mayor esperanza es que otros te vean en mí.
Magnifícate por medio de mí, mi Salvador. Amén.*

❦

**En su presencia... haga de Él
su enfoque primordial.**

NO BASTA ESCUCHAR

«No debes comer del árbol del conocimiento del bien y del mal».
GÉNESIS 2.16–17, RVC

Escuchar de verdad tiene una compañera esencial: la obediencia. Tristemente, el versículo de hoy ilustra que lo que el Señor le dijo a Adán fue escuchado, pero no acatado. No había manera de que Adán pudiera equivocarse en cuanto a lo que Dios dijo, pues Él fue muy claro y conciso.

Sin embargo, así es como opera el enemigo: le tienta con algo que usted no tiene razón para hacer. Satanás enfoca su atención en el objeto que está prohibido y le hace insatisfecho con todas las bendiciones que Dios le ha dado.

No obstante, sepa que todo «no hagas» en la Biblia representa una promesa de la protección de Dios. Él no está impidiéndole que disfrute de la vida, sino que está salvándole impidiendo que se destruya a sí mismo. Cada mandamiento en la Palabra de Dios es una expresión del amor divino para usted, que es su amado hijo. Él quiere protegerle y preservar su vida para que pueda disfrutar de todas las bendiciones que tiene planeadas para usted.

Adán y Eva no lo entendieron y el mundo todavía está pagando por eso. No cometa el mismo error.

Señor, perdóname por las ocasiones en que te he
oído hablar, pero no te he obedecido. Quiero seguir
tu voz fielmente de aquí en adelante. Amén.

**En su presencia... comprométase
a escuchar y obedecer.**

ENGAÑO FÁCIL

*«¿Así que Dios les ha dicho a ustedes que no
coman de ningún árbol del huerto?».*

GÉNESIS 3.1, RVC

Satanás es el maestro del engaño. Note cómo: usó para seducir a Eva *casi* las mismas palabras que el Señor había empleado para bendecirla. Tristemente, la respuesta de Eva al enemigo fue cataclísmica.

Escoger ignorar a Dios cuando sabe que le está hablando es un acto de rebelión (Santiago 4.17). Esto le llevará siempre al fracaso, y mientras más permita que el enemigo influya en usted, menos distintiva será la voz de Dios. Se hallará confuso, concibiendo pensamientos ilógicos, racionalizando y tolerando actitudes y acciones que sabe que son malas.

No se deje engañar. Redima su enfoque. Escuche al Señor.

Sintonícese con el Padre y obedézcalo. Porque al hacerlo tendrá más agudeza mental que aquellos que no lo hacen. Particularmente en los asuntos espirituales o morales, usted tendrá cierta percepción, consciencia y atención que otros no poseen. Esto se debe a que «el temor de Jehová es el principio de la sabiduría, y el conocimiento del Santísimo es la inteligencia» (Proverbios 9.10). El Señor le da un discernimiento y una perspectiva sobrenaturales que solo pueden venir de su mano.

*Padre, ayúdame a mantener mi enfoque en ti y solo en
ti para que mi camino sea puro y recto. Amén.*

❧

**En su presencia... manténgase
enfocado en Él.**

ÉL SIEMPRE ESTÁ PRESENTE

Jesús se levantó y reprendió al viento, y dijo a
las aguas: «¡Silencio! ¡A callar!» Y el viento se
calmó, y todo quedó en completa calma.

MARCOS 4.39, RVC

Un buque en el océano puede ser zarandeado por las grandes tempestades, pero debajo de la superficie no hay tormenta. Todo está en calma perfecta. Nada de ruido. Nada de tumulto. Ni siquiera una pequeña ola de agitación. El mar está perfectamente en calma.

Este impresionante hecho ilustra a qué se refería nuestro Señor cuando les prometió paz a sus discípulos. Les dijo que debido a que ellos eran sus seguidores, tendrían problemas en el mundo. En realidad, aseguró que algunos de ellos serían perseguidos por ser sus discípulos.

Sin embargo, también hizo la promesa de que jamás abandonaría a su suerte a quienes le siguen, y que su presencia constante sería el medio por el que ellos podrían disfrutar de su paz.

Amigo, ¿percibe usted como la presencia del Señor le trae su paz? Él es la estabilidad interna, la seguridad y el consuelo que nunca le abandonan. Las tormentas tal vez rujan a su alrededor, pero usted siempre podrá animarse porque aquel que ha vencido al mundo mora en usted y lo defiende (Juan 16.33).

Gracias, Señor Jesús, por la paz y la presencia
constantes que me ofreces. Amén.

En su presencia... aprópiese de su
promesa de estar siempre con usted.

Paz por sobre las circunstancias

Mayor es el que está en ustedes que el que está en el mundo.
1 Juan 4.4, rvc

Por difícil que sea enfrentar el sufrimiento y el rechazo, sus pruebas en realidad pueden ser oportunidades para experimentar el poder, el amor, la capacidad, la sabiduría y la paz que supera todo entendimiento del Salvador. Esto se debe a que muy adentro usted aprende —con una seguridad constante— que Dios está a su lado, tiene el control, y puede darle un gozo mucho mayor que cualquier circunstancia que usted pueda atravesar.

Por supuesto, el consuelo y la seguridad que usted experimenta provenientes de Él no constituyen una negación de la realidad, ni tampoco un escape de ella; por el contrario, son sobrenaturales y sustentadores en maneras que nadie jamás podrá entender por completo. El Espíritu de Dios que mora en usted le da un sentido de seguridad tan hondo y grande que nada puede estremecerle.

Todos los hijos de Dios atraviesan crisis, y es durante los tiempos de adversidad que se manifiesta más claramente la paz del Señor. Así que agradezca por esas ocasiones —aunque son dolorosas— porque sirven para acercarle más a Él.

Señor, gracias por este tiempo de adversidad y
porque cuando estoy batallando, puedo confiar
en que tú me harás salir adelante. Amén.

En su presencia... tenga por seguro que Él está con usted en medio de sus circunstancias.

PREOCUPADO ÍNTIMAMENTE

Aunque el Señor les ha dado pan de escasez y agua
de opresión, El, tu Maestro, no se esconderá más, sino
que tus propios ojos contemplarán a tu Maestro.

ISAÍAS 30.20, NLBH

Es posible que tengan lugar acontecimientos que hagan que se sienta aislado e insignificante. Tal vez algunos seres queridos no entiendan las presiones que enfrenta, o surjan obstáculos que provoquen que sus objetivos parezcan inalcanzables. Incluso algunos aspectos comunes de su vida pueden de repente volverse imposibles de manejar, privándole de alegría y haciendo que se sienta derrotado. Usted se pregunta si ha desperdiciado su tiempo esforzándose tan arduamente cuando nadie parece apreciar sus sacrificios.

Dios no le ha abandonado, y su amor por Él nunca es en vano. Dios está asediándolo de tal manera que usted lo busque y así Él pueda revelársele de una forma más profunda. No subestime lo que el Señor puede hacer y hará mediante las circunstancias difíciles que enfrenta. Dios quiere que usted se dé cuenta de que Él está íntimamente preocupado inclusive por los detalles aparentemente más comunes e insignificantes de su vida. Así que búsquelo. Dios puede mostrarle su gloria, y se la mostrará. Permítale que le hable poderosamente mediante la adversidad.

Padre, gracias por guardarme incluso en los detalles más
pequeños de mi vida, y obrar mediante esta adversidad
para ayudarme a conocerte mejor. Amén.

En su presencia... aprenda lo
que Él le está enseñando.

Extienda su amor a otros

Todos ustedes son uno en Cristo Jesús.
Gálatas 3.28, ntv

El amor de Dios se extiende a *todo* aquel que recibe a Jesús como su Salvador. Esto es cierto para personas de toda edad, cultura, nación, y a través de todas las generaciones. El Salvador no promete su amor y luego lo retira. No ofrece una dádiva y luego la retiene. Sin embargo, note algo: Él ha escogido demostrar su divino cuidado por medio de usted.

Dios quiere convertirle en un embajador de su amor a los demás —desde la casa de al lado hasta el otro lado del globo— al interesarse en las personas como Él se interesa. Aunque otros creyentes pueden ser diferentes por fuera, son sus hermanos y hermanas por medio de la sangre de Cristo. Así que no les juzgue por su situación económica, el color de la piel, el idioma, las costumbres o sus defectos. Ustedes son iguales. Son uno en Cristo.

Por eso, como se nos dice en Gálatas 6.10: «Según tengamos oportunidad, hagamos bien a todos, y mayormente a los de la familia de la fe». Su Padre con certeza obrará por medio de usted para darles una revelación mayor de sí mismo.

Padre, gracias porque tu amor no conoce
fronteras. Ayúdame a ser un embajador de tu
cuidado a quienes me rodean. Amén.

En su presencia... reciba su
amor y extiéndalo a otros.

COMUNIQUE LA VERDAD

«Pero recibirán poder cuando el Espíritu Santo venga sobre ustedes; y serán Mis testigos... hasta los confines de la tierra».

HECHOS 1.8, NBLH

Una razón por la que Dios nos habla es para que nosotros podamos comunicar a otros su verdad. Las bendiciones que Él nos da tienen el propósito de que las compartamos.

De hecho, antes de su ascensión, Jesús declaró que todo lo que había enseñado a sus discípulos durante sus tres años con ellos no debía guardarse en secreto. Ellos debían proclamar fielmente la verdad que habían recibido, y su Espíritu Santo los ayudaría en cada paso del camino.

Jesús prometió: «Por tanto, id, y haced discípulos a todas las naciones, bautizándolos en el nombre del Padre, y del Hijo, y del Espíritu Santo; enseñándoles que guarden todas las cosas que os he mandado; y he aquí yo estoy con vosotros todos los días, hasta el fin del mundo» (Mateo 28.19–20).

Lo mismo es cierto para usted. Él está a su lado, llenándole de poder y dándole sus palabras. Así que no tenga miedo de proclamar lo que sabe. Hable a otros de su Salvador y confíe en que Él comunicará su verdad a los corazones de las personas.

Señor, ayúdame a aplicar tu verdad proclamándola a otros. Gracias por darme tus palabras. Amén.

En su presencia... dé generosamente lo que recibió.

El enemigo ataca

Así que sométanse a Dios. Resistan al
diablo, y él huirá de ustedes.
Santiago 4.7, nvi

¿Alguna vez se ha sentido atacado por el enemigo? Él usa varios medios para hacer que usted pierda su fe en el Padre. Promueve sus dudas y ansiedades con preguntas tales como: «Si Dios está contigo, ¿por qué me ha sucedido esto?». No le preste atención al enemigo. Párese firme contra él. Lo que se propone es paralizarle con el temor y llevarle a su destrucción. Así que enfréntesele.

¿Cómo lo hace? Expresando su fe en Jesús. La mejor manera de resistir el poder del diablo que trata de trastornar el plan de Dios en su vida es declarando en voz alta su fe en el Señor. Su Salvador poderoso, omnisapiente y lleno de amor es su paz. No hay por qué vivir en el temor. Usted *confiará* en Él, y el Padre *le librará*.

Su enemigo no puede resistir escuchar que se exalta al Señor, así que cuando hace esto, él huye de usted. ¡Por ello, en los momentos en que surge el temor, la duda y la ansiedad, reconozca los ataques del diablo y derrótelo alabando el nombre de Jesús!

¡Padre, gracias por amarme, salvarme y librarme!
Tú eres mi Protector perfecto. A ti sea todo el
poder, la gloria y la alabanza. Amén.

En su presencia... usted siempre
tiene esperanza y victoria.

CAMBIO INTERNO

Porque Jehová da la sabiduría,
Y de su boca viene el conocimiento y la inteligencia.
PROVERBIOS 2.6

Las personas, los conflictos y las circunstancias pueden ser diferentes... pero se trata del mismo desafío que usted ha estado enfrentando por años. ¿Por qué no puede librarse de estos asuntos que se repiten tanto?

Su situación es como la del repostero que quería preparar un pastel delicioso, pero usaba sal en lugar de azúcar en su receta. Trató diferentes técnicas de mezclado, bandejas y hornos, pero cada pastel resultaba incomible. Y continuó fracasando hasta que finalmente se dio cuenta de que tenía que cambiar los ingredientes.

Lo mismo es cierto para usted. Puede buscar diferentes maneras de solucionar sus dificultades, pero a menos que cambie lo que yace en su interior y la forma en que responde a los problemas, nunca alterará el resultado. La buena noticia es que el Señor quiere que sepa la verdad, y Él asume la responsabilidad por hacer que esta cobre vida en usted.

Así que pídale a Dios su perspectiva. Permítale transformar su ser más interior. Él puede enseñarlo a responder a sus circunstancias de manera que lo honre. Y tenga la seguridad de que cuando lo obedezca, Él llenará de dulzura todo lo que salga de usted.

Señor, ayúdame a dejar de cometer los mismos errores.
Enséñame tus sendas para que pueda vivir y honrarte. Amén.

En su presencia... sea transformado por dentro.

POR UNA TEMPORADA
Y UNA RAZÓN

Los discípulos despertaron a Jesús y le dijeron: «¡Maestro,
Maestro, estamos por naufragar!» Entonces Jesús despertó,
reprendió al viento y a las olas, y éstas se sosegaron, y todo
quedó en calma. Jesús les dijo: «¿Dónde está la fe de ustedes?».
LUCAS 8.24–25, RVC

Jesús, nuestro Maestro, era realista. Nunca pidió a quienes le seguían que vivieran negando los problemas ni les escudó de la adversidad. Permitió que las tormentas los azotaran y los llamó a que tuvieran fe en medio de los peores momentos.

La verdad es que todas las pruebas son pasajeras por naturaleza: duran una temporada y por una razón. No cometa el error de pensar que sus circunstancias jamás cambiarán o que le destruirán.

Porque Dios está con usted, no tiene que darse por vencido, hundirse o dejarse derrotar por los problemas. Usted puede enfrentarlos, confrontarlos, presentarles un reto, lidiar con ellos y, al final, superarlos. ¡Puede tener la victoria, porque su Dios todo suficiente está con usted!

Hoy, permita que esa verdad traiga gozo y consolación a su corazón.

Padre, viviré mi día con confianza, sabiendo
que tú estás vigilándome, dirigiéndome,
interesado en mí y amándome. Amén.

❧

En su presencia... recuerde que Él
es la fuente y la fortaleza de su fe.

DIOS ES SOBERANO

Él me invocará, y yo le responderé;
estaré con él en momentos de angustia;
lo libraré y lo llenaré de honores.

SALMOS 91.15, NVI

Cuando los problemas atacan, ¿concibe usted siempre los resultados más negativos? Tal vez empieza preguntándose qué sucederá, pero rápidamente pasa a imaginarse lo peor. Posteriormente, su situación parece más severa de lo que en realidad es.

Sin embargo, sepa que Dios jamás ha perdido el control de su creación ni por una fracción de segundo desde el principio del tiempo. Reconocer y aceptar su soberanía resulta vital para su paz interna: significa que nada que tenga que ver con usted está fuera del ojo vigilante y el cuidado amoroso de Dios.

Dios es su protector. Él es responsable de llevar a cabo sus propósitos para usted y atender sus necesidades conforme le obedece. Sin importar lo que suceda, el Señor tiene un plan para bendecirle y recompensarle en la eternidad. Esto quiere decir que todo lo que usted experimenta, incluso las cosas «malas», resultará para su bien si confía en Él como su Señor soberano. Por lo tanto, deje de imaginarse lo peor. En lugar de eso, alabe a su Salvador por darle siempre lo mejor de Él.

Padre, tú tienes el control siempre. Gracias porque nada
puede tocar mi vida aparte de tu cuidado amoroso. Amén.

En su presencia... alábelo por
su cuidado soberano.

SU PROVEEDOR

A los que confían en el SEÑOR no les faltará ningún bien.
SALMOS 34.10, NTV

No es parte del plan de Dios que usted se quede despierto por las noches, dando vueltas, revolviéndose y haciéndose preguntas. *¿Cómo voy a pagar mis cuentas? ¿He ahorrado lo suficiente para jubilarme? ¿Cómo voy a proveer para mi familia?* O que se mantenga pensando en cualquier otra preocupación que pueda tener.

Tenga la seguridad de que el Señor —el Dueño del cielo y de la tierra— suple todas sus necesidades. Nada es demasiado grande, problemático o severo para que Jesús lo resuelva (Filipenses 4.19).

Así que, ¿por qué todavía le falta paz? El problema puede ser que usted acepta en su cabeza la idea de la provisión del Señor, pero no cree en su corazón que Él en realidad cuidará de usted. Tal vez en algún lugar en su interior no se siente digno de sus bendiciones.

Resuelva el asunto de una vez por todas en su corazón y su mente. Dios es su proveedor, y *suplirá* sus necesidades conforme usted confía en Él y lo obedece.

Así que sin importar lo que usted necesite hoy —salud emocional, empleo, un amigo, una reconciliación— confíe en su Padre celestial para que supla su necesidad y ofrézcale su alabanza.

*Señor, gracias por proveer todo lo que se
requiere para una vida plena, satisfactoria y
con propósito. Confiaré en ti. Amén.*

**En su presencia... espere
expectantemente su provisión.**

PROVISIÓN ABUNDANTE

*«Yo he venido para que tengan vida, y para
que la tengan en abundancia».*

JUAN 10.10

¿No es consolador este versículo? Jesús no solo provee vida eterna cuando lo recibimos como nuestro Salvador, sino que también nos da vida abundante aquí y ahora... desbordándonos de toda buena bendición para que podamos lograr todo lo que Él nos ha llamado a hacer.

En un sentido práctico, ¿qué significa esto? Quiere decir que si pierde su empleo, Dios tiene una oportunidad incluso mejor para usted. Si su fuente de ingresos cambia, Él tiene otros medios incontables a fin de proveer para sus necesidades. Simplemente piense en las maneras en que Él proveyó para los suyos a través de la historia: maná del cielo (Éxodo 16.35), agua de una peña (Éxodo 17.6), la multiplicación del almuerzo sencillo de un muchacho (Mateo 14.14–21)... para mencionar unos pocos. Sus recursos son ilimitados. Él no le fallará (Habacuc 3.17–19).

Amigo, Dios es hoy el mismo que fue en tiempos de la Biblia, y Él obrará mediante todo lo que toca su vida para su bien. De modo que, por difíciles que puedan parecer sus circunstancias —o cuánto haya estirado el último de sus recursos— confíe en que Él suplirá sus necesidades.

*Señor, gracias por amarme y proveer tan
abundantemente para mis necesidades. Amén.*

❧

**En su presencia... no hay
límites para su provisión.**

HECHO A PROPÓSITO

De un solo hombre hizo él todas las naciones... y les ha señalado
el tiempo y el lugar en que deben vivir, para que busquen a
Dios... Porque en Dios vivimos, nos movemos y existimos.
HECHOS 17.26–28, DHH

¿Alguna vez ha deseado ser más como otra persona? ¿Ve usted la belleza, el éxito, las habilidades o la inteligencia de alguien más y envidia lo que el Señor le ha dado a esa otra persona? ¿O acepta todo lo que Dios le ha hecho ser y considera su aspecto, dones, cultura, idioma y todo lo que es como elecciones de Dios con un propósito?

Usted es especial. Dios le dio ciertas características, rasgos de personalidad, talentos y aptitudes por una razón: para que usted cumpla un papel único en la historia. Y cuando usted recibió a Jesucristo como su Salvador, le dio ciertos dones espirituales para que los use en el ministerio y para la gloria de Dios (Efesios 2.10).

Por lo tanto, acepte hoy quién su Creador dice que usted es: su hijo amado que fue hecho «asombrosa y maravillosamente» (Salmos 139.14, LBLA). Nadie que jamás haya vivido antes, esté vivo ahora, o vivirá en el futuro, será como usted. ¡Así que disfrute lo que Dios le hizo ser!

Padre, ayúdame a abrazar y aceptarme a mí
mismo tal como tú me hiciste. Amén.

En su presencia... descubra quién
Dios planeó que fuera al crearle.

INEPTITUD POR DISEÑO DE DIOS

No es que pensemos que estamos capacitados para hacer algo
por nuestra propia cuenta. Nuestra aptitud proviene de Dios.

2 CORINTIOS 3.5, NTV

¿Se siente inadecuado para las tareas que tiene hoy por delante? ¿Teme que no cumplirá con las expectativas?

Sepa que el Señor lo ha llevado con un propósito importante a ese punto en el que tiene que admitir: «No puedo hacer esto con mi propia fuerza». Como Autor y Perfeccionador de nuestra fe, Él conoce todo el potencial que ha puesto en usted, pero también sabe lo esencial que resulta que se apoye por completo en Él. Con los talentos y dones que le ha dado, usted puede lograr metas buenas. Sin embargo, eso no basta. Él quiere hacer lo extraordinario a través de su vida a fin de que otros puedan ver el poder de Dios obrando (2 Corintios 12.9).

Usted se siente inadecuado hoy para que pueda aprender lo que significa permitir que el Salvador sea su habilitador, para que Dios realice lo que solo Él puede hacer.

Así que no diga hoy: «No puedo». En lugar de eso, exprese su fe en Él y proclame: «Por la gracia de Dios y con su ayuda, puedo hacer esto».

Señor Jesús, confiaré en que tú serás mi habilitador en
cualquier tarea que me llames a realizar. Amén.

❦

En su presencia... acéptelo
como su habilitador.

Seguridad de salvación

Todo aquel que invocare el nombre del Señor, será salvo.
Hechos 2.21

Tres grandes errores que a menudo oigo en cuanto a la salvación son: «He pecado demasiado como para ser salvado»; «He cometido el pecado imperdonable»; y «No pienso que mi salvación perdurará».

Si usted batalla con alguna de tales declaraciones, anímese. Jesús se encargó de todas esas preocupaciones en la cruz. Primero, Él ha perdonado todas las trasgresiones cometidas en *toda* la historia. No hay cosa tal como «pecar demasiado», pues su sacrificio es más que suficiente para lo que sea que usted haya hecho. De hecho, su redención es suficiente para todo el mundo (Juan 3.16).

Segundo, el único «pecado imperdonable» es rechazar a Jesús como su Salvador. Esto es lo que significa la «blasfemia contra el Espíritu» (Mateo 12.31), es decir, rechazar la provisión de Dios para la salvación. Así que una vez que es creyente, ya no es capaz de cometer este pecado.

Finalmente, puesto que usted no se ganó la salvación —la recibió como una dádiva de Jesús— tampoco puede «perderla» (Efesios 2.8–9). Por mucho que falle, Él con todo le salva.

Jesús es su seguridad eterna. No se preocupe por asuntos que Él ya ha vencido. En lugar de eso, viva su vida diciéndole: «Gracias».

Padre, gracias por darme seguridad eternamente.
Te alabo con mi vida para siempre. Amén.

**En su presencia... ríndase
por completo.**

DESILUSIONES

¿Aceptaremos solo las cosas buenas que vienen
de la mano de Dios y nunca lo malo?
JOB 2.10, NTV

Cuando usted enfrenta una gran desilusión, ¿se enfada y le echa la culpa a Dios por haberlo defraudado?

Cuando Job atravesó su tiempo de intenso sufrimiento, Satanás utilizó a su esposa para atizar su desesperanza y amargura. Sin embargo, el hombre consagrado no quiso escucharla. La respuesta de Job a su mujer —y al extremo quebrantamiento de corazón que estaba experimentando— fue una confianza asombrosa en el Señor. Y debido a su actitud humilde y obediente, Dios honró grandemente a Job (Job 42.10–17).

De manera similar, la forma en que usted responda a la desilusión es extremadamente importante. No preste oídos cuando el enemigo le dice que no vale nada y que Dios ya no le ama. Su misericordioso Padre celestial puede en realidad estar evitando que usted arruine su vida. Bien puede ser que el Señor, en su amoroso plan, haya detenido una situación en particular para impedir su destrucción, y lo que parezca ser un revés en realidad sea un rescate divino.

Así que, cuando tengan lugar las pruebas, reaccione como Job. Honre a Dios y pídale que le aclare cualquier enseñanza que le esté dando.

Padre, ¿qué necesito aprender de esto? Dame
paz, a pesar de mi dolor. Amén.

❦

En su presencia... acepte las desilusiones
con una nueva perspectiva.

VIVA SIN REMORDIMIENTOS

A ti, oh Señor, levanto mi alma.
Porque tú, Señor, eres bueno y perdonador,
Y grande en misericordia para con todos los que te invocan.
SALMOS 86.4–5

El remordimiento se arraiga en la culpabilidad no resuelta: en una decisión que tomó imprudentemente, una persona que le trató de manera descomedida, o una oportunidad que desperdició con insensatez. Usted tuvo la oportunidad de influir en una situación de un modo que sería una bendición para otros, exaltaría a Dios y beneficiaría su vida. Sin embargo, lo echó todo a perder y ahora está pagando las consecuencias.

¿Le suena familiar? No tiene que continuar viviendo con el remordimiento. Acuda a su amoroso Salvador, pídale perdón y entréguele sus sentimientos de culpa.

Él puede dirigirle para que usted rectifique el error, haga enmiendas a quienes haya lastimado, y perdone a cualquiera que le haya herido. Si lo hace, entonces obedézcale de inmediato, pero después avance. No continúe aporreándose a sí mismo por algo que Dios ya ha perdonado.

Es cierto que tal vez usted aún tenga que vivir con las consecuencias que se derivan de sus decisiones. Sin embargo, el Padre no quiere que usted viva con culpa, vergüenza o remordimientos sin resolver. Busque a Dios y sea libre.

Padre precioso, gracias por perdonarme,
sanarme y llevarme a ser sano. Amén.

───── ✸ ─────

**En su presencia... experimente
su perdón liberador.**

Un mensajero de la victoria

Una noche, el Señor le habló a Pablo en una visión y le dijo: «¡No tengas miedo! ¡Habla con libertad! ¡No te quedes callado!».
Hechos 18.9, ntv

La antigua Corinto resultaba un lugar difícil en el que vivir, especialmente para los creyentes. Era una ciudad portuaria que recibía visitantes de todo el mundo conocido. Sin embargo, su atmósfera de libre comercio trajo consigo un gran paganismo, prácticas perversas y todo tipo de inmoralidad.

No obstante, Corinto también era un lugar que desesperadamente necesitaba el evangelio y podía llegar a ser un centro estratégico de comunicación para las buenas nuevas de la salvación. Por eso, Dios envió a Pablo allí y el apóstol fielmente proclamó el mensaje a pesar de la oposición.

De manera similar, usted puede hallarse en un lugar que parece algo hostil al evangelio. No abandone el puesto que el Señor le ha dado ni oculte su fe. El Padre conoce su situación; incluyendo sus temores, fracasos y enemigos.

Así que anímese y obedézcale enseñando su verdad. Usted es un mensajero a los que más necesitan de Cristo, y tal como lo hizo para Pablo, el Señor le dará la victoria en sus esfuerzos.

Señor, permíteme ser luz en las tinieblas, llevando el evangelio a los que más lo necesitan. Ayúdame a mantenerme cerca de ti y obedecerte a fin de que otros puedan ser salvados. Amén.

En su presencia... sea intrépido para proclamar la salvación de Dios.

NUNCA SOLO

*«Así como el Padre me ha amado, así también yo los
he amado a ustedes; permanezcan en mi amor».*
JUAN 15.9, RVC

Cuando los sentimientos de soledad le agobian, hay algo que usted puede hacer de inmediato para superar esos sentimientos: alejar su enfoque de lo que no tiene y ponerlo en lo que sí posee. ¿Qué tiene usted? ¡A Dios mismo!

Usted nunca estará solo una vez que haya confiado en Jesús como su Salvador. Su Espíritu Santo pasa a morar en usted permanentemente cuando lo recibe, como garantía de su salvación. Ahora está conectado con Jesús tal como una rama es parte de una vid, y su poder divino le da todo lo que necesita para vivir.

Dios mora en usted y debe permanecer en Él. Ambos comparten la relación personal más profunda posible: una intimidad espiritual eterna. Sin embargo, sepa que la profundidad de su intimidad con el Señor, en gran medida, depende de usted.

Así que acuda a Dios y dígale: «¡Padre, te necesito! Solo tú puedes llenar mi corazón». Al hacerlo, usted lo invita a que le revele su presencia y expresa su fe en que Él, ciertamente, acaba con su soledad.

*Jesús, gracias por tu maravillosa presencia. ¡Tú eres
más que suficiente para cada necesidad que siento!
Atráeme más a ti, mi Salvador. Amén.*

**En su presencia... disfrute
de su compañía.**

LASTRE EMOCIONAL

«Llevad mi yugo sobre vosotros, y aprended de mí, que soy manso
y humilde de corazón; y hallaréis descanso para vuestras almas».
MATEO 11.29

Hoy, cada persona que usted conoce es «pobre» en espíritu —o está carente de él— de alguna manera. Pueden tener el corazón roto por una prueba o una relación personal arruinada, permanecer cautivas de recuerdos negativos del pasado, o desilusionadas debido a sueños no cumplidos. Ese peso emocional no representa solo una carga en sus vidas diarias, sino que es un indicador de que el enemigo tiene una fortaleza.

Ya sea que sus propias angustias, aflicciones o pruebas broten de causas externas o internas, el dolor es real. Y a menos que usted les haga frente, continuarán haciéndole daño. Esos sentimientos, patrones de pensamiento y experiencias pasadas continuarán traumatizándole cada vez que los recuerde, y a la larga le impedirán disfrutar de la libertad que Jesucristo ofrece.

No se avergüence. Todos batallamos. Lo que debe hacer es entregar a Cristo sus cargas y permitirle que le libere. Él le enseñará una forma diferente de vivir. Así que no tema ni se desaliente. En lugar de eso, confíe en Él y halle descanso para su alma.

Jesús, estoy quebrantado y soy pobre de muchas maneras.
Por medio de tu Espíritu, líbrame de mi lastre emocional
para que pueda ser verdaderamente libre. Amén.

En su presencia... sea
libre de sus cargas.

ESCUCHE DEPENDIENTEMENTE

«El Espíritu Santo... os enseñará todas las cosas,
y os recordará todo lo que yo os he dicho».

JUAN 14.26

No hay manera de que usted escuche a Dios apartado del ministerio del Espíritu Santo. Cuando el Señor le habla por medio de su Palabra, otras personas o las circunstancias, es la obra del Espíritu informándole sobre la voluntad de Dios.

Usted tiene un Receptor vivo y divino en su interior a través de la Persona del Espíritu Santo. La oración no se trata de Dios allá arriba y usted aquí abajo, separados y distantes. Más bien, tiene que ver con el Espíritu Santo hablando en su interior, ministrándole a su alma, y dándole testimonio a su espíritu de que usted puede conocer la mente de Cristo y realizar la voluntad del Padre.

Sin embargo, ¿cómo puede saber lo que el Espíritu le está diciendo? Prestando atención y creyendo que Él es completamente capaz de responder a sus peticiones, hablarle a su corazón y darle dirección. Así como usted confía plenamente en Jesús para que le salve, tenga fe en que el Espíritu le guiará.

Por lo tanto, acuda hoy humildemente delante de Dios —dependiendo en la obra del Espíritu Santo que mora en usted— y oiga lo que Él tiene que decirle.

Señor, gracias por tu Espíritu, el cual vive
en mí y me guía cada día. Amén.

En su presencia... obedezca los incentivos de su Espíritu.

PERSONALICE LA MEDITACIÓN

«Nunca se apartará de tu boca este libro de la ley, sino que de día y de noche meditarás en él, para que guardes y hagas conforme a todo lo que en él está escrito».

JOSUÉ 1.8

La meditación es el cimiento de la vida obediente y victoriosa. Por supuesto, muchos no ven los beneficios de concentrarse en las Escrituras y el carácter del Señor al vivir en este mundo secular donde el conflicto y la competencia reinan. Sin embargo, es en medio de tan constante caos que el creyente tiene la mayor necesidad de sentarse en quietud ante el Padre, y allí identificar la voz de Dios por encima del estruendo y encontrar la victoria sobre las pruebas que le acosan.

Por ello, el Padre llama no solo a los predicadores, sino a todos sus hijos, a que se enfoquen en Él diariamente. Dios quiere que nos relacionemos mejor con Él y triunfemos ante los retos de la vida.

La meditación personal no es difícil. Empieza cuando usted se dedica a estar a solas con el Señor y se queda quieto delante de Él. Así que no espere más. Concéntrese en el Padre. Escuche su voz, permita que su paz le llene, y halle su dirección y propósito para su vida.

Señor, ayúdame a dejar a un lado mi estrés diario y a darte el primer lugar en mi vida. Llena mi mente y mi corazón con tu verdad y sabiduría. Amén.

En su presencia... halle dirección.

TODO LO QUE USTED NECESITA

*«Venid a mí todos los que estáis trabajados y
cargados, y yo os haré descansar».*
MATEO 11.28

Cuando se sienta cansado y derrotado, recuerde: todo en su vida fluye de su relación personal con Dios. Mientras más estresantes y exigentes sean sus circunstancias, mayor será su necesidad de experimentar la presencia de Dios, no menor.

Así que si se siente hoy agobiado y agotado, pase tiempo con su Padre celestial. Tal vez usted piense para sus adentros: *No hay manera de que pueda añadir otra tarea a mi horario.* Sin embargo, se asombrará al ver cómo su comunión con el Señor aumenta su eficiencia.

Por lo tanto, sea emocionalmente transparente con Dios y permita que su Espíritu le hable al corazón. Confiésele sus pecados y desilusiones. Permítale dejar expuestos los lugares donde usted se muestra renuente a confiar en Él, y reconozca los momentos en que le revela sus temores. Finalmente, pídale que aumente su amor por Él y su energía para las tareas que tiene por delante.

Solo el Padre puede darle la fortaleza, la energía y la sabiduría que necesita hoy. Así que acuda a Él y descanse en su gracia. Con certeza hallará en su presencia todo lo que necesita.

*Señor, tú sabes que estoy agobiado. Fortaléceme con tu
gloriosa presencia. Gracias por poner a mi disposición
tu sabiduría, poder y presencia. Amén.*

**En su presencia... reciba su
sabiduría y fortaleza.**

DE LA OSCURIDAD A LA LUZ

«Yo soy la luz del mundo; el que me sigue, no andará
en tinieblas, sino que tendrá la luz de la vida».

JUAN 8.12

¿Hay algún aspecto oscuro en su vida, algo que continuamente le hace temer, tal como el futuro o un reto que usted debe enfrentar? No se desespere. El Padre quiere aliviar el temor que siente arrojando luz sobre sus circunstancias.

Recuerde, en el principio fue Dios quien hizo existir la luz por medio de su palabra... y lo hizo antes de crear el sol, la luna y las estrellas (Génesis 1). Esto se debe a que su misma presencia da luz (Apocalipsis 22.5); no solamente resplandor físico, sino iluminación espiritual.

Por supuesto, usted tal vez quiera buscar sus propias soluciones para sobreponerse a la incertidumbre que siente. Sin embargo, entienda que solo Dios es luz. Y cuando usted lucha contra las tinieblas con más oscuridad, todo lo que logra es una profunda desesperanza.

Dios quiere que vea, no simplemente la senda por delante, sino también las profundas realidades espirituales que están afectando su vida. ¡Él está listo para ayudarle! Así que cuando sienta que los temores oscuros le invaden, acuda a Dios. Porque cuando Él es su luz, no tiene nada que temer.

Señor, líbrame de mis ansiedades. Haz que tu verdad brille
en mi corazón y ayúdame a andar en tu luz. Amén.

En su presencia... la oscuridad huye.

BUSQUE A DIOS

Enséñame, oh Jehová, tu camino,
Y guíame por senda de rectitud.
SALMOS 27.11

La mayoría de las personas no quiere admitir que no sabe algo. Incluso si significa andar dando vueltas por horas, muchos preferiríamos hallar de modo casual la respuesta correcta por cuenta propia antes que pedir ayuda.

Lo mismo se puede decir de nuestro andar cristiano. Podemos creer que el Padre tiene un propósito específico para nuestras vidas y bendiciones singulares preparadas para nosotros; sin embargo, no lo buscamos para que nos diga lo que Él ha planeado. ¿Cómo podemos llegar entonces al destino de Dios si no consultamos con el Único que sabe a dónde vamos y cómo llegar allí?

La voluntad de Dios no es algo que pueda hallar al azar. Solo se descubre mediante una relación íntima con Él: por medio de la oración y el estudio bíblico al procurar conocerlo mejor.

Si usted ha llevado a cabo una búsqueda para «hallar a Dios» o «rastrear su voluntad», deje de buscar y simplemente hable con Él. El Señor sabe dónde está usted, y conoce exactamente a dónde debe ir. Ningún mapa podría prometerle más.

Padre, que no desperdicie un tiempo precioso
deambulando cuando puedo ir directamente a
ti y hallar dirección para mi vida. Amén.

En su presencia... halle dirección.

Transformado por la verdad

Presentéis vuestros cuerpos en sacrificio vivo, santo,
agradable a Dios, que es vuestro culto racional. No os
conforméis a este siglo, sino transformaos por medio
de la renovación de vuestro entendimiento.

Romanos 12.1–2

¿Qué significa ser transformado por la verdad? Romanos 12.1–2 puede dividirse en tres metas que debemos procurar: presentar el cuerpo como sacrificio vivo; no conformarnos al mundo; y ser transformados por la renovación del entendimiento.

Honramos a Dios al ser un sacrificio vivo, es decir, viviendo de una manera que lo glorifique. No conformarse al mundo quiere decir que rehusarnos a vivir de acuerdo a las normas y prácticas defectuosas de nuestros semejantes caídos.

La transformación de nuestro entendimiento significa adoptar una nueva forma de pensar, reemplazando con la verdad de Dios nuestros patrones egoístas y distorsionados de pensamiento.

Y todo esto junto indica que usted es hecho una mejor persona, siendo gloriosamente transformado según *el Señor*. Esto será un reto, pero vale la pena por completo. Así que sea un sacrificio vivo y confíe en que Él hará cosas asombrosas en usted.

Señor, moldea mi vida y transforma mi
entendimiento para que pueda llegar a ser la
persona que tú te propusiste que fuera. Amén.

En su presencia... su vida
será transformada.

Toda necesidad

Es mejor refugiarse en el Señor
que confiar en la gente.

Salmos 118.8, ntv

Dios es el único que puede satisfacer verdaderamente el deseo de sanidad que tiene su corazón. Cuando usted se siente solo y desconectado, lo que en realidad percibe es el anhelo de su alma de ser una con Dios. Y solo Él sabe cómo producir en su vida esa profunda intimidad.

Una vez que usted reconoce esto y acude al Señor para que satisfaga su soledad, se halla en una posición más saludable para recibir el amor y el afecto de las personas que Dios envía a su vida. En lugar de llegar a depender emocionalmente de otras personas, puede contribuir a sus vidas y establecer una relación personal saludable, afectiva y mutua con ellas.

Sin embargo, sepa que el Señor es un Dios celoso. Él quiere una relación personal con usted, y si ve que se apoya en otra persona para que haga lo que solo Él puede hacer, a menudo encontrará la forma de que esa relación deje de ser lo que fue.

Solo el Salvador puede proveer todo lo que usted necesita para vivir una vida en paz, gozosa y satisfactoria. Así que búsquelo a Él primero y primordialmente para satisfacer las necesidades de su corazón.

Padre, por favor, perdóname por buscar en otras la
satisfacción de mis necesidades. Dirige el enfoque de mi
corazón a tu maravillosa presencia y provisión. Amén.

**En su presencia... busque refugio
en su provisión perfecta.**

CÓMO ES DIOS EN REALIDAD

«El Hijo del Hombre vino a buscar y a
salvar lo que se había perdido».
LUCAS 19.10

¿Cómo es Dios? Aunque usted puede verse tentado a basar su noción de Él en lo que le han enseñado, o en su experiencia con su padre terrenal, ¿ha aprendido quién es Dios en realidad?

Siendo Dios encarnado, Jesús siempre trató a las personas con la mayor amabilidad, respeto y generosidad. Podemos ver esto en su relación con Zaqueo, a quien otros menospreciaban porque era un cobrador de impuestos para Roma y deshonesto en sus tratos. Sin embargo, Jesús no condenó a Zaqueo. No, Jesús le dijo que se bajara del árbol a fin de poder llevarlo a la salvación.

De modo similar, en todos los Evangelios vemos a Jesús sanando, consolando, restaurando y liberando a las personas de la esclavitud. Lloró cuando sus amigos estaban afligidos, se rio con ellos en sus alegrías, y perdonó sus pecados para que pudieran disfrutar de la vida eterna con Él para siempre.

Así es el carácter de Dios, aquel que le llama a una profunda relación personal con Él. El Señor es santo, bondadoso, poderoso y amante. Así que acérquese a Él y disfrute de quién es en realidad.

¡Señor, gracias por aceptarme tal como soy!
Te amo. Revélate a mí. Amén.

En su presencia... experimente quién es Él en realidad.

EXPERIMENTE SU PRESENCIA

¡Qué precioso es tu amor inagotable, oh Dios!
Todos los seres humanos encuentran refugio a la sombra de tus alas.
SALMOS 36.7, NTV

¿Alguna vez ha tenido la experiencia llena de seguridad de verse estrechado en los brazos eternos de Dios? Usted quizás se pregunte si en realidad es posible sentir su compañía de manera tan poderosa. Sin embargo, sí lo es.

Percibimos la presencia de Dios y entendemos su protección, en parte, a través de los amigos y seres queridos que Él trae a nuestra vida y se interesan por nosotros, tal como Jesús lo haría si estuviera físicamente presente con nosotros hoy.

No obstante, en otras ocasiones Dios simplemente nos envuelve, casi como si descendiera y nos cubriera con su presencia. Este abrumador sentido de consuelo puede ser tan real que es como si estuviéramos siendo acunados en sus brazos. ¡Y en verdad lo somos! El sentimiento es de total satisfacción, realización y seguridad... lo que Él anhela que cada uno de nosotros tengamos.

Así que, si usted necesita percibir hoy la proximidad del Salvador, busque su rostro. Espere delante de Él hasta que sienta su presencia llena de amor, y confíe en que Él se le revelará. Se sorprenderá al ver cuán profundamente real Él llega a ser para usted.

Padre, abrázame. Estréchame en tus brazos de amor a fin
de que yo pueda sentir tu presencia y protección. Amén.

**En su presencia... siéntase envuelto
por su consuelo de amor.**

NOVIEMBRE

EXAMINE SU CORAZÓN

Si confesamos nuestros pecados, él es fiel y justo para
perdonar nuestros pecados, y limpiarnos de toda maldad.
1 JUAN 1.9

La falta de perdón puede ser fuente de una gran cantidad de conflicto y estrés en sus relaciones personales. Por ello, examine su corazón ahora para ver si necesita perdonar a alguien.

¿Guarda usted en secreto la esperanza de que alguien reciba lo que se merece? ¿Habla negativamente sobre alguien? ¿Disfruta al dar rienda suelta a sus fantasías de desquite, incluso las que parecen inocentes? ¿Pasa tiempo rumiando sobre lo que otros le han hecho? ¿Cómo se siente cuando algo bueno le sucede a alguien que le ha hecho daño? ¿Culpa usted a alguien por lo que ha pasado en su vida? ¿Halla difícil sincerarse y confiar en las personas? ¿Se encuentra con frecuencia enfadado, deprimido o amargado? ¿Le resulta difícil agradecerle a Dios por algo que ha sucedido en su vida?

Si alguna de estas cosas es verdad en cuanto a usted, puede estar guardando resentimiento. Permita que el Señor examine su corazón. ¿Halla Él alguna falta de perdón allí? Si es así, confiéselo de inmediato y permítale que le sane por completo.

Señor, ayúdame a perdonar de corazón, tal
como tú me has perdonado. Amén.

**En su presencia... confiese
cualquier falta de perdón.**

EL PLAN DE DIOS PARA SU FUTURO

«Yo sé los planes que tengo para ustedes... para
darles un futuro y una esperanza».
JEREMÍAS 29.11, NTV

¿Se da cuenta usted de que Dios sabe exactamente dónde está y lo que hace en estos momentos? Contrario al pensamiento popular, usted no está dando tumbos al azar por el tiempo y el espacio.

El Creador que formó el universo y todo lo que hay en Él tiene un plan específico para cada persona en la tierra, y Él ya ha puesto todo en su lugar para proveerle a usted un futuro brillante. Esto no es simplemente en el cielo, sino también en la tierra. El Señor Dios tiene un gran propósito para usted. ¡Hay esperanza!

Su futuro eterno es seguro, y debido a eso puede regocijarse. Dios también se interesa íntimamente en su vida cotidiana. Todos esos detalles, alegrías y problemas que anhela compartir con otros, Dios quiere que se los lleve a Él, porque solo en Él usted puede confiar verdaderamente para que le guíe en su andar diario. Así que invítelo a que tome parte en sus decisiones. Él sabe cómo conducirle a donde quiere llevarle.

Padre, estoy muy agradecido porque te interesas en
mi vida cotidiana. Condúceme hasta donde tú quieres
que vaya y a lo que quieres que yo haga. Amén.

En su presencia... confíele su futuro.

INDIGNACIÓN JUSTA

Pero en ti hay perdón,
para que seas temido.
SALMOS 130.4, LBLA

A veces algunos creyentes bien intencionados proclaman que su enfado es una «indignación justa», indicando que incluso Jesús volcó las mesas de los cambistas de dinero en el templo y a menudo regañó a los líderes religiosos.

El problema es que la *indignación justa* es una cólera dirigida a una ofensa cometida contra Dios y su pueblo, y no necesariamente a las ofensas que nosotros recibimos. Esta nos motiva a levantarnos firmes por lo que es recto y defender a los desvalidos, como lo hizo Jesús. Sirve para limpiar a otros, restaurarlos y magnificar la bondad del Señor.

Desdichadamente, a menudo no hacemos nada para corregir una situación injusta, sino que simplemente permitimos que el resentimiento se acumule y exigimos un desquite. Tenga cuidado. Si usted actúa así, no está experimentando una indignación justa. Solo está guardando rencor, y la ira santa de Dios puede levantarse contra usted.

El Salvador espera que perdone a los que han pecado contra usted, tal como Él lo hizo. Así que no permita que el orgullo dicte su reacción hacia ellos ni se esconda detrás de un vocabulario religioso. Usted no está honrando a Dios con sus emociones. Más bien, hágale frente a su enfado de inmediato y permita que Dios le muestre su perdón.

Señor, trae a mi mente a cualquier persona a la que necesito
dejar libre a fin de que pueda honrarte al perdonarla. Amén.

En su presencia... perdone
a quienes le ofenden.

REFLEJE MISERICORDIA

*La paga del pecado es muerte, mas la dádiva de Dios
es vida eterna en Cristo Jesús Señor nuestro.*

ROMANOS 6.23

¿Quién le hizo daño esta semana? ¿Parecían sus acciones intencionales? ¿Cómo se supone que usted deba responder?

Naturalmente, todos sentimos el deseo dedesquitarnos cuando nos ofenden. Creemos que nos merecemos que se nos trate con perdón, bondad, amor y respeto. Sin embargo, cuán fácilmente nos olvidamos de lo hirientes, maliciosos y rebeldes que hemos sido toda nuestra vida.

Todavía más, todos hemos ofendido al Señor mucho peor de lo que cualquier individuo en algún momento nos haya lastimado personalmente. Nuestra rebelión contra el Padre merece solo la muerte, porque lo hemos deshonrado en su calidad de nuestro Gobernante santo y soberano al pecar contra Él.

Felizmente, servimos a un Dios misericordioso y somos los beneficiarios de su gracia. Y es por esta misma razón que Efesios 4.32 termina con el mandato de perdonar a otros «tal como Dios los ha perdonado a ustedes por medio de Cristo» (NTV).

Usted ha sido misericordiosamente perdonado... aunque no se lo merecía. Ahora, por gratitud al Señor Jesucristo, vaya y muéstreles compasión a otros, aunque tampoco ellos se lo merezcan.

*Señor, gracias por perdonarme. Por favor, ayúdame a
mostrar siempre tu gracia y compasión a otros. Amén.*

———— ⊗⊗ ————

**En su presencia... refleje la
misericordia de su Salvador.**

RENUNCIE A TENER EL CONTROL

«La copa que el Padre me ha dado, ¿no la he de beber?»
JUAN 18.11

Admítalo: ciertas situaciones le fastidian tan profundamente porque piensa que ha perdido el control. La vida no ha resultado como planeaba, y usted se desespera por recuperar su influencia.

Tal vez este fue el problema de Pedro. Después de todo, ¿cómo podía un hombre lo suficiente valiente como para pelear por Jesús en Getsemaní (Juan 18.10–11) de repente llenarse de tanto miedo y negar al Salvador tres veces (vv. 25–27)? ¿Podría ser que sus planes se hubieran desbaratado y que Él sentía que había perdido el control? Él era capaz de luchar contra Roma con espadas. Sin embargo, no comprendía la victoria mucho mayor que tendría la resurrección de Jesús sobre el pecado. Si Pedro hubiera entendido el verdadero propósito de Jesús, con seguridad no habría sentido tanto miedo.

Como Pedro, usted tal vez quiera que se haga la voluntad de Dios, pero no está seguro de cómo Él lo está logrando, así que prefiere manejar la vida de acuerdo a sus propios términos. Sin embargo, las cosas no funcionan de esa manera. De modo que abandone su temor y permita que el Salvador obre. Él tiene un plan mejor de lo que usted pueda imaginarse. Acepte que Dios tiene el control, y descanse en el conocimiento de que Él siempre resulta victorioso.

*Jesús, tus caminos son mucho más sabios que los
míos. Confiaré en tus propósitos. Amén.*

**En su presencia... regocíjese
de que él tiene el control.**

SIEMPRE DISPUESTO

«Quiero; sé limpio».
MATEO 8.3

La lepra era una maldición para este pobre hombre. En realidad, resultaba una enfermedad tan dolorosa y terrible que aquellos que la padecían debían llevar cascabeles colgados al cuello para que otros pudieran evitar el contacto con ellos y no infectarse. Se trataba de algo aislante, humillante y absolutamente doloroso.

Así que cuando Cristo se acercó, este leproso valiente de inmediato se arrodilló delante de Él y le dijo: «Si quieres, puedes limpiarme». Fueron palabras llenas de una tremenda fe pronunciadas por un hombre que con toda probabilidad no dudaba de la capacidad del Señor, pero probablemente tenía temor de que lo pasara por alto.

Sin embargo, note que *Jesús siempre está dispuesto*. Y el Salvador fue más allá de sanar las dolencias físicas del leproso cuando atendió las necesidades de su alma al tocarlo.

Tal vez haya sufrido por mucho tiempo y se pregunta si Jesús puede restaurarle también. Anímese, el Salvador es capaz de sanar su enfermedad. Puede escoger hacerlo por completo, o puede cambiar sus circunstancias para que usted halle paz en medio de su sufrimiento. Pero el punto es este: no deje que el Salvador siga de largo. Dé un paso al frente en adoración y permita que obre en su vida. Él está dispuesto. Confíe en Él.

Señor, no me pases por alto. Obra en mi vida mientras
humildemente me postro en adoración delante de ti. Amén.

En su presencia... halle sanidad.

LA MULTA ESTÁ PAGADA

Dios los compró a un alto precio. Por lo
tanto, honren a Dios con su cuerpo.
1 CORINTIOS 6.20, NTV

Allí está usted, conduciendo por la autopista. Y de repente, lo ve: usted ha rebasado velozmente a un patrullero. Es un momento aleccionador. No se supone que los conductores sobrepasen el límite de velocidad, y cuando ve al policía, se siente culpable. ¿Cuál será la multa si se la impone?

Sin embargo, piense en esto: ¿cuán a menudo en el transcurrir de su día de repente se halla sorprendido en un momento de consciencia *espiritual*? Usted estaba haciendo lo que no debería estar haciendo: persiguiendo deseos lujuriosos, chismeando, dando lugar a la cólera, o alimentando su mente con cosas que no honran a Dios. Si el Señor se apareciera ante usted, ¿cómo se explicaría ante Él?

La verdad es que Dios siempre está a su lado, viendo *todo* lo que usted hace. Y siempre hay consecuencias a su desobediencia. Felizmente, puede regocijarse en el hecho de que el castigo eterno por su pecado ya ha sido pagado. Jesús pagó su multa en la cruz. Sin embargo, eso nunca es razón para continuar pecando. Por el contrario, declare su agradecimiento a Dios honrándolo con su cuerpo.

Señor, gracias porque mi deuda espiritual ha sido pagada
por completo. Por favor, ayúdame a obedecerte de modo que
otros puedan conocerte como su Salvador también. Amén.

En su presencia... hónrelo
con sus acciones.

ENFRENTE LAS MONTAÑAS
DE LA VIDA

*«Si tuvieran fe como un grano de mostaza, le dirían a este
monte: "Quítate de allí y vete a otro lugar", y el monte les
obedecería. ¡Nada sería imposible para ustedes!».*
MATEO 17.20, RVC

Como seguidor de Jesucristo, no se le garantiza una vida fácil. Usted puede enfrentar muchas montañas —pruebas, dificultades y adversidades— durante toda su vida. Así que, ¿cómo responde cuando enfrenta lo que parece ser un obstáculo o un problema abrumador? ¿Deja que cunda el pánico? ¿Se entrega al desaliento? ¿Se da por vencido?

Absolutamente no.

Cuando Dios le llama a una tarea o permite una prueba, Él asume la plena responsabilidad por eliminar los obstáculos que le impidan triunfar. Así que debe responder con fe.

Medite por un momento: ¿qué siente que se cierna ante usted como una montaña imposible hoy? ¿El trabajo, las relaciones personales, la economía o la salud? Sin importar lo que esté enfrentando o cuán difícil parezca ser la tarea, siempre mire a Dios para lograr la victoria. Él es su esperanza eterna, infalible, que puede remover cualquier obstáculo cuando usted confía en Él.

*Señor, la montaña que tengo delante empequeñece
ante la victoria que tengo en ti. Gracias por abrirme
un camino y llevarme al triunfo. Amén.*

❧

**En su presencia... tenga esperanza
en su provisión eterna e infalible.**

LIBERACIÓN DE LA ESCLAVITUD

«Aun si peca contra ti siete veces en un día, y siete veces
regresa a decirte "Me arrepiento", perdónalo».

LUCAS 17.4, NVI

¿Puede usted pensar en algún conflicto de su pasado que todavía no haya perdonado?

Cuando las personas nos hieren, es fácil que la amargura se filtre hasta nuestros corazones si no tenemos cuidado. Con demasiada frecuencia ignoramos la sabiduría de la Biblia y buscamos medios destructivos para alcanzar la justicia.

Sin embargo, entienda algo, cuando el resentimiento consume su mente, esta es terreno fértil para el enemigo. Él aumenta su cólera diciendo: «Te han herido. Tienes razón para estar enojado. Sigue castigando a esa persona en tu corazón. Es lo que se merece». Mientras que usted permita los mensajes amargos y no perdonadores de Satanás, continuará hundiéndose en el fango de la autocompasión y la esclavitud.

Pero eso no es lo que Jesús desea para usted, por eso le ordena que perdone siempre. Usted no castiga al ofensor ni le exige cuentas. Todo lo que hace es lastimarse a sí mismo. Es usted quien ha estado prisionero todo el tiempo.

Por eso, si guarda rencores contra alguna persona, suelte las cadenas de la ira que le atan a ella. Perdónela y encuentre la libertad.

Señor, revélame cualquier falta de perdón que esté albergando.
Líbrame de cualquier cadena que me haya tenido cautivo. Amén.

En su presencia... halle libertad
mediante el perdón.

SU PODER TRIUNFARÁ

«Dios ha entregado en sus manos a los
madianitas con todo el campamento».
JUECES 7.14

Gedeón entendía el miedo y la desesperanza. Estando acompañado de un ejército muy pequeño, Dios lo llamó para que derrotara a las numerosas y poderosas tropas madianitas. La tarea parecía absolutamente imposible y condenada al fracaso. Entonces el Señor le dio una noticia todavía más alarmante a Gedeón: su pequeño e insignificante grupo de soldados sería reducido aún más ¿Por qué? Para darle más gloria a Dios cuando el diminuto ejército de israelitas obtuviera la victoria sobre las vastas legiones de madianitas.

¿Alguna vez se ha visto frente a un reto como este, donde sus escasos medios fueron reducidos incluso más y su único recurso era confiar en el Padre celestial? Anímese, mientras más imposibles parezcan sus circunstancias, más gloria recibirá Dios cuando su situación sea rectificada.

Por eso, cuando las condiciones se vuelvan más insoportables y las probabilidades se eleven contra usted, no se desaliente. El Señor fielmente le dio la victoria a Gedeón y también se la dará a usted. Confíe en Él y obsérvelo triunfar.

Señor, confiaré en que tu poder, sabiduría y amor son
ilimitados, y que nunca dejarás de ayudarme. Amén.

❄

En su presencia... sea equipado
para lo imposible.

LO QUE AHOGA SU FRUTO

«Los afanes de este siglo, y el engaño de las
riquezas, y las codicias de otras cosas, entran y
ahogan la palabra, y se hace infructuosa».
MARCOS 4.18–19

Si se siente por algún motivo sin motivación e ineficaz, sepa que la ansiedad casi siempre resulta en que la persona se vuelva menos productiva. Cuando sentimos que nos atan las inseguridades y aprensiones, simplemente no podemos ser eficaces para el reino de Dios o en nuestras tareas diarias.

Así que, piense en lo siguiente: ¿está sintiéndose algo paralizado hoy? Tal vez se deba a algún temor oculto en su corazón. Sin embargo, usted no se sentirá seguro por nada en la vida hasta que tenga confianza en su relación personal con el Señor. Esto se debe a que, por diseño, hay una parte de usted que Dios hizo para sí mismo. Ninguna otra cosa puede llenar ese vacío ni ocupar esa parte, excepto Él.

Mientras Jesús no sea la prioridad en su vida, siempre tendrá temor a lo desconocido y le «ahogarán» las preocupaciones de este mundo. Es su relación personal con Dios y estar conectado con su poder lo que le capacita para no afanarse ni dejarse ganar por el temor, sino más bien crecer y ser victorioso.

Señor, no sé lo que guarda mi futuro, pero tú sí lo sabes.
Así que te confío todo lo que está por delante. Amén.

En su presencia... usted está seguro.

BUSQUE CONOCER A DIOS

«Busquen el reino de Dios por encima de todo lo
demás, y él les dará todo lo que necesiten».
LUCAS 12.31, NTV

Una vez que se convierte en cristiano, ¿qué espera Dios de usted? ¿Cómo quiere el Señor que viva con Él y en su relación con los demás?

Hallará las respuestas a estas preguntas al leer la Palabra de Dios. Al meditar en los Evangelios, especialmente en el de Juan. Procure conocer quién es Jesús. Disfrute de su presencia. Entienda su carácter, sus palabras, su misión y su profundo amor por usted.

Y luego, lea el libro de Salmos. Descubrirá que David experimentó muchas de las adversidades y retos que usted enfrenta, hizo preguntas similares, y sintió las mismas emociones intensas. Se dará cuenta de que no está solo en sus dificultades y afanes, ya que Dios puede hallarle en cualquier lugar que usted se encuentre, y lo hará.

Sin importar con qué esté batallando hoy, busque el reino de Dios. En otras palabras, aprenda cómo opera el Señor. Porque cuando usted empieza a leer las Escrituras y aplicarlas a su vida, el Espíritu Santo llenará su corazón con más de sí mismo y le dará las respuestas que necesita.

Jesús, ayúdame a buscarte siempre a ti primero.
Confío en que tú tienes la respuesta a cada
pregunta que hay en mi corazón. Amén.

**En su presencia... aprenda
a conocerlo.**

LO MEJOR DE USTED

*La mujer... les decía a todos: «¡Vengan a ver a un hombre que me
dijo todo lo que he hecho en mi vida! ¿No será este el Mesías?».*

JUAN 4.28–29, NTV

Resulta tentador dejarse atrapar en el juego de la comparación, mirar a otros y decir: «Por lo menos yo no peco como aquel» o «A mí me va mejor que a ella». Sin embargo, Dios no nos juzga basándose en lo que otros estén haciendo.

La mujer junto al pozo había estado casada cinco veces y en el presente estaba viviendo con un hombre que no era su marido. Aun así, Jesús no le dijo: «Tú eres una pecadora. No me dirijas la palabra». Por el contrario, Él le explicó que le proveería un agua que nunca se secaría (Juan 4.4–41). Y la notoria mujer a la larga atrajo a muchos samaritanos a Jesús.

Cada persona tiene potencial, y solo Dios sabe plenamente cuál es. Al final, Él le recompensa en base a tres criterios: cuánta verdad sabe usted, qué oportunidades le da Él para expresarla, y cuál es su respuesta en esos momentos.

Por consiguiente, no se compare con otros. Más bien, obedezca fielmente en lo que sea que Dios le dé para hacer, y Él hará el resto.

*Jesús, ayúdame a honrarte llegando a ser todo
aquello para lo que me creaste. Amén.*

**En su presencia... alcance
su pleno potencial.**

SANADO

Les dará... una gozosa bendición en lugar de luto,
una festiva alabanza en lugar de desesperación.

ISAÍAS 61.3, NTV

¿Están sus dolorosas y descontroladas emociones impidiéndole ser todo lo que Dios quiere que sea? ¿Lo paralizan la duda, el temor o la vergüenza? ¿Alguna vez se pregunta cómo se perdió la libertad que Jesús le prometió?

Ciertas heridas penetran tan hondo que nos preguntamos si lograremos sobrevivir. A veces cedemos a ellas, permitiéndoles que envenenen nuestra vida. En otras ocasiones las ignoramos, obligando a las emociones dolorosas a hundirse debajo de la superficie sin que nunca les hagamos frente verdaderamente. De cualquier manera, no respondemos a ellas de forma saludable, así que controlan nuestros pensamientos y acciones.

Abandonar las cargas del pasado exige valentía, en especial si han llegado a ser parte de su identidad. No obstante, si usted es sabio, se las entregará al Padre para que Él pueda hacerle libre de la esclavitud que causan y sanarle.

Por lo tanto, confíe hoy en que Dios le liberará de cualquier emoción debilitante. Con certeza, Él completará su buena obra en usted y le enseñará a disfrutar de la vida en su mejor forma.

Padre, por favor líbrame de cualquier emoción
dañina a fin de que pueda llegar a ser la persona
que te propusiste cuando me creaste. Amén.

En su presencia... sea sanado.

JESÚS ES SU AMIGO

Al Señor le agradó hacerlos su pueblo.
1 SAMUEL 12.22, PDT

Cuando usted se sienta solo, olvidado, malentendido y no querido, recuerde el gran amor que Dios le tiene. Él siempre está atrayéndole a su presencia para recordarle cuánto le cuida.

¿Cómo puede saber esto con seguridad? Porque ese ha sido su carácter a través de toda la historia. En el Antiguo Testamento, el Señor estaba constantemente buscando a su pueblo, revelándoseles. Dios desea compañerismo y comunión con aquellos que responden a Él de manera similar.

En el Nuevo Testamento, hallamos que Jesús conocía lo que es estar solo, pero también sabía lo que es recibir el consuelo incluso frente al abandono (Juan 16.32).

El Señor se interesa grandemente en su persona y quiere que sepa con certeza que Él está más cerca de usted que el mismo aliento que respira. Aunque pueda *sentirse* solo a veces, en realidad nunca lo está. Jesús es el único amigo que usted siempre tiene —aquel que está siempre con usted— porque Él «es el mismo ayer, y hoy, y por los siglos» (Hebreos 13.8).

Señor Jesús, gracias por el confort que siento al saber que nunca me encuentro solo, pues tú siempre estás conmigo. Amén.

En su presencia... reciba el confort de su amistad.

BORRE LOS MENSAJES

Entonces Jesús le dijo: «Yo tampoco te condeno.
Vete; desde ahora no peques más».

JUAN 8.11, LBLA

La mujer debe haber estado aterrada. De acuerdo a la ley mosaica, debían apedrearla hasta la muerte, porque había sido sorprendida en adulterio. ¿La condenó Jesús? No. Simplemente le dijo que siguiera adelante *y dejara su pasado atrás*. Sin embargo, a menudo eso es más fácil de decir que de hacer.

Esto se debe a que hay mensajes que nuestra mente está reproduciendo constantemente, recordándonos equivocaciones pasadas y las maneras nada amables con que otros nos han juzgado. Para apagar estos dolorosos patrones de pensamiento que nos agobian, debemos tener una relación íntima y personal con Jesús, permitiéndole que nos enseñe quiénes somos en realidad.

Es tiempo de seguir adelante y dejar atrás su pasado, actuando en contra de esos mensajes destructivos. Cuando los viejos pensamientos surjan, haciendo que confíe menos en Dios, se desprecie a sí mismo o dude de que Él tiene un gran futuro planeado para usted, decida: «¡No voy a hacerle caso a nada de eso!». Tome la decisión de creer lo que Jesús dice sobre usted, y confíe en que su verdad le hará libre.

Gracias, Dios, porque puedo apropiarme de la plena libertad y victoria sobre mi pasado. Ayúdame a apagar permanentemente los mensajes destructivos reemplazándolos con tu verdad. Amén.

En su presencia... abraza la verdad.

NUESTRAS NECESIDADES DIARIAS

Mi Dios suplirá todo lo que les falte, conforme a
sus riquezas en gloria en Cristo Jesús.
FILIPENSES 4.19, RVC

Dios es su Padre celestial omnisciente, omnipotente y lleno de amor, quien le ama hasta el punto de sacrificar a su Hijo por su salvación eterna. Después de haberle dado tanto, con certeza usted puede confiar en que Él proveerá todo lo que necesite para su vida diaria.

Es responsabilidad de Dios proveer lo que usted necesita. Su obligación es confiar en el Señor, obedecerlo y mantener sus ojos en Él, no en lo que percibe que le falta en la vida.

Por desdicha, cuando dirigimos nuestra atención a lo que no tenemos, típicamente tratamos de llenar nuestras necesidades por cuenta propia. Sin embargo, lo que perseguimos nunca es tan bueno como lo que el Padre tiene para nosotros, y por lo general es una senda segura a pecar.

Por consiguiente, confíe en el Señor como la fuente de todo lo que necesita. Mantenga sus ojos fijos en Él. Ya sea a través de oportunidades para trabajar, la generosidad de otros, o su provisión milagrosa, Dios no solo puede poner a su disposición su provisión, sino que lo hará. Es su carácter ser fiel, así que tenga fe en que Él obrará a su favor.

¡Padre, tú has sido fiel! Continuaré confiando
en ti para todas mis necesidades. Amén.

───── ✺ ─────

En su presencia... alábelo
por su provisión.

SU SEGURIDAD

«Yo soy el Señor, y no cambio. Por eso
ustedes no han sido consumidos».
MALAQUÍAS 3.6, RVC

¿Confía en Dios como su seguridad hoy? ¿Mantiene sus ojos en Él en lugar de en la situación actual del mundo: la creciente deuda nacional, el aumento de la división política y espiritual entre la gente, y la amenaza constante de ataques terroristas?

Si usted retira los ojos de Dios y se enfoca en lo que está sucediendo en el mundo, hallará abundantes razones para sentirse inseguro y ansioso. La tierra está en caos. Las dolorosas señales del fin parecen llegar cada vez más rápido.

No obstante, podemos estar seguros en el conocimiento de que estamos anclados en nuestro Dios inmutable, omnipotente, omnipresente y omnisciente, el Soberano de este universo. Él conoce nuestros corazones, lo que necesitamos y lo que enfrentamos. Y tiene en última instancia el control.

Nosotros no podemos cambiar al mundo, pero sí podemos confiar en que el Padre nos guía y nos ayuda a tomar las decisiones correctas en nuestras relaciones personales, nuestras finanzas y nuestras vocaciones. Así que sin importar lo que suceda hoy, confíe en Él. Solo Dios ve el futuro y le mantendrá absolutamente seguro mientras usted anda en el centro de su voluntad.

Señor, gracias por ser mi seguridad inquebrantable
en este mundo caótico. Amén.

───────── ❈ ─────────

En su presencia... confíe en
Él para su seguridad.

CUANDO OTROS NOS FALLAN

*La primera vez que fui llevado ante el juez, nadie
me acompañó. Todos me abandonaron... Pero el
Señor estuvo a mi lado y me dio fuerzas.*

2 TIMOTEO 4.16–17, NTV

En la adversidad, ¿por qué a veces nos abandonan aquellos en quienes confiamos? ¿Por qué nuestros seres queridos no están a nuestro lado?

Hay muchas razones para que otros nos fallen, por supuesto. Subestiman lo mucho que el respaldo sencillo, cariñoso y las oraciones de un compañero cercano pueden animar el alma. Sin embargo, incluso cuando parece que todos se han ido, usted nunca está verdaderamente solo.

Abandonado por sus amigos, el apóstol Pablo se quedó solo al comparecer en su juicio final. Sin embargo, el Señor aprovechó la oportunidad para bendecir a Pablo con una experiencia de su presencia incluso más poderosa y profunda.

Lo mismo es verdad para usted. Dios le ofrece paz y sostén tal como lo hizo con Pablo. Incluso cuando otros le abandonen, Él permanece fiel. Su Salvador nunca lo dejará. Así que cuando se sienta abandonado, acérquese al Señor y halle toda la fuerza, el confort y la amistad que necesita para salir adelante.

*Padre, gracias por la paz que tengo al saber que
nunca me abandonarás ni me dejarás. Amén.*

**En su presencia... usted
nunca está solo.**

VICTORIA EN LOS RETOS DE LA VIDA

«Nosotros no tenemos fuerza suficiente para hacer
frente a ese gran ejército que nos ataca. ¡No sabemos
qué hacer; por eso tenemos los ojos puestos en ti!»
2 CRÓNICAS 20.12, DHH

Josafat tenía que tomar una decisión. En 2 Crónicas 20 leemos como los enormes ejércitos de los moabitas, amonitas y meunitas desafiaron a la nación de Israel con un propósito: destruir al pueblo de Dios. Sin embargo, en lugar de hacer planes para su supervivencia, Josafat escogió dirigir al pueblo en una oración que confesaba su total dependencia del Señor. Él fue lo suficiente sabio para saber que su nación no sobreviviría sin la intervención de Dios.

De modo similar, usted puede encontrar situaciones en las que siente que no hay alternativas y la derrota es segura. Esto se debe a que el enemigo quiere descorazonarle y hacerle ineficaz para Dios. No le crea. Usted siempre debe hacer lo que hizo Josafat y acudir al Señor para la victoria.

Así que cuando los retos vengan, no huya debido al temor. Acuda en oración al Salvador. Humíllese delante de Él. Confiese su incapacidad para enfrentar la situación y cuánto lo necesita. Luego confíe en que Dios hará lo imposible en su situación y le conducirá al triunfo.

Padre, gracias por conducirme en la senda hacia la victoria. Amén.

**En su presencia... confíe en Dios sin
importar cuáles sean sus circunstancias.**

PORQUE ÉL HA DADO

Toda buena dádiva y todo don perfecto
desciende de lo alto, del Padre.

SANTIAGO 1.17

Hoy, sea agradecido por lo que tiene. Puede parecer que no sea gran cosa, y tal vez no parezca ser suficiente al presente. Sin embargo, dele gracias al Señor de todas maneras. ¿Por qué? Porque Él es Dios y merece su alabanza. Apartado de su bondad, usted no tendría absolutamente nada. Deuteronomio 8.18 es claro: «Acuérdate del Señor tu Dios, porque Él es quien te da el poder de ganar esas riquezas» (RVC). Es esencial que reconozca que Él es la fuente de toda su provisión.

También recuerde: «El que confía en sus riquezas, caerá, pero los justos prosperarán» (Proverbios 11.28, LBLA). En otras palabras, lo que importa no es *cuánto* tiene usted, sino *cuán obediente es* con lo que le ha sido confiado. Tal vez sea pobre de acuerdo a las normas del mundo, pero rico según las de Dios debido a su fidelidad a Él.

Así que hoy, sin importar cuánto tenga, alabe al Padre por su provisión. Y recuerde: «A los que buscan al Señor nunca les faltará ningún bien» (Salmos 34.10, DHH).

Señor, gracias por todo lo que me has dado. Sé que
tú proveerás todo lo que necesito. Amén.

En su presencia... sea agradecido
por todo lo que Él le ha dado.

ESCOJA ADORAR

Exalten al SEÑOR nuestro Dios,
Y póstrense ante el estrado de Sus pies.
SALMOS 99.5, NBLH

Si adorar es la máxima expresión de lo que somos como creyentes, ¿por qué parece tan difícil postrarnos a los pies de Dios y adorarlo de un modo genuino? ¿Por qué es más fácil quejarnos de los problemas de la vida en lugar de expresar nuestras alabanzas? Una razón es el orgullo: nos enfocamos en nosotros mismos en lugar de poner los ojos en nuestro maravilloso Salvador. Otra es el pecado: insistimos en suplir nuestras necesidades a nuestra manera en lugar de confiar en el Señor. Sin embargo, estos son los mismos asuntos que hacen que nos sintamos débiles, atrapados, deprimidos, inmundos y abandonados.

No obstante, cuando usted adora con humildad, arrepentimiento y obediencia, halla una libertad profunda, duradera y que da vida. Se enfoca en Dios y ve su esplendor santo, su poder ilimitado, su sabiduría infalible y su amor insondable por usted. Encuentra el gozo del perdón y comprende su provisión fiel para todas sus necesidades.

No permita que su corazón rebelde le aleje de Dios. Vuélvase a su Padre celestial hoy y adórelo con sinceridad, humildad y arrepentimiento. Usted fue creado para disfrutar de Dios, así que busque y experimente su maravillosa presencia.

Señor, confieso mis pecados y te adoro con humildad y sinceridad.
Tú eres Dios y plenamente digno de toda mi alabanza. Amén.

En su presencia... póstrese
sobre su rostro en adoración.

UN ESPÍRITU DE ALABANZA

«Los verdaderos adoradores adorarán al
Padre en espíritu y en verdad».
JUAN 4.23

Durante los cultos de adoración y en su propio tiempo devocional con el Padre, ¿se conecta usted con Él? ¿Siente su cercanía? Tal vez ve personas exaltando a Dios, pero parece que a usted se le escapa lo que sienten ellos. Se pregunta si en verdad puede tener la experiencia profundamente personal de su presencia y amor.

Sin embargo, la adoración es un asunto espiritual. Así como puede adquirir información en cuanto a Dios sin en realidad conocerlo, de la misma manera puede realizar las acciones externas de adorarlo y en verdad nunca darle gloria.

La alabanza genuina brota de un corazón sometido al Padre, y usted no puede fabricar eso. De hecho, Pablo introduce el consejo de permanecer «hablando entre vosotros con salmos, con himnos y cánticos espirituales, cantando y alabando al Señor en vuestros corazones» (Efesios 5.19) con «sed llenos del Espíritu» (Efesios 5.18). En otras palabras, la alabanza brota de quienes están llenos del Espíritu. Usted debe permitir que Dios tenga el control.

Si usted desea verdaderamente adorar, no trate de planificarlo. Ríndase a Dios. Celébrelo con su vida. Indudablemente, las alabanzas fluirán.

Señor, muéstrame cómo adorarte genuinamente. Te
entrego mi vida. Muéstrame tu gloria. Amén.

***

**En su presencia... exáltelo con todo
lo que usted es en su interior.**

UN SACRIFICIO DE ACCIÓN DE GRACIAS

«El que ofrece sacrificio de acción de gracias me honra».
SALMOS 50.23, LBLA

Hoy, ofrézcale al Padre un sacrificio de acción de gracias. Incluso si todo marcha mal y se siente desalentado, alábelo de todas maneras. ¿Cómo lo hace?

Deliberadamente busque razones para estar agradecido incluso en las circunstancias más difíciles. Repase todas las maneras en que Él lo ha ayudado en el pasado. Regocíjese en su carácter, su amor por usted y la salvación que le ha dado generosamente. Haga una lista de todas las bendiciones en que pueda pensar y son suyas en Cristo. Personalice las promesas que el Señor le ha dado en su Palabra y pídale que el Espíritu de Dios haga que la verdad divina cobre vida mientras usted procura exaltarlo todo el día.

Al considerar las bendiciones que el Padre le ha dado, con seguridad hallará que su corazón se llena de gratitud y alabanza... no solo por lo que Dios ha hecho por usted, sino por lo que Él continuará haciendo en el futuro. Así que disponga su corazón para adorar a Dios y espere que Él le honre por exaltar su nombre.

Padre, tú me has bendecido con la vida, la salvación y,
lo mejor de todo, tu presencia permanente. Ayúdame
a glorificarte hoy y todos los días. Amén.

**En su presencia... ofrezca
el sacrificio y alábelo.**

COMO ÉL ES

*La bendición y la gloria y la sabiduría y la acción
de gracias y la honra y el poder y la fortaleza, sean
a nuestro Dios por los siglos de los siglos.*
APOCALIPSIS 7.12

No hay nada tan absolutamente maravilloso como simplemente permanecer en la presencia del Dios santo y todopoderoso, aprendiendo de Él y llegando a conocerlo mejor. Por supuesto, si usted no tiene ni idea de quién es Él, será difícil que se quede quieto y lo adore. Sin embargo, cuando lo ve como realmente es, no podrá quedarse callado en cuanto a Él. Usted querrá alabarlo con todo lo que es.

Así que, en estos mismos momentos, despeje su mente de problemas y preocupaciones. Imagínese que se halla ante su inmenso y glorioso trono celestial. Piense en su belleza asombrosa, su poder infalible, su sabiduría imponente, su amor abrumador.

Usted no solo sirve al bondadoso y soberano Rey de reyes, sino que Él lo ha invitado a que esté a su lado por la eternidad, teniendo constante acceso a su trono poderoso.

Así que, agradézcale. Con gratitud recuerde todas las formas en que Él le ha mostrado su amor y le ha ofrecido su provisión. Adórelo y entone su alabanza. Conózcalo profundamente, y capte un atisbo del gozo celestial.

*¡Señor, tú eres digno, poderoso e imponente! ¡Ayúdame
a conocerte en la plenitud de tu gloria! Amén.*

**En su presencia... alabe
su glorioso nombre.**

AGRADEZCA DE TODAS MANERAS

Estén siempre gozosos... Den gracias en todo, porque ésta
es la voluntad de Dios para ustedes en Cristo Jesús.
1 TESALONICENSES 5.16, 18, NBLH

A veces dar gracias puede ser lo último que usted quiera hacer. Existen retos que son tan negativos y dolorosos que afectan cada aspecto de su vida, privándole de la alegría y haciendo que aparte sus ojos de Dios.

No obstante, si le pide al Padre que le ayude a ser agradecido, Él lo hará. Si le dice que quiere alabarlo en medio de sus dificultades, Él traerá a su mente bendiciones y cambiará su enfoque.

¿Por qué? Porque Dios quiere ayudarle a que honre sus mandamientos y revelarle sus buenos propósitos en medio de sus circunstancias (Romanos 8.28). Aunque sus pruebas parezcan impedir su progreso desde una perspectiva terrenal, Él le mostrará cómo en realidad está cumpliendo grandes objetivos mediante ellas, como por ejemplo aumentar su fe.

Así que pídale al Padre que le haga agradecido hoy y exprésele su gratitud. Usted hallará que cuando retira sus ojos de los problemas y pone su mirada en Dios, los retos que enfrenta ya no parecen tan abrumadores. También se dará cuenta de que Él ya le ha dado la victoria.

Señor, te doy gracias. Trae a mi mente tus bendiciones y
buenos propósitos para que pueda siempre alabarte. Amén.

En su presencia... sea agradecido.

EL PODER DE LA ALABANZA

Regocíjense en el Señor siempre. Y otra vez les digo, ¡regocíjense!
FILIPENSES 4.4, RVC

Darle gracias a Dios es una de las cosas más poderosas que usted puede hacer como creyente. El Señor obra vigorosamente a través de las alabanzas de su pueblo. Esto se debe a que cuando usted le dice al Padre cuánto lo ama y aprecia, reconoce que depende de su provisión y fortaleza. Y esa es exactamente la actitud necesaria para que Él exhiba su poder por medio de usted.

Considere, por ejemplo, a Pablo y Silas, que estaban encarcelados en una prisión en Filipos (Hechos 16.16–34). Habiendo sido azotados y encarcelados injustamente, empezaron a alabar al Padre. Y Dios respondió a sus alabanzas enviando un terremoto que hizo que se abrieran las puertas de la cárcel. El carcelero quedó tan conmovido por la poderosa liberación del Señor, que Él y su casa recibieron a Jesús como Salvador.

Fue a esa congregación —a los testigos oculares del milagro de la cárcel en Filipos— que Pablo escribiría: «Regocíjense en el Señor siempre». Y las personas conocían la verdad de su instrucción porque habían visto a Dios obrar poderosamente por medio de la alabanza.

Usted también puede. Así que exalte al Padre sin importar sus circunstancias. Deléitese en Él, porque ciertamente la liberación está cerca.

¡Jesús, te alabo! Aun cuando mi situación parece sombría, tú tienes mi vida perfectamente en tus amorosas manos. Amén.

En su presencia... ¡regocíjese!

LA DECISIÓN DE ALABAR

Me gozaré y alegraré en tu misericordia,
Porque has visto mi aflicción.
SALMOS 31.7

Al prepararse para enfrentar el día, usted tiene una opción: puede rezongar por sus problemas o puede dirigir su mente al Padre en alabanza. Antes de decidir, comprenda esta verdad importante: *hay poder cuando le da gracias al Señor.* Usted no solo lo honra como Él se merece, sino que también cambia el enfoque de su atención a los atributos positivos de Dios en lugar de considerar sus circunstancias negativas, y eso le dispone para la victoria.

Por supuesto, si está enfrentando una prueba dolorosa, este puede ser un principio difícil de poner en práctica. Exige un acto de voluntad. Sin embargo, tenga la seguridad de que usted le hace un bien indecible a su espíritu cuando pone su confianza en el Padre por medio de la alabanza.

Así que no espere: tome la decisión de exaltarlo, con la confianza de que Él cambiará su situación de desesperanzada a triunfante. El Padre tiene el control absoluto, y no le defraudará. Y cuando usted comprenda cuál es su propósito supremo para su vida, verá por qué es tan sabio agradecerle en toda circunstancia.

¡Señor, te adoro! ¡Tú eres magnífico, digno de honor y siempre
triunfante! ¡Cuán agradecido estoy por tu amor! Amén.

En su presencia... exáltelo.

LAS BENDICIONES DE LA VIDA

«Bienaventurados los que tienen hambre y sed de
justicia, porque ellos serán saciados».

MATEO 5.6

Todo el mundo desea las cosas buenas de la vida. Sin embargo, la idea de Dios acerca de las bendiciones a menudo es muy diferente de la nuestra. En tanto que algunos pueden perseguir las ganancias materiales o las relaciones personales para su felicidad y acaban desilusionados, nuestro Padre celestial sabe que el contentamiento real se origina en otra parte.

En realidad, Salmos 34.10 promete: «a los que confían en el SEÑOR no les faltará ningún bien» (NTV). Los que buscan a Dios a diario hallan una satisfacción que trasciende lo que este mundo puede ofrecer. Mientras más entienda usted a su maravilloso Salvador y Señor, más anhelará conocerlo aún mejor.

Esto es lo que motivó al apóstol Pablo a decir: «Todo lo demás no vale nada cuando se le compara con el infinito valor de conocer a Cristo Jesús, mi Señor» (Filipenses 3.8, NTV).

Las mejores bendiciones, y las más satisfactorias que experimentará por siempre, son las que le llevan más cerca de Cristo y lo preparan para cumplir el plan de Dios para su vida. Así que búsquelo de todo corazón porque, sin duda alguna, con Él están las mejores bendiciones, y usted será saciado.

Señor, anhelo tu presencia. Acércame más
a ti hoy y todos los días. Amén.

En su presencia... sea saciado.

DISCIPLINA SANTA

«Dios no envió a su Hijo al mundo para condenar al
mundo, sino para salvarlo por medio de él».
JUAN 3.17, DHH

¿Alguna vez cometió una equivocación y otros creyentes le juzgaron con dureza? Sentir la condenación santurrona de alguien puede ser absolutamente descorazonador, e incluso realmente doloroso.

Muchos que han sido sorprendidos en el pecado se han alejado de Cristo como resultado del ataque cruel de otros creyentes cuando pudieran —y deberían— haber sido restaurados mediante la disciplina santa y llena de amor. Tristemente, algunos creyentes no comprenden el hecho de que la disciplina siempre va dirigida a una conducta específica y se arraiga en la compasión.

La condenación, por otro lado, se dirige hacia la persona y a menudo se basa en una ira inapropiada, temor u odio. Acusar con desdén a alguien debido a sus malas decisiones puede resultar incluso en más esclavitud y resentimiento en la vida de esa persona, en lugar de ayudarla a conocer y abrazar la gracia y el amor liberadores de Dios.

Por eso, cuando se sienta guiado a reprender a otro, asegúrese de que le motiva el amor y está comprometido a ayudarle a encontrar libertad de su conducta de pecado. Recuerde que Jesús vino para poner en libertad a los cautivos, y ese también debe ser su objetivo.

Señor, hazme un instrumento de tu paz
para conducir a otros a ti. Amén.

En su presencia... extienda a otros la gracia de Dios.

DICIEMBRE

UNA MENTE ATIBORRADA

«Éste es el que oye la palabra, pero el afán de este siglo y el engaño
de las riquezas ahogan la palabra, y se hace infructuosa».
MATEO 13.22

Todos hemos tenido la experiencia de haber escuchado un sermón o leído la Biblia, y momentos más tarde no poder recordar lo que acabamos de oír o leer. Esto sucede cuando tenemos una mente atiborrada. Las preocupaciones del mundo —de ayer, de hoy o de mañana— nos consumen, haciendo difícil que el Padre le hable a nuestro corazón.

Por supuesto, es normal pensar en las demandas y los asuntos diarios, pero Satanás hará todo lo que pueda para lograr que nos obsesionemos por eso, alejando nuestra atención de lo que Dios tiene que decirnos. Así que debemos preparar nuestros corazones para que no nos perdamos las verdades importantes que el Señor desea comunicarnos.

No fije sus ojos en sus problemas; enfóquelos en el Padre. Cuando su mente se distraiga, acuda al libro de Salmos y empiece a leer. Alabe a Dios de manera consciente, reconociendo su carácter y atributos. Usted hallará que hacer eso no solo es una de las mejores maneras de romper los grillos de su mente que divaga, sino que también le dará paz en cuanto a sus problemas.

Padre, te entrego mis cargas, sabiendo que tú eres fiel para
realizar todo lo que tiene que ver conmigo. Amén.

En su presencia... alabe su
nombre y carácter.

A SOLAS EN MEDITACIÓN

Levantándose muy de mañana, siendo aún muy oscuro,
salió y se fue a un lugar desierto, y allí oraba.

MARCOS 1.35

Si el Señor Jesucristo, que tenía una relación personal perfecta con el Padre, consideró necesario tener tiempo de oración a solas, ¿no deberíamos nosotros hacer arreglos para también estar a solas con Dios?

El Señor quiere que usted pase un tiempo a solas con Él a fin de poder tener su atención indivisa —libre de la competencia de otros— en el cual pueda abrirle su corazón, expresando sus alegrías y tristezas sin reservas. Esto se debe a que usted es su deleite. Él quiere para sí todo lo que usted es para poder estrecharlo en sus brazos de amor, divinos, y recordarle su indeclinable dedicación y cuidado.

Dios le ama. Sin embargo, a menos que esté dispuesto a dedicar un tiempo para permanecer a solas con Él, su mente siempre estará dividida. Usted no experimentará la bendición última de tener al Creador de todo lo que existe a solas con usted en una comunión profunda, íntima y hondamente satisfactoria.

Amigo, el Señor Jesucristo quiere todo de usted. Así que guarde su tiempo privado con Él, porque ciertamente será precioso.

Padre, gracias por querer estar a solas conmigo.
Buscaré tu rostro con todo mi corazón. Amén.

En su presencia... dele su
atención indivisa.

DÉJELO

¿No se dan cuenta de que uno se convierte en
esclavo de todo lo que decide obedecer?
ROMANOS 6.16, NTV

Puede ser doloroso dejar algo a lo que uno se apega... e incluso más agonizante cuando lo que se desea no es pecado, pero Dios exige que uno renuncie a ello por razones que Él conoce.

Sin embargo, sepa que el objetivo del Espíritu Santo es ayudarle a que le entregue a Cristo cada aspecto de su vida. Solo entonces su poder puede fluir sin estorbos por medio de usted a las vidas de otros.

Así que, piense en esto: ¿hay algo a lo que no quiere permitir que Jesús tenga acceso? ¿Hay algo que no está dispuesto a dejar atrás por amor a Cristo?

Recuerde que seguir a Cristo requiere que usted entregue todo a su cuidado. Lo que Él le permita conservar será para su bien y la gloria de Dios. No obstante, todo lo demás deberá dejarlo para que el poder de Dios fluya a través de usted.

Así que ore hasta que esté dispuesto a decir: «Todo lo que soy y todo lo que tengo es tuyo, Señor Jesús». Porque eso, amigo, es verdadera libertad.

Señor, me entrego a ti de todo corazón. Revélame
cualquier cosa que me haya reservado para mí
mismo y ayúdame a renunciar a ella. Amén.

En su presencia... dele todo a Jesús.

HERRAMIENTA ESCOGIDA DE DIOS

*Por lo cual, por amor a Cristo me gozo en las debilidades,
en afrentas, en necesidades, en persecuciones, en angustias;
porque cuando soy débil, entonces soy fuerte.*

2 CORINTIOS 12.10

Tal como la presión convierte el carbón en un hermoso diamante, la adversidad puede ser el catalizador para la obra milagrosa de Dios en nuestra vida. Mediante ella, Él transforma nuestro corazón, cambia nuestras actitudes, nos enseña lo que significa confiar en Él, y nos ayuda a alcanzar la verdadera victoria.

Sin embargo, para estar seguros de no amargarnos ni dejar de confiar en nuestro Señor, debemos mirar más allá de nuestro conflicto presente y reconocer esto: la adversidad es la herramienta escogida por Dios para desarrollar nuestro carácter, profundizar nuestra relación con Cristo, y equiparnos para el ministerio futuro. Por eso la adversidad nos golpea en nuestros aspectos más débiles, los mismos lugares donde más necesitamos a Dios y Él puede brillar por medio de nosotros.

El Padre tiene un propósito para cada prueba que toca su vida y puede darle una victoria tremenda en todas ellas si usted confía en Él. Por lo tanto, en vez de endurecer su corazón cuando enfrenta retos, procure descubrir los cambios que Dios está tratando de hacer y dele plena autoridad para realizarlos.

Señor, te agradezco, porque cuando soy más débil, tú eres más fuerte, y estás obrando todas las cosas para mi bien. Amén.

**En su presencia... aprenda por
medio de la adversidad.**

ORGULLO E INDEPENDENCIA

*Dios bien sabe que el día que ustedes coman de él [el
árbol del conocimiento], se les abrirán los ojos, y serán
como Dios, conocedores del bien y del mal.*

GÉNESIS 3.5, RVC

Satanás engañó a Eva usando una forma sutil de manipulación. Primero le dijo: «Eva, vas a ser como Dios, sabiendo el bien y el mal». Desdichadamente, no añadió: «Pero vas a detestar el día en que aprendiste la verdad en cuanto al pecado y la muerte».

Cada vez que decide desobedecer al Señor, está exhibiendo orgullo: la actitud que le declara al Dios omnisciente que usted sabe las cosas mejor que Él. ¿No es eso necio?

Sin embargo, tenga cuidado, pues todos somos capaces de caer. Tal como Satanás engañó a Eva fomentando su orgullo, puede seducirle a usted con la promesa de tener placer sin castigo, de atender sus necesidades sin buscar la provisión de Dios. No caiga en sus trampas.

Usted nunca sabrá más que su Padre celestial. Así que acuda a Él a menudo, obedézcale, y asegúrese siempre de estar en el centro de su voluntad.

*Padre, te confieso mi curiosidad, independencia y
orgullo. Que mi atención siempre esté en ti. Amén.*

**En su presencia... deje a un lado
su orgullo y obedézcale.**

LA CAPACIDAD DE CAMBIAR

Ya no vivo yo, mas vive Cristo en mí; y lo que ahora
vivo en la carne, lo vivo en la fe del Hijo de Dios, el
cual me amó y se entregó a sí mismo por mí.

GÁLATAS 2.20

¿Se asombra usted por la enfermedad de su corazón: la forma en que se descarría de la Palabra de Dios, duda de sus promesas y titubea en las dificultades? ¿Fallan repetidas veces sus esfuerzos por reformar su conducta, desalentándole una y otra vez?

Es posible que aunque haya confiado en Jesús para su salvación, en realidad no tenga fe en que Él puede transformar su vida. Así que se esfuerza, batalla y lucha por hacerlo usted mismo... todo en vano.

El Espíritu Santo está dispuesto y también es capaz de producir en su vida el carácter de Cristo, no mediante el esfuerzo que usted haga, sino a través de su poder transformador. Su tarea es permanecer en Él, lo que significa mantener su enfoque en Jesús, sometiéndose a su liderazgo, y percibiendo los detalles de su vida como viniendo de su mano y para su instrucción.

Usted no puede cambiar por sí mismo, pero Dios puede cambiarle. Y una vez que aprenda a permitir que Él le transforme, tendrá la clave para vivir una vida verdaderamente victoriosa.

Señor, solo tú puedes transformarme verdaderamente. Vive
en mí. Enséñame a permanecer siempre en ti. Amén.

En su presencia... permita que
Él viva por medio de usted.

NO RENUNCIE A SU PAZ

«No dejen que el corazón se les llene de angustia;
confíen en Dios y confíen también en mí».
JUAN 14.1, NTV

Hay algo que todos hacemos casi todos los días —a veces incluso sin darnos cuenta— y es renunciar a nuestra paz.

Para evitar esto, debemos dedicar tiempo todos los días a examinar nuestro corazón, asegurándonos de que el pecado no ha bloqueado nuestra comunión con el Padre. Podemos orar, creer y mencionar sus promesas, pero si insistimos en atender nuestras necesidades a nuestra manera en lugar de confiar en Dios, estamos escogiendo a propósito rebelarnos contra el Señor y separarnos de Él.

De modo similar, en los momentos de crisis, podemos deponer nuestra paz, *permitiendo* que nos gobiernen las dudas en cuanto al plan perfecto de nuestro Padre celestial en lugar de tener fe en que Él nos ayudará. Sí, se trata de una decisión. Perdemos nuestra esperanza porque decidimos renunciar a ella.

Hoy, tome la decisión de confiar en el Señor. Confiésele a Dios cualquier rebelión y pídale que le ayude para alejarse de sus pecados. De manera intencional, busque al Señor y confíe en Él, porque entonces su paz podrá fluir libremente de nuevo en su vida.

Padre Santo, por favor, muéstrame si he renunciado a tu paz de
alguna manera. Escojo creer en ti y confiar en tu plan. Amén.

En su presencia... aférrese a su paz.

TIEMPO Y LÍMITES

*Tengan cuidado cómo andan; no como insensatos
sino como sabios, aprovechando bien el tiempo.*
EFESIOS 5.15–16, NBLH

¿Teme usted decir que no a las personas por lo que pudieran pensar? Si es así, encuentre hoy libertad en esto: Jesús a menudo les fijó límites a otros, negándose a sus exigencias. Y debido a que Él lo hizo, usted también debe hacerlo.

¿Por qué? Porque cuando su vida no tiene límites firmes, se vuelve un blanco fácil para el enemigo. Él llena su vida con tantas actividades al parecer «buenas», que usted está demasiado ocupado para buscar la voluntad del Señor. Y a la larga, se sentirá cansado, insatisfecho y sin la paz o el gozo que el Padre le prometió.

Por eso es tan esencial que fije límites sabios y se niegue a dejarse desviar del curso. Porque si no maneja prudentemente el tiempo que Dios le ha dado, se descorazonará y agotará, perdiéndose todo lo que él ha planeado para usted.

Así que pídale hoy al Señor que le revele su senda para usted. Él le enseñará cómo andar con sabiduría y aprovechar al máximo las oportunidades que tiene para usted.

*Padre, bendíceme con límites sabios. Muéstrame
tu voluntad para que pueda obedecerte siempre y
decirle que sí a tus oportunidades. Amén.*

**En su presencia... identifique
sus oportunidades.**

EL PUNTO DE VISTA DE DIOS

Porque esta leve tribulación momentánea produce en nosotros
un cada vez más excelente y eterno peso de gloria.

2 CORINTIOS 4.17

Cuando surgen las dificultades, podemos sentirnos tentados a enfocarnos en nuestras circunstancias, olvidándonos de que Dios tiene un punto de vista completamente diferente en cuanto a nuestras vidas. Desde su punto de vista, todo acontecimiento tiene un propósito que encaja perfectamente en su plan.

El versículo de hoy nos recuerda que mientras estamos en esta tierra, lo que importa no son las condiciones visibles, sino lo que el Señor está haciendo en lo invisible, porque lo que Él hace es eterno. Nuestras aflicciones momentáneas producen una gloria eterna.

Así que, piense en esto: ¿qué «leve tribulación» está haciendo que usted aleje su mirada de Dios? ¿Hay circunstancias desalentadoras que impiden el gozo? Su Padre celestial anhela aliviarlo de estas cargas.

Cuando usted tiene el punto de vista de Dios, podrá enfrentar sus circunstancias con la confianza de que Él no simplemente le sacará adelante en sus dificultades, sino que le bendecirá inmensamente debido a ellas. Así que confíe en Él. El Señor le ayudará a remontarse más allá de sus adversidades a una victoria que usted con toda certeza no querrá cambiar por el mundo.

Padre, ayúdame a enfrentar las circunstancias
adversas con el pleno conocimiento de que tú
estás obrando en lo invisible. Amén.

En su presencia... confíe en su
perspectiva y su mano invisible.

EXHIBA GRACIA

Si alguno dice: Yo amo a Dios, y aborrece a su hermano, es
un mentiroso; porque el que no ama a su hermano, a quien
ha visto, no puede amar a Dios a quien no ha visto.

1 JUAN 4.20, LBLA

Siempre habrá alguien en su vida que le irritará de la manera más frustrante... sacándolo efectivamente de sus casillas y conduciéndole al fastidio, el temor y el enfado. Usted se verá tentado a desdeñar a esa persona y, tal vez, incluso a desquitarse. Sin embargo, el versículo de hoy debe servir como una fuerte advertencia para usted.

Esa persona que le exaspera no es su enemigo. Más bien, ha sido permitida en su vida para que Dios pueda cultivar en usted la piedad y fortalecer su fe.

Cualquiera que le está tentando a sentir cólera y frustración es una persona que necesita gracia. Es preciso que confíe en el Padre para lidiar con ese individuo de una manera santa, pero usted no ha sido llamado a hacer menos.

Por consiguiente, ejerza su fe y pídale a Dios que le dé el poder de mostrarle paciencia, perdón y amor a esa persona como Él lo haría. Con certeza, el Señor bendecirá su deseo de honrarlo con una revelación mayor de sí mismo.

Padre, por favor, dame tu fortaleza para amar y
perdonar a otros como tú lo harías. Amén.

**En su presencia... reciba su poder para
mostrarles amor a quien no es fácil amar.**

ELIJA LA DEPENDENCIA

Vivimos por la fe y no por lo que vemos.
2 CORINTIOS 5.7, PDT

Hay una razón por la que usted enfrenta los retos que tiene por delante hoy. De hecho, algunos podrían ser el resultado de decisiones que haya tomado. Sin embargo, el propósito de su situación es claro: Dios está desarrollando su fe (1 Pedro 1.6–7). Su mano omnipotente ha permitido que estas dificultades le afecten para que deje de contar con su propia sabiduría o capacidad y le entregue su vida al Señor.

Pero, usted no entiende, tal vez piense. *Yo necesito dirección hoy. ¡Necesito desesperadamente ayuda hoy! No tengo ni idea de cómo sobrevivir a esto.*

Ahí es exactamente donde Dios le quiere. Usted se ha encargado de todo por demasiado tiempo, y ahora —con sus destrezas y fuerza fallando— se encuentra al final de la cuerda. Y aunque no lo crea, es un buen lugar donde estar.

El Padre quiere mostrarle que Él es Dios, *el Señor vivo de todo lo que existe.* Así que vierta su corazón delante de Él en oración. Dígale que confía en que Él le ayudará. Y espere a que le muestre quién es en realidad.

¡Señor, en verdad tú eres Dios! Quiero vivir una vida de fe. Ayúdame a depender de ti. Amén.

**En su presencia... aprenda
a vivir por fe.**

PIENSE EN ÉL

Cuando miro el cielo de noche y veo la obra de tus dedos
—la luna y las estrellas que pusiste en su lugar—, me pregunto:
¿qué son... los seres humanos para que de ellos te ocupes?

SALMOS 8.3–4, NTV

Hoy, pase un tiempo pensando en el Señor Dios: en el ilimitado, creativo y compasivo Soberano de todo lo que existe, que le ha llamado a tener una relación personal con Él. Considere cómo Dios hizo el universo: concibiendo brillantemente el curso de las estrellas, los sistemas solares y galaxias, y en su amor poniéndole nombre a cada una.

Él puede hacer *todo*; absolutamente *no hay nada* imposible para Él. A su palabra la Tierra llegó a ser el hogar perfecto para usted (Génesis 1), el Mar Rojo se abrió (Éxodo 14), y el sol y la luna se detuvieron en el firmamento (Josué 10.13). Y por su sacrificio lleno de amor, sus enemigos —el pecado y la muerte— fueron derrotados para siempre (1 Corintios 15.54–57).

Por supuesto, la mejor noticia de todas es que Dios *le* ama.

Note su presencia. Búsquelo para todo lo que enfrenta hoy. Porque con Él como su Protector, Proveedor y Señor, no hay nada que usted deba temer.

¡Señor Dios, verdaderamente tú eres grande y digno de
suprema alabanza! Nada es imposible para ti. Gracias
por sostener mi vida en tu mano omnipotente. Amén.

**En su presencia... asómbrese
de su Creador.**

Rechace la condenación propia

Si nuestro corazón nos reprende, Dios es mayor que nuestro corazón.

1 Juan 3.20, rvc

¿Cuán a menudo ha escuchado a alguien decir: «Sé que Dios me ha perdonado, pero yo nunca podré perdonarme a mí mismo»? Tal vez usted mismo lo haya dicho. Las razones que nos hacen sentir avergonzados y culpables son variadas, pero una vez que usted confiesa sus pecados, la sangre de Jesús le limpia por completo (Juan 1.9). ¿Cómo puede entonces silenciar esas voces que le condenan?

Reconózcalo: El primer paso es reconocer que usted no se ha perdonado a sí mismo. Hágale frente a este hecho y empiece a lidiar con el asunto.

Arrepiéntase: Dígale al Señor que se da cuenta de que su propia condenación es un pecado. Luego reciba su perdón y dé gracias por Él.

Crea en Dios: Reafirme su confianza en la verdad de las Escrituras. El Señor dice que Él ha alejado sus transgresiones tan lejos como está el oriente del occidente (Salmos 103.12).

Escoja el perdón: Mediante un acto de su voluntad y por fe en lo que Cristo hizo por usted en la cruz, decida perdonarse a sí mismo.

Piense en todo lo que Jesús ha logrado para usted. El Señor le ha dado su Palabra, así que rechace toda voz acusadora y descanse en la promesa de Dios.

Señor, gracias por perdonarme y darme paz verdadera. Amén.

En su presencia... reciba su gracia.

EN CORRESPONDENCIA CON LA PALABRA

Tu palabra es una lámpara a mis pies
y una luz en mi camino.
SALMOS 119.105, DHH

Cuando descuidamos las Escrituras y no las aplicamos a nuestra vida diaria, podemos ser fácilmente engañados por el enemigo. Sin embargo, mientras mejor conozcamos la Palabra de Dios, con mayor facilidad podremos identificar la voz de nuestro Padre celestial por sobre las mentiras del enemigo.

Siempre recuerde: el objetivo de Satanás es alejarle de la voluntad y el servicio del Señor. Él procura tentarle, desalentarle y dejarle inefectivo por medio de sus mentiras. Por ello, le acusará de maneras que no se corresponden con la Palabra de Dios o que la distorsionan.

Por ejemplo, si usted confiesa sus pecados, no está participando en ninguna desobediencia, y aún así se siente culpable y condenado, con toda probabilidad se está creyendo las mentiras del enemigo y viviendo una culpabilidad falsa, aunque su Salvador ya le ha limpiado de toda maldad (1 Juan 1.9). Por eso resulta tan importante que usted esté firmemente arraigado en la verdad.

Cualquiera que sea su necesidad —consejo para una relación personal, ayuda en cuanto a las finanzas, dirección sobre un cambio de empleo— la Biblia le ofrece una dirección santa. Dios nunca le dirá nada que viole los principios de las Escrituras.

Padre, gracias por tu Palabra y la luz que provees
cuando mi camino es oscuro. Amén.

En su presencia... medite en su Palabra.

GLORIA FUTURA

Considero que los sufrimientos de este tiempo presente no son dignos de ser comparados con la gloria que nos ha de ser revelada.
ROMANOS 8.18, LBLA

Muchas de las almas que más han sufrido en este mundo han llegado a ser los más grandes testigos del Señor dándole gloria. De manera similar, muchos de nuestros triunfos más valiosos vendrán como resultado de superar las tormentas. Por eso, cuando nos dedicamos a Cristo independientemente del resultado, el poder de Dios es liberado en nosotros de maneras asombrosas.

Por ejemplo, los discípulos nunca olvidaron lo que era enfrentar vientos huracanados en el mar de Galilea y luego presenciar el resultado de la orden sencilla de Cristo, que calmó al instante las olas rugientes. Esto llegó a ser parte de su testimonio personal. Y así, cuando las tormentas de la persecución rugieron contra ellos, se sintieron honrados de sufrir por Dios (Hechos 5.40–42).

De modo que, ¿está usted hoy enfrentando una tormenta que es más de lo que puede aguantar? Entréguele a Cristo su temor, dolor y tristeza, y permítale que le transforme en un instrumento para su gloria. Y anímese, porque Él está con usted y no hay necesidad de temer.

Padre, te entrego hoy todo temor, desilusión y angustia para que los uses para tu gloria. Amén.

En su presencia... su adversidad llega a ser causa de regocijo.

VICTORIA EN JESÚS

Por medio de él, todos los que creen quedan perdonados.
HECHOS 13.39, DHH

El pecado es un gran problema. Se introduce sigilosamente en nuestras vidas, distorsiona nuestro punto de vista e influye en nuestras decisiones. Dios sabía que ninguno de nosotros podría derrotar por cuenta propia el poder del pecado, así que envió a su Hijo al mundo a fin de conquistarlo. Para los que hemos recibido a Jesús como Señor y Salvador, esa victoria ha eliminado de nuestras vidas el castigo por el pecado.

Sin embargo, por desdicha, el hecho de que hayamos recibido a Cristo como Salvador no impide necesariamente que pequemos. No obstante, podemos hallar la victoria sobre el pecado andando a diario con el Señor.

¿Cómo hacemos esto? Debemos ser francos con Jesús en cuanto a nuestro pecado e invitarlo a que use su poder purificador en las partes más oscuras de nuestras vidas. Concordamos con el Señor y decimos que nuestro comportamiento es impío; le permitimos que transforme nuestra manera de pensar; identificamos —con la ayuda del Espíritu— lo que le agradaría; y, con su poder, damos pasos para alejarnos del pecado y andar en santidad.

Usted también puede tener libertad del pecado. Confíe en que Jesús le enseña cómo alejarse de su conducta antigua y le da la victoria.

Señor, ayúdame a alejarme de mi pecado y
enséñame a andar en tu justicia. Amén.

❧

En su presencia... halle la victoria sobre el pecado.

INDICACIONES

¿Por qué te abates, alma mía,
y por qué te turbas dentro de mí?
Espera en Dios, pues he de alabarle otra vez
por la salvación de su presencia.
SALMOS 42.5, LBLA

Hay ocasiones en las que usted sabe que algo falta debido al dolor profundo o agudo que siente. Sus emociones surgen rápidamente, casi sin control. Una mirada, una palabra o una combinación de circunstancias tienen lugar y algo dentro de usted reacciona de forma dramática.

En tales casos, usted tiene una opción. Puede ceder a sus emociones, o puede tomarlas como una indicación de que Dios está activamente atrayéndole a su presencia.

El dolor que siente no tiene que ser negativo, no tiene que destruirle. Por el contrario, puede ser un puente a una relación personal más profunda con el Padre si usted responde como es debido.

Así que, cuando perciba que esas emociones se levantan, fije su mente en buscar a Dios de inmediato. Póngase de rodillas en oración, abra la Palabra de Dios, y pregúntele qué es lo que le está enseñando. Usted se asombrará por todo lo que Él le muestra y cuán profundamente ministra a su corazón.

Señor, te entrego mis emociones. Ayúdame a acudir a ti
cuando surgen y acércame más a ti mediante ellas. Amén.

En su presencia... permítale que
le dé sentido a sus emociones.

CREA EN LA VERDAD

«Y conocerán la verdad, y la verdad los hará libres».
JUAN 8.32, RVC

El enemigo tratará de convencerle de que usted no es lo suficientemente bueno: que nadie le ama, es inepto e indigno. Él sabe que si puede desalentarle, le impedirá disfrutar del poder y la libertad para los que el Padre le creó. No le haga caso al acusador.

En lugar de eso, permita que esta verdad le haga libre: usted es un hijo del Dios vivo que ha sido creado con un propósito por el Padre, comprado con la sangre preciosa de Cristo, y en cuyo interior mora el omnipotente y omnisciente Espíritu Santo. Y debido a que le pertenece, usted es amado incondicionalmente, más que abundantemente capaz, e inmensamente valioso.

Esta es la verdad absoluta en cuanto a usted, mencionada repetidas veces en todas las Escrituras. Y cada vez que lo dude, sepa que el enemigo le ha convencido de sus mentiras.

Abrace lo que Dios dice de usted en su Palabra. La de Dios es la única opinión que realmente importa, porque Él es quien le creó, le salva y obra por medio de usted. Usted es precioso a sus ojos, así que confíe en la noción que Dios tiene de su persona y en sus asombrosos planes para su vida.

Padre, necesito creer lo que tú dices que soy.
Pon al descubierto las mentiras del enemigo y
enséñame tu maravillosa verdad. Amén.

❧

**En su presencia... descubra
quién es usted en realidad.**

AME A SUS ENEMIGOS

«Amen a sus enemigos, hagan bien a quienes los odian».
LUCAS 6.27, RVC

¿Alguna vez ha sentido como si estuviera librando una batalla y alguien que usted conoce pareciera dificultar más sus esfuerzos? Esa persona no solo se niega a ayudarle, sino que parece estar haciendo a propósito que la situación sea más difícil. ¿Cómo responder a tales personas?

Jesús ordenó a sus seguidores que amaran a sus enemigos. Él sabía que los creyentes estarían en contacto directo con personas que procurarían oprimirlos y hacerles la vida imposible. Sin embargo, también sabía que los mismos perseguidores eran almas atrapadas por el pecado que necesitaban liberación.

Ya sea que esté tratando con personas no creyentes o creyentes descarriados, su situación es la misma: esas personas necesitan a Cristo y precisan que usted lo revele ante ellos. Usted no puede cambiarles, pero sí puede controlar la forma en que reacciona ante ellos (Lucas 23.34).

Como representante de Cristo, es responsable por la forma en que responde. Por consiguiente, no les dé a otros una razón para criticarlo. En lugar de eso, obedezca a Dios, haga el bien y muestre su amor. Porque al hacerlo así, les señala el camino a la vida eterna.

*Señor, ayúdame a mostrar tu amor y gracia a cada
persona para que otros sean atraídos a ti. Amén.*

❧

**En su presencia... halle la gracia
para amar a sus enemigos.**

No es cuestión de comodidad

María dijo entonces: «Yo soy la sierva del Señor.
¡Cúmplase en mí lo que has dicho!».
Lucas 1.38, rvc

Si Jesús le pide que haga algo y usted obedece, puede tener la certeza de que seguirá una bendición. Muchas veces, cuando se somete a Él, los que le rodean también se unirán a su alegría.

Considere la respuesta de María al ángel Gabriel después de que él le anunció: «Y ahora, concebirás en tu vientre, y darás a luz un hijo, y llamarás su nombre JESÚS» (Lucas 1.31). Ella era una joven soltera cuya obediencia a Dios con toda seguridad trastornaría su comodidad. Sin embargo, se sometió en servicio humilde, y por su intermedio el Salvador cambió al mundo para siempre.

María no estaba interesada en su comodidad personal. Se dio cuenta de que algo mucho mayor estaba en juego: el reino de Dios. No cuestionó el plan del Señor ni analizó la situación desde la perspectiva humana. Simplemente obedeció.

Este es también el reto para usted. Cuestionar, dudar, calcular... nada de eso edifica la fe que Él quiere que usted tenga y que exhiba. Por el contrario, una confianza como la de María es la que exalta a Cristo... y a través de la cual Él se mueve de maneras asombrosas.

Señor, ayúdame a tener la fe y la valentía para
permanecer obediente a ti, incluso si eso significa
hacer a un lado mi propia comodidad. Amén.

**En su presencia... tenga un
corazón fiel y dispuesto.**

LA LUZ DE SU MUNDO

«Para ustedes que temen mi nombre, se levantará
el Sol de Justicia con sanidad en sus alas».
MALAQUÍAS 4.2, NTV

Es en medio del quebrantamiento que usted puede sentir la más profunda oscuridad, desesperanza y confusión. Después de todo, usted no se haría daño a sí mismo ni a otros a propósito, ni tampoco les permitiría que le hicieran daño. Sin embargo, a menudo lugares ocultos en el corazón le impulsan en la dirección errada.

Felizmente, durante la temporada de Navidad se nos recuerda la razón por la que Jesús vino, para iluminar las tinieblas del pecado y sanarnos por medio de su provisión. El Señor no solo le muestra sus fallas, sino que es lo suficiente bondadoso para revelarle los temores, dolores y patrones destructivos de pensamiento que están haciendo que las cometa.

¿Cómo hace Jesús eso? Por medio de la obra de su Espíritu Santo y el testimonio de su Palabra, el Salvador arroja luz sobre la esclavitud que está causando su quebrantamiento (Hebreos 4.12).

Así que esta Navidad, invite a Cristo a enviar su luz a los recovecos más profundos de su corazón. Y dé gracias a Dios por el gran don liberador de su resplandor, que cura las heridas más profundas y le ayuda a experimentar su gloriosa libertad.

Jesús, gracias por arrojar tu luz sanadora en mi corazón. Estoy
muy agradecido por tu asombrosa salvación y amor. Amén.

**En su presencia... permita
que él lo sane.**

SU GRAN SUMO SACERDOTE

Nuestro Sumo Sacerdote comprende nuestras debilidades,
porque enfrentó todas y cada una de las pruebas que
enfrentamos nosotros, sin embargo, él nunca pecó.

HEBREOS 4.15, NTV

A veces es difícil saber a quién puede acudir con sus problemas. ¿Quién es capaz de entender sus retos únicos, responder con sabiduría y ayudarle de manera significativa?

En cierto sentido, este era el propósito del sacerdocio en el Antiguo Testamento. Estos hombres santos eran llamados a representar al pueblo ante Dios y ayudar a otros a conocer la sabiduría, el carácter y la dirección del Señor. Sin embargo, como todos los seres humanos pecadores y limitados, a menudo no cumplían con las expectativas.

Sin embargo, cuando Jesús vino al mundo, llegó a ser un Sumo Sacerdote como ningún otro. Él entiende perfectamente su situación, porque le conoce mejor de lo que usted se conoce a sí mismo. Él es lo suficientemente omnisciente, sabio y poderoso para ayudarle, sin importar lo que usted esté enfrentando. Pero, mejor que eso, Jesús no solo le representa a usted ante Dios; Él *es* Dios, con todo recurso que existe a su disposición. Y en amor, le provee exactamente lo que usted necesita.

Otros pueden fallarle, pero Jesús nunca le fallará. Así que búsquelo y tenga la seguridad de que hallará sabiduría y misericordia en abundancia en el trono de la gracia.

Jesús, gracias por ser mi Sumo Sacerdote
perfecto sea cual sea el reto. Amén.

En su presencia... disfrute su consejo sabio.

MEJORES PLANES

Cuando se cumplió el tiempo señalado, Dios envió a su Hijo.

GÁLATAS 4.4, RVC

Esta Navidad, ¿está usted esperando que se cumpla alguna promesa preciosa? No pierda las esperanzas, pues Dios siempre cumple su palabra. Sin embargo, tal como el Salvador se presentó de una manera y en un tiempo que fueron completamente inesperados para todos, así también lo harán las bendiciones que Él tiene para usted.

Por ejemplo, la nación de Israel pensaba que el Mesías aparecería durante un tiempo de crisis nacional. Sin embargo, el Señor tenía mejores planes. Esperó hasta que el mensaje del evangelio pudiera ser llevado a los confines de la tierra para que todo el mundo abrazara las buenas noticias.

La forma en que Cristo vino contradijo también las expectativas de los israelitas. Ellos se imaginaban a un gran conquistador que establecería el reino de Israel, no a un bebé en un pesebre. Y sin embargo, Jesús tenía un propósito mayor: salvar a las almas y no simplemente su tierra.

Por consiguiente, si se siente desalentado debido a que la promesa de Dios para usted todavía no se ha cumplido, recuerde: su respuesta tal vez no aparezca en la manera o el tiempo que usted supone. Sin embargo, tenga la seguridad de que Él tiene planes mucho mejores de los que usted puede imaginarse. Así que siga confiando en Él y obedeciéndole por completo, esperando con alegría las bendiciones que Él le ha prometido.

Señor, confiaré en tus maneras y tiempo. Gracias por siempre proveer más allá de lo que puedo imaginarme. Amén.

❧

En su presencia... confíe en su plan.

SU PRÍNCIPE DE PAZ

«¡Gloria a Dios en las alturas!
¡Paz en la tierra a todos los que gozan de su favor!».

LUCAS 2.14, RVC

¿Anhela paz su corazón? La naturaleza ajetreada de la Navidad a veces inspira más hastío, conflicto, soledad y sentimientos de indignidad que el gozo prometido por los ángeles cuando nació Cristo. El torbellino en su espíritu y los sueños insatisfechos pueden dejarlo anhelando un descanso. Sin embargo, tenga la seguridad de que su Salvador desea darle una tranquilidad genuina en medio de todas las presiones de la temporada (Juan 14.27).

Usted se sentirá exhausto y abrumado si piensa que todo depende de usted. Sin embargo, Cristo calma su alma al asumir plena responsabilidad de sus necesidades mientras le obedece. Usted hallará paz cuando confíe en Él, porque aquel que es el más capaz de darle la victoria en toda situación nunca le dejará ni le abandonará.

Así que cuando se sienta abrumado, haga una pausa y pase tiempo con su Príncipe de paz. Luego regocíjese en el hecho de que Él lo tiene todo bajo control (Salmos 103.19). De hecho, Él es capaz de ayudarlo y está siempre listo y dispuesto a hacerlo (Salmos 46.1).

Jesús, gracias por ser mi Príncipe de paz y darme verdadero descanso. Tú eres el gozo de mi alma para siempre. Amén.

En su presencia... esté en paz.

DIOS ESTÁ CON USTED

«Y llamarás su nombre Emanuel,
que traducido es: Dios con nosotros».

MATEO 1.23

Esta Navidad considere una asombrosa verdad: el indescriptible, asombroso e infinito Señor de todo lo que existe tomó una forma semejante a la suya y anduvo en la tierra para poder saber lo que es ser como usted (Hebreos 2.17).

Considere el amor que exhibió por usted cuando él «se despojó a sí mismo, tomando forma de siervo... y... se humilló a sí mismo, haciéndose obediente hasta la muerte, y muerte de cruz» (Filipenses 2.7–8). Y no solo eso, sino que le dio su Espíritu Santo para que le consuele y aconseje en cada situación que enfrente por siempre.

Usted nunca, jamás, se halla solo o desvalido. Dios mismo está con usted. Sin importar dónde se encuentre o por lo que atraviese, tiene la certeza absoluta de su maravillosa presencia llena de amor.

Este es el don asombroso de gozo que el Salvador le da: Él indefectiblemente le acompaña, fortalece, equipa y anima en todo momento y circunstancia de la vida. ¡Así que entréguele su corazón y regocíjese en el gran don que le ha dado!

Jesús, gracias por estar conmigo enfrente lo que enfrente. ¡Qué don
eres tú! ¡A ti sea toda la gloria, el honor y la alabanza! Amén.

❦

En su presencia... regocíjese
de que Él está con usted.

CULTIVE AMISTADES SANTAS

El hombre que tiene amigos ha de mostrarse amigo.
PROVERBIOS 18.24

El Señor desea que usted tenga una relación íntima con Él, pero no se detiene ahí. Él quiere que usted tenga un compañerismo enriquecedor también con otras personas. Cuando se siente solo, debe acudir primero al Padre celestial. Sin embargo, también puede apoyarse en las personas que Él ha puesto en su vida.

Dios le ha dado personas para amar. Tal vez no sean aquellas con quien usted quisiera tener una relación personal, pero el Señor las ha puesto en su vida con un propósito. Y su soledad será remediada por la interacción con ellas en lugar de escapar a la fantasía u otra conducta adictiva.

Una de las mayores bendiciones en la vida es tener un amigo consagrado. Así que no se muestre renuente a llamar a sus seres queridos cuando atraviesa momentos de soledad, duelo, pérdida debilitante o profunda desesperanza. Dios ha colocado a otras personas en su vida para que le amen, pasen tiempo con usted, y le ayuden a romper la muralla de separación del mundo que usted siente.

Por lo tanto, no se quede aislado. Extiéndase a otros y dé gracias a Dios por sus amistades.

Padre, guíame a amigos consagrados que demuestren tu amor
y fidelidad. Y ayúdame a ser ese amigo para otros. Amén.

**En su presencia... acuda a
amigos consagrados.**

SIN AFANES

«¿Acaso con todas sus preocupaciones pueden
añadir un solo momento a su vida?»
LUCAS 12.25, NTV

¿Se afana usted constantemente por el futuro? Tal vez sienta temor en cuanto a su apariencia, cómo otros le ven, o cómo ganar lo suficiente para pagar sus cuentas. Cuando le controla el temor, algunos de los efectos serán: irritabilidad acrecentada, incapacidad para tomar decisiones, problemas de salud, errores de juicio y baja productividad, por mencionar tan solo unos pocos. Esa no es forma de vivir.

El único que puede protegerlo del afán y llenar su mente de paz es Dios, quien provee para todas sus necesidades. Y la única manera en que usted puede descubrir quién es Dios y acercarse a Él es mediante una relación personal íntima y diaria con Jesucristo, quien participó de su humanidad y entiende sus temores.

En última instancia, si usted se acerca a Dios y enfoca en Él su mirada, no en sus circunstancias, Él le capacitará para que enfrente lo que sea que esté sucediendo y salga victorioso. Usted puede atravesar dificultades, adversidades o pruebas, pero mientras permanezca aferrado a Él, siempre tendrá esperanza.

Jesús, cuando me sienta llevado de aquí para
allá por la incertidumbre, ayúdame a enfocarme
en ti y a echar mano de tu paz. Amén.

**En su presencia... enfóquese
en Dios y no en sus afanes.**

ETERNAMENTE BIENVENIDO

Así que acerquémonos con toda confianza al trono de la gracia
de nuestro Dios. Allí recibiremos su misericordia y encontraremos
la gracia que nos ayudará cuando más la necesitemos.

HEBREOS 4.16, NTV

Dios quiere que acuda siempre a Él. *Siempre.* Como su hijo, usted es eternamente bienvenido en su santa presencia. Cualquier sentimiento de vergüenza que le impide acercarse al Señor se origina en usted, no en Él (2 Corintios 7.10–11).

Esta es una de las razones por las que el enemigo le tienta a pecar o a violar los mandamientos divinos. Él sabe que si puede lograr que se rebele contra Dios, usted se sentirá tan culpable y abochornado por eso, que se esconderá de la presencia amorosa del Padre (Génesis 3.10). Mientras más el enemigo pueda lograr que usted ponga sus ojos en su indignidad, más fácil le será alejarlo del Salvador que le hace sentirse digno.

Sin embargo, sepa que Dios quiere perdonarlo (1 Juan 1.9) y le recibe con los brazos abiertos en su presencia, sin importar lo que usted haya hecho o cómo se sienta (Salmos 34.18). ¡Acuda a Él! Ore al Señor, aléjese del pecado y reciba su gracia. Sus brazos amorosos le esperan fielmente.

Señor, gracias por perdonar mis pecados. Estoy muy
agradecido porque puedo contar con tu amor. Amén.

En su presencia... usted es plenamente
perdonado, hallado digno y amado.

PROBABILIDADES ADVERSAS

«Levántense, porque el SEÑOR ha entregado en
manos de ustedes el campamento de Madián».
JUECES 7.15, NBLH

¿Necesita usted hoy un aliento especial debido a que todas sus fuentes de seguridad se han derrumbado a su alrededor? Entonces permita que el relato de cómo Dios libró a Gedeón fortalezca su esperanza.

Gedeón enfrentó el reto de su vida cuando tuvo que luchar contra los poderosos batallones de Madián contando con un ejército de apenas trescientos hombres. Sin embargo, el Señor proveyó para Gedeón de una manera que Él jamás podía haberse imaginado.

Cuando Gedeón encubiertamente exploró el campamento enemigo, oyó a dos hombres conversando sobre un sueño que, al ser interpretado, significaba que Dios había entregado a los israelitas el campamento de Madián. Los dos hombres estaban aterrados. Sin embargo, al escuchar esto, Gedeón se alegró. Adoró al Señor y su intrepidez se renovó, porque se dio cuenta de que Dios ya había derrotado a sus enemigos.

Permita que su confianza sea restaurada también, aun cuando todas las probabilidades parezcan estar en su contra. Usted puede saber con certeza que el Padre no le ha abandonado dejando que enfrente a sus enemigos solo. Por el contrario, su plan para librarlo ya está en marcha, y Él le conducirá a la victoria de una manera poderosa y maravillosa.

Gracias, Señor, por conducirme a la victoria.
Confío en tu santo nombre. Amén.

───────────── ❀ ─────────────

En su presencia... tenga confianza.

ESPERE SU OBRA

Me mostrarás la senda de la vida;
En tu presencia hay plenitud de gozo.
SALMOS 16.11

Conforme el año se acerca a su fin y usted considera las posibilidades que tiene por delante, ¿qué le resulta imposible? ¿Qué le ha llamado a hacer el Señor que parece estar por encima de su capacidad para lograrlo? Usted tal vez no pueda ver cómo saldrá bien, pero Dios sí lo ve. Y Él asume la plena responsabilidad por sus necesidades cuando le obedece.

Así que, ¿cómo puede mantenerse en el centro de la voluntad de Dios al esperar su provisión? Primero, busque la dirección del Padre y sométase a su dirección. Segundo, mantenga su enfoque en el carácter del Señor y no en sus circunstancias, repasando sus victorias. Tercero, cultive una vida santa meditando en las Escrituras. Finalmente, alabe al Señor por su participación íntima en cada detalle de su vida.

Su Padre celestial quiere lo mejor de lo mejor para usted, y nunca le hará descarriarse. Así que manténgase en el centro de su voluntad, observando su actividad y esperando que Él obre a su favor. Porque cuando Él le dirige, nada es imposible.

Señor, sé que tú cumplirás todas las promesas que me has hecho.
Gracias por conducirme por el camino que debo seguir. Amén.

❋

En su presencia... espere su
dirección y provisión.

SIEMPRE REY

Y en su vestidura y en su muslo tiene escrito este
nombre: REY DE REYES Y SEÑOR DE SEÑORES.
APOCALIPSIS 19.16

Resulta asombroso lo rápido que la vida cambia. Tal vez usted esté mirando hoy hacia atrás recordando todo lo que ha sucedido desde que el año empezó. Los problemas que consumieron su corazón en enero pasado ya son un recuerdo distante, en tanto que las bendiciones y oportunidades que no parecían posibles hace unos pocos meses han aparecido por sorpresa.

Si usted pone su mirada en la naturaleza siempre cambiante de la vida, tal vez se sienta inseguro y desalentado por el futuro. Sin embargo, nada le animará más que considerar la absoluta fidelidad de Dios en toda circunstancia.

Aunque este año se acaba, Dios continúa Soberano sobre todo lo que existe. Permita que esta verdad le conforte al enfrentar lo desconocido por delante. Ningún problema es demasiado abrumador para su Padre celestial. Él es su líder perfecto, que le guía sabiamente al triunfo, pase lo que pase. Y su amor por usted nunca falla.

Así que, conforme empieza el nuevo año, regocíjese en el hecho de que aquel que es Rey estará siempre con usted. Y esa es una verdad que nunca cambiará.

Señor, gracias por estar siempre conmigo. Ayúdame a
conocerte mejor en el año que tenemos por delante. Amén.

— ❄ —

En su presencia... reciba con
confianza el nuevo año.

UNA GUÍA PRÁCTICA PARA TU VIDA ESPIRITUAL

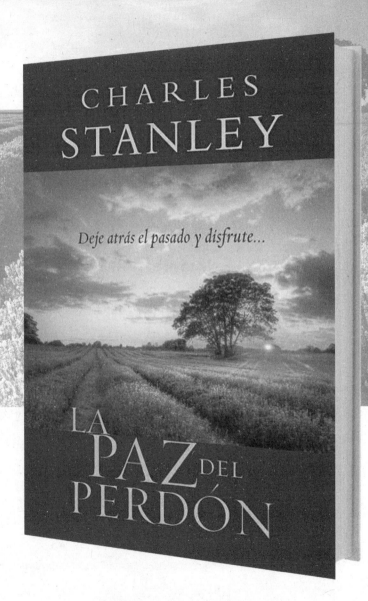

CHARLES
STANLEY

Deje atrás el pasado y disfrute…

LA PAZ DEL
PERDÓN

ISBN: 9781602558281

Nos agradaría recibir noticias suyas.
Por favor, envíe sus comentarios sobre este libro
a la dirección que aparece a continuación.
Muchas gracias.

Vida@zondervan.com
www.editorialvida.com